"十二五"职业教育国家规划教材
经全国职业教育教材审定委员会审定

企业物流管理 （第3版）

QIYE WULIU GUANLI

主　编　朱光福　王娟娟
副主编　曾玉英　赵柱文　邱大勇

重庆大学出版社

内容提要

企业物流管理是物流管理专业必修课程之一。本书以企业内部物流管理为主线,主要介绍了企业物流管理环节最基础、最核心的内容,包括认识企业与企业物流、企业采购与供应物流管理、企业生产物流管理、企业销售物流管理、企业逆向物流管理、企业物料中心管理、企业物流外包管理、企业物流 5S 管理 8 个部分,并按照企业物流的基本流程进行编排。

本版修订依据高职高专物流管理专业教学标准,坚持德育为先,围绕生产制造企业和商品流通企业需要的高素质技术技能型物流专门人才和岗位职业能力的要求以及国家"1+X"物流管理职业技能等级标准(中级)进行编写,体例设计遵循实用原则,注重专业核心能力和职业素养的培养,有利于实现"课证"融通。

本书主要定位为高职高专层次物流管理、物流信息技术、连锁经营与管理、企业管理等专业的教学用书,还可作为物流从业人员的学习和培训用书。

图书在版编目(CIP)数据

企业物流管理／朱光福,王娟娟主编. --3 版. --
重庆:重庆大学出版社,2022.7
新编高职高专物流管理专业系列教材
ISBN 978-7-5624-9183-5

Ⅰ. ①企… Ⅱ. ①朱… ②王… Ⅲ. ①企业管理—物
流管理—高等职业教育—教材 Ⅳ. ①F273.4

中国版本图书馆 CIP 数据核字(2021)第 055010 号

新编高职高专物流管理专业系列教材
企业物流管理
(第 3 版)

主 编 朱光福 王娟娟
副主编 曾玉英 赵柱文 邱大勇
责任编辑:顾丽萍 王 波 版式设计:顾丽萍
责任校对:关德强 责任印制:张 策

*
重庆大学出版社出版发行
出版人:饶帮华
社址:重庆市沙坪坝区大学城西路 21 号
邮编:401331
电话:(023) 88617190 88617185(中小学)
传真:(023) 88617186 88617166
网址:http://www.cqup.com.cn
邮箱:fxk@ cqup.com.cn(营销中心)
全国新华书店经销
重庆市正前方彩色印刷有限公司印刷
*
开本:787mm×1092mm 1/16 印张:18.25 字数:447 千
2012 年 9 月第 1 版 2022 年 7 月第 3 版 2022 年 7 月第 5 次印刷
印数:7 001—9 000
ISBN 978-7-5624-9183-5 定价:49.00 元

第 3 版前言

随着全球经济一体化进程的加快,现代物流产业已经成为国民经济中重要的服务性产业和新的经济增长点,并被列为我国调整和振兴的重点产业之一。

企业物流是企业生产与经营活动的重要组成部分,是社会大物流的源泉。企业物流管理作为企业管理的一个分支,是对生产和流通企业在经营活动中所发生的物品实体流动过程及相关信息(诸如物资的采购、运输、配送、储备、生产、销售、回收等)进行的计划、组织、协调与控制活动,属于企业内部物流的范畴。企业物流管理的目的是通过对企业物流功能的最佳组合,在保证一定服务水平的前提下实现物流成本的最小化。

本书依据高职高专物流管理专业教学标准,坚持德育为先,围绕生产制造企业和商品流通企业需要的高素质技术技能型物流专门人才和岗位职业能力的要求以及国家"1+X"物流管理职业技能等级标准(中级)进行编写,体例设计遵循实用原则,注重专业核心能力和职业素养的培养,有利于实现"课证"融通。

本书以企业内部物流管理为主线,主要介绍了企业物流管理环节最基础、最核心的内容,包括认识企业与企业物流、企业采购与供应物流管理、企业生产物流管理、企业销售物流管理、企业逆向物流管理、企业物料中心管理、企业物流外包管理、企业物流5S管理8个部分,并按照企业物流的基本流程进行编排。各章节遵循职业教育的基本规律进行设计,学习目标明确、教学设计科学,从"案例导入"开始,以企业物流管理的基本知识为主线,中间穿插"知识链接"和"能力训练",最后进行"教学反馈与测评",有利于教学的循序渐进和师生互动,有利于按照行动导向的教学理念引导学生自主学习,能较好地实现"教、学、做"相融合。

在教材内容的选取上力求与时俱进,增加了现代企业管理的基本知识,有利于相关课程内容的衔接;安排专章介绍企业物料中心管理和企业物流5S管理,旨在突出企业物流管理工作的基础性和发展性;针对高职层次物流管理专业学生对应企业物流管理领域的典型工作岗位,增加了采购物流、生产物流、销售物流等环节的岗位职责及能力素质要求。教材内容的丰富和创新,有利于拓展学生的思维和视野,明确职业发展的方向,增强对未来工作的适应性。

本版修订的具体思路如下:

1.编写体例为项目任务式,并辅以二维码进行知识拓展和课后学习训练。

2.完善更新教材内容,融入课程思政,更新教学资源,丰富教学课件。

3.进一步突出岗位职业能力和素质的培养。通过调研,细化企业物流管理领域的典型岗位职业能力及素质要求。

4.探索"1+X"证书制度改革的有效实现途径,在内容融合的基础上将企业物流管理课程教学与"1+X"物流管理职业技能等级认证(中级)培训有机结合,使课程考核与物流管理职业技能等级认证同步。

本书第3版由重庆城市管理职业学院朱光福教授和王娟娟老师牵头,负责修订方案的设计、修订大纲的拟订、修订任务的分工、部分项目的修订以及审稿和定稿。重庆苏鑫医疗废物处理有限公司董事长曾玉英,重庆智迅云信息技术有限公司总经理邱大勇,重庆公共运输职业学院赵柱文老师,重庆城市管理职业学院彭维、刘柳、朱云波老师参与教材的修订和测试题库的建设、课件的制作。具体编写和修订分工如下:项目1由朱光福编写修订;项目2由刘柳编写修订;项目3由邱大勇编写修订;项目4由王娟娟编写修订;项目5由朱云波编写修订;项目6由赵柱文编写修订;项目7由彭维编写修订;项目8由曾玉英编写修订。本书在编写及修订过程中参考和引用了许多国内外教材、研究成果与文献资料,编者尽可能地在参考文献中列出,在此对为本书编写提供参考资料的专家、学者深表谢意!

由于编者学识水平和实践经验所限,书中难免有不妥之处,衷心希望同行和本书的使用者批评指正,以便后续修改完善。

编　者
2022 年 3 月

项目 1 认识企业与企业物流

知识目标

1. 了解企业的含义与特征,明确现代企业管理的基础工作和主要内容,认识现代企业制度的组织形式和中国特色现代企业制度。
2. 了解物流的内涵及发展,理解企业物流的内涵、结构与特点。
3. 了解企业物流管理的产生与发展,熟悉企业物流管理的内容,了解企业物流管理的发展趋势。
4. 熟悉企业物流管理的业务流程。

能力目标

1. 能根据现代企业的特征识别现代企业。
2. 能分析企业物流在现代企业管理中的重要地位与作用。
3. 能初步分析企业物流管理的基本业务流程。

素质目标

1. 树立现代企业管理新观念。
2. 能初步认识企业物流服务领域的一些新理念,认识中国特色现代企业制度。
3. 树立现代物流服务所需要的效率意识、成本意识和责任意识。

【案例导入】

清澈的物流 顺畅地流动
——三一重装的物流理念

今天,人们把现代物流称为"第三利润源泉"。高效、顺畅的物流系统有利于提高企业的经营效率,物流就像血液一样不断输送能量滋养着企业的肌体。2008 年,三一重装开始导入丰田生产方式,这场声势浩大的变革也同样对物流管理提出了新的挑战。如何做到"物清流畅",如何开发这个"效益之泉",是我们每一个从事物流管理的人员所必须思考的问题。

三一是以文化立基的企业,"先做人,后做事"是其核心价值观,公司倡导所有员工"观念的转变"。在物流管理上,他们不仅要坚持"物作钱管"的原则,更要坚持"数作钱管"的原则,改变过去只把"物作钱管"的片面观念。物就是钱,没有办理相应的手续就到库房取物料,就是拿公司的钱,偷公司的钱!数就是钱,虚报数,数多物少,就是亏空公司的钱,贪污盗窃公司的钱!对此,梁林武先生告诫物流部员工:"见别人偷'钱'要主动制止和举报;不要利用职务之便偷'钱',也不要为别人提供偷'钱'的机会;不要贪'钱',打破'合格产品就入库'的观念,不需要的合格产品不能入库、不需要数量的合格产品不能入库、不配套的合格产品不能入库!"朴实无华的语言道出了实现精益物流的最基本的要求。

此外,物流部还树立把营销、制造、商务、新品车间等部门当作"客户"的观念,主动与客户沟通合作,识别客户要求,确定客户对物流服务的需求,确定客户对物流服务的反应,通过制订服务标准、每个环节的操作标准,精益求精,确保客户满意。

资料来源:《中国物流报》(略有删改)

任务 1　认识现代企业

1.1.1　企业的含义与特征

1)企业的含义

企业是从事生产、流通、服务等经济活动,以产品或劳务满足社会需要并获得盈利,自主经营、自负盈亏,依法设立的经济实体。企业是现代社会经济的基本单位,是国民经济的细胞,它在一定的环境中产生和发展,并根据社会需要和自身目标进行选择和决策。

企业是自商品经济产生之后就存在的一种经济组织形式。在现代市场经济中,企业已经成为最重要的经济组织。

2)企业的特征

企业是自主经营、自负盈亏,具有自我改造和自我发展能力,有独立经济利益的经济实体。企业是社会经济的基本单位,是人类物质财富的直接创造者。一个国家综合国力的大小,主要取决于该国企业经济力量的大小。

(1)企业是以营利为目的,从事商品生产和经营的经济组织

只有从事商品生产和经营的经济组织,才能划到企业这个范畴内。从事非经济活动的学校、医院等事业单位,政府机关、政党、军队等政治组织以及宗教团体等社会组织都不以营利为目的。

(2)企业是自主经营、自负盈亏的经济组织

自主经营、自负盈亏是现代企业的典型特征,但营利性的经济组织并非都称为企业。一些工厂或公司下设的分公司,它们虽然独立核算,盈亏也同其经济利益挂钩,但是不拥有属于自己的资产,投资决策权等一些重要的经营管理权掌握在其上级管理部门手中。所以,这些工厂、分公司不能称为企业。

（3）企业是具有法人资格的经济组织

企业必须严格依照法律规定的程序依法设立，取得法人资格，履行企业义务，拥有相应权利，并受到法律的保护。

总之，企业是人类社会生产力发展到一定阶段的产物，特别是商品经济发展到一定程度的产物。尽管企业从其诞生至今一直处于不断发展之中，具体形态变得越来越丰富多样，但就其本质而言，它始终是从事商品生产和经营的经济组织。

1.1.2　企业管理的内涵

1）企业管理的含义

企业管理就是对企业的生产经营活动进行计划、组织、指挥、监督和调节。企业管理活动需要按照客观规律的要求，合理、严密地组织企业的生产经营活动，有效地利用人力、物力和财力，以取得尽可能大的经济效益。

企业管理是国民经济诸管理中最基本的管理，其管理的优劣，不仅反映微观经济的管理水平，而且直接影响各个方面的效益。

2）企业管理的职能

企业管理具有合理组织生产力和维护生产关系两个基本职能。合理组织生产力的职能体现出企业管理的自然属性，主要决定于生产力发展水平和劳动社会化程度。维护生产关系的职能体现出企业管理的社会属性，它主要取决于社会生产关系的性质。

企业管理的两个基本职能结合作用于企业生产经营活动时，表现为下列具体职能。

（1）计划

计划就是通过调查研究，预测未来，确定生产经营的目标、方针，制订长期和短期计划，确定实现计划的措施方法，并将计划指标层层分解落实到各个部门、各个环节，组织执行。

（2）组织

组织就是将企业生产经营活动的各要素、各环节、各方面从劳动的分工和协作上，从纵横交错的相互关系上，从时间和空间的联系上，合理地组织起来，形成一个有机整体，从而有效地进行生产经营活动。

（3）指挥

指挥就是对企业各级各类人员的领导或指导，保证企业生产经营活动的正常进行和既定目标的实现。

（4）监督

监督也称为控制，指按预定计划或目标、标准进行检查，考察实际完成情况同原定计划的差异，分析原因，采取对策，及时纠正偏差，保证计划目标的实现。

（5）调节

调节又称协调，是指协调企业内部各单位、各部门的工作，协调各项生产经营活动，协调企业与其他单位之间的关系，在各方面建立良好的配合关系，消除工作中的脱节现象和存在的矛盾，以有效地实现企业的目标。

企业管理的 5 项具体职能相互联系、相互制约,不可缺少,也不能偏废。

3)企业管理的基础工作

企业管理的基础工作,是为实现企业经营目标和管理职能提供资料依据、共同准则、基本手段、前提条件的必不可少的工作。其基本内容包括标准化工作、定额工作、计量工作、信息工作、以责任制为核心的规章制度的建立和修订及教育培训等。

①标准化工作。标准化工作包括技术标准和管理标准的制订、执行和管理工作。技术标准是对生产对象、生产条件、生产方法及包装、储运等所做的应该达到的尺度和必须共同遵守的规定。例如,各种产品标准、设备操作、维护、检修规程等,它是企业标准的主体。管理标准是对企业各项管理工作的职责、程序等所做的规定。

②定额工作。定额工作包括各类技术经济定额的制订、执行和管理等工作。定额是企业在一定生产技术条件下,对人力、物力、财力的消耗、利用和占用所应达到的数量界限的规定。它主要有劳动定额、物资消耗定额、物资储备定额、资金定额、费用定额和期量标准等。

③计量工作。计量工作包括计量检定、测试、化验分析等方面的计量技术和计量管理工作。它主要是用科学的方法和手段,对生产经营活动中的量和质的数值进行掌握和管理。

④信息工作。信息工作主要是指企业生产经营决策及执行决策所必需的资料数据的收集、处理、传递、储存等管理工作。它包括原始记录、统计分析、技术经济情报及技术经济档案、信息维护、信息安全与保密等。

⑤以责任制为核心的规章制度的建立和修订。

⑥教育培训,是指对职工的思想教育、职业道德教育和本职岗位必需的技术业务进行培训。

4)现代企业管理的主要内容

从供应链管理的角度来看,现代企业管理的主要内容和环节包括产品管理、生产管理、销售管理、质量管理、物流管理、劳动工资管理、财务管理、信息管理等。

(1)产品管理

企业存在的价值是它能以某种产品或服务来满足社会需求。产品管理主要是依据社会需求来安排合理的产品结构,制订产品策略,不断开发新产品。

(2)生产管理

生产活动是工业企业的基本活动,它根据市场需求,按照企业经营目标,充分利用人、财、物资源,生产社会需要和用户满意的产品的过程。工业企业的生产管理是指对企业生产活动的计划、组织和控制。生产管理的主要内容包括生产过程的组织、生产计划的编制和执行等。

(3)销售管理

产品销售是企业生产经营活动的重要组成部分,能否正确有效地组织销售活动,是决定企业生存和发展的基本条件。销售管理主要包括确定目标市场、市场调查与销售预测、制订销售计划和销售策略、市场营销与推广活动、售后服务等。

(4)质量管理

质量是企业的生命。质量管理是指为了经济地提供给用户满意的产品和服务所进行的组织、规划、协调、控制等工作。质量管理的主要内容包括全面质量管理、质量保证体系和质量控制的统计方法等。

（5）物流管理

物流管理是现代企业管理的重要组成部分，其在提高企业管理的效率和降低成本方面的主要作用日益凸显。物流管理是通过对企业物流功能的最佳组合，在保证一定服务水平的前提下实现物流成本的最低化。物流管理的内容主要包括对物流活动诸要素的管理、对物流系统诸要素的管理以及对物流活动中具体职能的管理。按照企业物流活动发生的先后次序，物流管理可划分为采购与供应物流管理、生产物流管理、销售物流管理、逆向物流管理。

（6）劳动工资管理

劳动工资管理属于人力资源管理的范畴，是以企业全体职工为对象的一系列管理工作的总称，包括职工的招收、使用、培养、考核、劳动定额与定员、劳动合同、劳动保险、劳动纪律、劳动保护、工资奖励等。

（7）财务管理

财务管理，是指根据企业资金运动规律和国家与企业投资者的要求，正确组织财务活动与合理处理财务关系的管理工作。财务管理的主要内容包括企业筹资、投资、资金使用、收入和分配等。

（8）信息管理

信息是企业的神经中枢。信息管理是指对企业生产经营活动的输入、输出信息进行筛选、处理和运用的过程。信息管理主要包括信息的收集整理、信息处理、管理信息系统的运用等。当前使用最普遍的企业管理信息系统是供应链管理系统和企业资源计划系统（ERP）。

此外，营销管理、客户关系管理、技术创新管理、供应链管理等管理活动和内容也得到企业的普遍重视。

1.1.3　现代企业制度

1）现代企业制度概述

（1）企业制度的内涵

企业制度是以财产组织形式体现的、用于调节生产要素所有者之间权利和利益分配关系的一种"契约"。企业制度的范畴可分为狭义和广义两种：狭义的企业制度是指企业的组织制度或组织方式；广义的企业制度则是关于企业组织、运营、管理等一系列的行为规范。企业制度具体包括3个方面的内容：一是企业资产的生成制度。它规定了作为企业生产要素的资金的性质和形成方式，这是建立其他制度的前提。二是企业的权益组织制度。它明确了企业的权益构成、企业权益的所有者以及权益分配的原则和方法。三是企业的经营管理制度。它规定了企业的管理机制和组织构成，谁来负责企业的经营管理，如何开展企业的经营管理等内容。

（2）现代企业制度的内涵

现代企业制度是指以完善的法人财产权为基础，以有限责任为基本特征，以专家为中心的法人治理结构为保证,以公司制为主要形态的企业制度。

现代企业制度涉及企业内部机制和外部环境的各个方面,是企业一系列制度的总称。它既包括企业的产权制度、组织制度、领导制度、管理制度、财务会计制度和劳动人事制度,又包括现代市场经济条件下处理企业与各方面(政府、投资者、职工、社会各界等)关系的行为准则和行为方式。

现代企业制度是适应现代化大生产要求的企业制度,实行该制度可以使我国企业尽快成长起来,充分与市场接轨、与国际接轨,使我国企业早日走向现代化、国际化。

现代企业制度具有以下4个基本特征。

①产权明晰。产权明晰是指产权关系与责任清晰。完整意义上的产权关系是多层次的,它表明财产最终归谁所有、由谁实际占有、谁来使用、谁享受收益、归谁处置等财产权中一系列的权利关系。各种权利可以集中于某一主体,也可以在不同主体身上发生不同程度的分离。在现代企业中,无论是出资人还是企业法人,他们各自的权利、义务和责任,都用法律做出了界定。

②权责明确。主要指两个方面:在国家与企业的关系上,要明确国家作为出资者与企业之间权利和责任的划分;在企业内部,通过建立科学的法人治理结构,形成规范的企业领导体制和组织制度,界定股东大会、董事会、经理机构、监事会的权利和责任。

③政企分开。政企分开首先是政府的社会经济管理职能与经营性国有资产的所有者职能分开;其次是经营性国有资产的管理、监督职能与经营职能分开。企业的经营权交还给企业,政府不再直接干预企业的决策和生产经营活动;企业对社会的职能由政府接过来,使企业将目标真正集中到追求经济效益上去。

④管理科学。企业管理要科学、有序和规范。当前应着重考虑的是:第一,注重企业的经营发展战略;第二,建立科学的领导体制和组织制度;第三,及时把握市场信息并有效地做出反应;第四,不断优化生产要素的组合;第五,注重实物管理的同时,注重价值形态的管理。

2) 现代企业制度的基本组织形式

现代企业制度的内容需要通过一定的组织形式来体现,这种组织形式是否恰当合理,直接影响现代企业制度作用的发挥。公司制是现代企业制度最典型的组织形式。

在现代公司制中,根据权力机构、经营机构、监督机构相互分离、相互制衡的原则,形成由股东大会、董事会、监事会和经理层组成的公司治理结构,保证权责明确,各司其职,有效地行使决策、监督和执行权。

股东大会是公司的最高权力机构,有权选举和罢免董事会和监事会成员,制订和修改公司章程,审议和批准公司的财务决算、投资以及收益分配等重大事项。

董事会是公司的经营决策机构,对股东大会负责。董事长一般是企业法人代表。董事会主要职责是:制订公司经营目标、重大方针和管理原则;选举、委任和监督经理人员并决定他们的报酬和奖励;提出盈利分配方案供股东大会审议。

经理统一主持公司的日常生产经营和管理,对董事会负责。主要职责是:执行董事会决议;主持公司日常业务活动;经董事会授权,对外签订合同或处理业务;任免下层经理人员;定期向董事会报告业务情况,提交年度报告。

监事会是公司的监督机构,对股东大会负责。监事会由股东代表和适当比例的公司职工代表组成,主要职责是依法和依照公司章程对董事会和经理行使职权的活动进行监督,审核公司的财务和资产状况。

建立具有中国特色的现代企业制度,还要发挥党的领导核心作用。企业党组织负责人可通过法定程序进入董事会、监事会,参与重大决策,保证监督党和国家的方针政策的贯彻执行。

实行职工民主管理是现代企业制度的特征之一。在公司中依法组织工会,工会有权代表职工向董事会、监事会反映职工的意见和要求,维护职工的合法权益。在国有公司中职工民主选举的代表可进入董事会。公司设立监事会时依法应有职工代表出任监事。

【知识链接】

中国特色现代企业制度

2019 年 10 月,党的十九届四中全会提出,深化国有企业改革,完善中国特色现代企业制度。完善中国特色现代企业制度,关键是要抓住党的领导与公司治理相结合这个关键,通过强化制度建设,使党的领导与公司治理高度统一,有机融合。

对中国的企业来说,在探索建立现代企业制度的过程中,既要借鉴国际上成熟先进的现代企业制度的一般准则和规范,又要根据自身经济、文化等特点,把现代企业制度的一般原理与我国企业的具体实际相结合,探索一个具有自身特色的现代企业制度模式。把党的领导引入国有企业公司治理中,是符合我国基本国情和国有企业的具体实际的,是现代企业制度中国化的有益探索。

中国特色现代企业制度把党的领导引入国有企业的公司治理中,根本目的是要发挥党组织在国有企业中的领导核心和政治核心作用。根据党章的规定,党组织在国有企业中发挥领导核心和政治核心作用,主要体现在:国有企业党委(党组)发挥领导作用,把方向、管大局、保落实,依照规定讨论和决定企业重大事项。保证监督党和国家的方针、政策在本企业的贯彻执行;支持股东会、董事会、监事会和经理(厂长)依法行使职权;全心全意依靠职工群众,支持职工代表大会开展工作;参与企业重大问题的决策;加强党组织的自身建设,领导思想政治工作、精神文明建设和工会、共青团等群团组织。

任务 2 认识企业物流

1.2.1 物流的内涵及发展

1)物流的内涵

现代物流业是融合运输业、仓储业、货代业和信息业等的复合型服务产业,是国民经济的重要组成部分,涉及领域广,吸纳就业人数多,促进生产、拉动消费作用大,在促进产业结构调整、转变经济发展方式和增强国民经济竞争力等方面发挥着重要作用。

物流是指物品从供应地向接收地的实物流动的过程。根据实际需要,物流将运输、储存、装卸、搬运、包装、流通加工、配送、信息处理等基本功能实施有机结合。

2)物流的发展

现代物流是一门新兴的应用学科,与商流、信息流共同构成现代流通活动。现代物流起源于战争中的后勤保障,但把物流活动真正上升到理论高度并加以研究和分析是在 20 世纪 30 年代。1925 年,美国销售协会最早对物流进行定义:"物流即实物分配(Physical Distribution,PD),是包含于销售中的物质资料和服务从生产地点到消费地点的流动过程中所伴随的种种经济活动。"这一阶段,物流被看成市场的延伸。第二次世界大战后,为降低流通成本,物流得到了更为系统化的发展。20 世纪 50 年代中叶,PD 的概念被引入日本,译为"物的流通",并以"物流"的方式简捷地进行表达。另一方面,第二次世界大战期间,美国根据战时的需要,围绕战争供应,建立了"后勤"理论(Logistics),即如何合理、有效地实现军用物资的获取、调配和运输,做到省时、省力以及保障及时,保证战争的最后胜利。此举取得显著效果。第二次世界大战后,后勤理论逐步形成单独的学科体系,并不断地发展。20 世纪 70 年代以后,后勤管理的理念和方法被引入工业部门和商业领域,应用于流通领域和生产经营全过程中所有与物的获取、运送、存储、分配、用户服务等有关的活动,被人们称为"工业后勤"和"商业后勤"。接着,Logistics 逐渐取代了 PD,成为物流科学的代名词,其内涵得到扩大和进一步完善。"工业后勤"为制造业的生产和经营服务,"商业后勤"为商业运行和顾客服务,物流的核心观念因此转向服务观念。1986 年,美国物流管理协会(CLM)将物流重新定义为:"以满足客户需求为目的,对原材料、在制品(半成品)、产成品以及相关的信息从供应地向消费地的高效率、低成本流动和储存而进行的计划、实施与控制的过程。"1998 年,CLM 对物流又做了最新的定义:"物流是供应链流程的一部分,是为了满足客户需求而对商品、服务及相关信息从原产地到消费地的高效率、高效益的正向和反向流动及储存而进行的计划、实施与控制的过程。"可见,现代物流已经不是单纯地进行实物分配,而是要求企业在更广阔的背景上来考虑自身的物流运作。服务平台和服务战略已经成为企业物流发展的基本战略之一。

1979 年,"物流"一词首次从日本引入中国,当时对它的理解仅限于储运。20 世纪 90 年代中期,国内市场上出现了不同形式的物流服务企业。2001 年 3 月 1 日,国家经济贸易委员会等六部门联合下发了《关于加快我国现代物流发展的若干意见》。它成为我国政府发布的有关现代物流发展的第一个政策性、指导性的文件。2001 年 4 月 20 日,我国成立了跨部门、跨行业、跨地区的物流行业组织——中国物流与采购联合会。2001 年 8 月,我国颁布的国家标准《中华人民共和国国家标准:物流术语》(GB/T 18354—2001)正式实施,它标志着我国的现代物流发展到了一个新的阶段。2004 年 8 月,国家发展和改革委员会等 9 部门联合发布《关于促进我国现代物流业发展的意见》。2005 年 2 月,由国家发展和改革委员会牵头组建了"全国现代物流工作部际联席会议"。2009 年 3 月,国务院印发《物流业调整和振兴规划》,明确定位物流业是融合运输业、仓储业、货代业和信息业等的复合型服务产业,是国民经济的重要组成部分。2013 年,中国提出共建丝绸之路经济带和 21 世纪海上丝绸之路重大倡议(简称"一带一路"倡议)。"一带一路"倡议形成的丰硕成果惠及全球,中欧班列成为贯通"一带一路"的欧亚大陆铁路运输大动脉。2014年,国务院发布《物流业发展中长期规划(2014—2020年)》,把物流业的产业地位提升到基础性、战略性高度。2015年党的十八届五中全会提出"创新、协调、绿色、开放、共享"五大发展新理念。同年,国务院把"互联网+"高效物流列入"互联网+"重点行动之一。2016年,国务院办公厅及政府有关部门陆续出台以降本增效为核心的支持物流业发展的政策措施。2017年党的十九大报告提出,要加强物流基础设施和网络战略,形成新增长点新动能。2017年以来,由中国西部省份与新加坡合作打造的中国西部陆海贸易新通道,由重庆向南经贵州等省份,通过广西北部湾等沿海沿边口岸,通达新加坡及东盟主要物流节点,节约大量的运行时间。2019年,国家发展和改革委员会出台《关于推动物流高质量发展促进形成强大国内市场的意见》,意见明确物流业是支撑国民经济发展的基础性、战略性、先导性产业。物流高质量发展是经济高质量发展的重要组成部分,也是推动经济高质量发展不可或缺的重要力量。2020年9月,中央财经委员会第八次会议专题研究现代流通体系建设问题,提出统筹推进现代流通体系建设,发展流通新技术、新业态、新模式,完善流通领域制度规范和标准,培育壮大具有国际竞争力的现代物流企业,充分发挥流通体系在国民经济中的基础性作用。

新中国成立以来,我国物流业取得了举世瞩目的成就,基础设施条件显著改善,物流服务水平大幅提升,行业发展环境不断优化,走出了一条具有中国特色的物流发展道路。2020年全社会货运量达到463亿吨,社会物流总额300.1万亿元,社会物流总成本与GDP的比率为14.7%,快递业务量突破800亿件,7个港口位列全球十大港口,规模以上物流园区超过1600家,全国A级物流企业5000余家,5A级物流企业超过300家,物流岗位从业人员约5200万人。供应链物流、快递物流、冷链物流等专业物流发展迅速,物联网、大数据、云计算、人工智能等新兴技术在物流领域广泛应用,智慧物流、多式联运、无车承运、共同配送、托盘共享、挂车租赁等新模式、新技术和新业态加快普及,社会化、专业化物流服务水平和质量显著提升。

3)现代物流的分类

现代物流有多种分类标准。
①按照物流的作用划分为:供应物流、销售物流、生产物流、回收物流和废弃物物流。
②按照物流活动的空间范围划分为:地区物流、国内物流和国际物流。
③按照物流系统性质划分为:社会物流、行业物流和企业物流。

1.2.2 企业物流的内涵、结构与特点

生产企业从原材料采购进厂开始,经过一道道工序加工成半成品,然后装配成为成品,经过分销配送渠道运至客户,自始至终都离不开物流活动。

1)企业物流的内涵

企业物流是指生产和流通企业在经营活动中所发生的物品实体流动[《中华人民共和国国家标准:物流术语》(简称《物流术语》)GB/T 18354—2021]。企业物流是物品从原材料供应,经过生产加工到产成品及其销售,以及伴随生产消费过程所产生的废弃物的回收和再利

用的完整循环活动过程。企业物流是相对于社会物流而言的企业内部物流。

企业物流是一个输入、输出的自适应系统。企业经营活动的基本结构是投入—转换—产出，对于生产型企业而言是通过对原材料、设备、人力、资金等的投入，再经过制造加工，使之转换为产品或服务；对于服务型企业而言则是从设备、人力、管理和运营出发，使之转换为对用户的服务。同样，物流活动也是伴随企业的投入—转换—产出而发生的，相对于投入的是企业外供应物流，相对于转换的是企业内生产物流，相对于产出的是企业外销售物流。

（1）企业物流系统的输入

企业物流系统的输入是指企业生产活动所需生产资料的输入供应，即供应物流，它是企业物流过程的起始阶段，也是保证企业生产经营活动正常进行的前提条件。现代企业生产具有规模大、品种多、技术复杂等特点，再加上专业化、协同化的发展，生产社会化程度提高，企业间的生产技术活动愈加密切。企业生产活动要素的投入，首先是生产资料的投入，能够适时、适量、齐备、成套地完成供应活动是保证企业顺利进行生产经营活动的基础。供应物流具体包括一切生产资料的采购、供应和库存管理等。

①采购。采购是供应物流与社会物流的衔接点，它是根据工厂、企业生产计划所要求的供应计划制订采购计划并进行原材料外购的作业。在完成将采购的物资输送到企业内的物流活动的同时，它还要承担市场资源、供应厂家、市场变化、供求等信息的采集和反馈任务。

②供应。供应是供应物流与生产物流的衔接点，它是根据材料供应计划、物资消耗定额和生产作业计划来进行生产作业的活动。供应方式一般有两种基本形式：一是传统的领料制，即用料单位根据生产计划到供应部门（或供应仓库）领取生产资料；二是供应部门根据生产作业信息和作业安排，按生产中需要的物料数量、时间、次序、生产进度进行配送供应。

③库存管理。库存管理是供应物流的核心部分。库存管理的功能主要有两个方面：一方面，它要依据企业生产计划的要求和库存的控制情况，制订物资采购计划，进行库存数量和结构的控制，并指导供应物流的合理运行；另一方面，库存管理又是供应物流的转折点，它要完成生产资料的接货、验收、保管、保养等具体功能。

（2）企业物流系统的转换

企业物流的转换系统是指企业生产物流，也称厂区物流、车间物流等，是企业物流的核心部分。企业生产物流包括：各专业工厂或车间的半成品或企业生产成品流转的微观物流；各专业工厂或车间以及它们与总厂之间的半成品、成品流转的微观物流。企业生产物流的外延部分，是指厂外运输衔接部分，包括原材料、部件、半成品的流转和存放，以及产成品的包装、存放、发运和回收。企业生产物流系统起于原材料、配件、设备的投入，经过制造过程转换为成品，止于从成品库再运到中转部门或直接配送给用户或出口。企业生产物流并不是一个孤立封闭的系统，而是一个与周围环境紧密相关，并且不断地从外界环境中吸进"营养"，并向社会输送产品和劳务的开放系统。

企业物流从原材料采购开始，必须经过生产过程的转换活动，才能形成具有一定使用价值的产成品，运至用户。物料经历着从一个生产单位流入另一个生产单位，按照一定的工艺流程要求，组成企业内部生产物流，始终体现着物流实体的转换过程。

（3）企业物流系统的输出

销售物流是企业物流的输出系统，承担着完成企业产品输出的任务，并形成对生产经营活动的反馈因子。销售物流是企业物流的终点,同时又是宏观物流的起点。宏观物流接受它所传递的企业产品、信息以及辐射的经济能量,进行社会经济范围的信息交易和实物流通活动,把一个个相对独立的企业系统联系起来,形成社会再生产系统。如果不能很好地组成企业的销售物流,企业生产的产品就会滞销或脱销,系统的功能也就无法得到实现,经济能量辐射被破坏,产品的劳动价值将无法得到补偿和实现,产品也不能最终成为现实有用的产品。

销售物流是服务于客户的企业物流,其运行的优劣不仅直接影响客户的生产经营活动,也会给自己带来经济影响。

2)企业物流的结构

（1）企业物流的水平结构

根据物流活动发生的先后次序,可将其划分为4个部分。

①采购与供应物流。采购与供应物流包括原材料等一切生产资料的采购、运输、仓储、库存管理和用料管理,这是企业为组织生产所需要的各种物资供应而进行的物流活动;采购与供应物流是生产准备工作的重要组成部分,也是生产得以正常进行的前提;供应货物的数量、质量和时间会直接影响生产的连续性和稳定性,而在其中所需的费用则直接构成产品的生产成本。因此,采购与供应物流不仅是一个保证供应的问题,更进一步是以最低成本、最少消耗和最快速度来保证生产的物流活动。这一阶段的物流情况如图1.1所示。

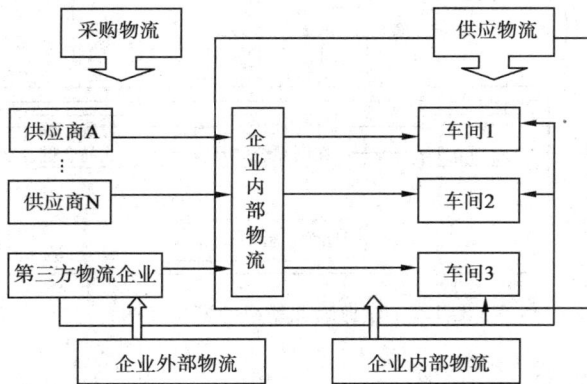

图1.1　企业采购与供应阶段物流示意图

②生产物流。生产物流包括生产计划与控制、厂内运输、在制品仓储与管理活动。这种物流活动是伴随整个生产过程的,实际上已经构成了生产过程的一部分。企业的生产物流是一种工艺过程性物流,一旦企业的生产工艺、生产设备和生产流程确定,企业物流也因此形成了一种稳定性的物流。生产物流的均衡稳定可以保证在制品的顺畅流转。生产周期的缩短、在制品库存的压缩、设备负荷均衡化都与生产物流的管理和控制有关。

③销售物流。销售物流包括产成品的库存管理、仓储发货运输、订货处理与顾客服务等活动。它是生产企业、流通企业出售商品时,物品在供方与需方之间的实体流动。搞好销售物流是实现销售宗旨的直接途径。

④逆向物流。逆向物流通常包括回收物流与废弃物物流。废弃物物流是指废旧物资、边角料等的回收利用以及各种废弃物的分类处理。回收物流是指不合格物品的返修、退货

以及周转所使用的包装容器等从需方返回供方所形成的物品实体流动。废弃物物流是指将经济活动中失去原有使用价值的物品,根据实际需要进行收集、分类、加工、包装、搬运、储存等,并分送到专门处理场所形成的物品实体流动。

(2)企业物流的垂直结构

企业物流的垂直结构一般是按照管理层级来划分的。

①管理层。管理层的任务是对整个物流系统进行统一的计划、实施和控制。其主要内容有物流系统战略规划、系统控制和成绩评定,目的在于形成有效的反馈约束和激励机制。

②控制层。控制层的任务是控制物料流动过程。主要包括订货处理与客户服务、库存计划与控制、生产计划与控制、用料管理与采购等。

③作业层。作业层的任务是完成物料的时间和空间转移。主要包括发货与进货运输、厂内装卸、搬运、包装、保管、流通加工等。

物流系统通过以上3个层次协调配合实现其总体功能,如图1.2所示。

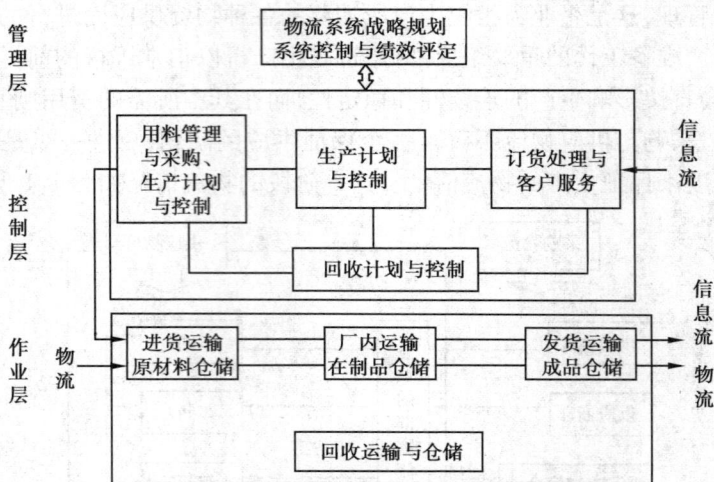

图1.2 企业物流系统的垂直结构

3)企业物流的特点

企业物流是从企业角度研究与之有关的物流活动,它是具体的、微观的物流。由于企业物流是发生在企业内部,因此,把这种微观物流与宏观物流进行对比,可以看出以下特征。

(1)企业物流的连续性

企业的生产物流活动不但充实、完善了企业生产过程中的作业活动,而且把整个生产企业的所有孤立的作业点、作业区域有机地联系在一起,构成了一个连续不断的企业内部生产物流。企业内部生产物流是由静态的点和动态的点相结合联系在一起的网络结构。静态的"点",表示物料处在空间位置不变的状态,如相关装卸、搬运、运输等企业的厂区配置、运输条件、生产布局等。而生产物流动态运动的方向、流量、流速等是企业生产处于有节奏、有次序、连续不断运行的基础。

(2)物料流转的顺畅性

物料流转是企业物流的关键特征。物料流转的手段是物料搬运。在企业生产中,物料流转始终贯穿于生产、加工制造过程中。无论是厂区、库区、车间与车间之间、工序与工序之间、机台之间,都存在着大量、频繁的原材料、零部件、半成品和产成品的流转运动。生产物流的目标是提供畅通无阻的物料流转,保证生产过程顺利、高效地进行。为此,必须对物料的流转进行分析研究以明确对物料搬运的要求。通过对物料流转的分析可以明确需要搬运物料的种类、数量、连续性和机动性等方面的要求,以及搬运作业的起止地点、空间限制、次序等。对于大多数企业来说,他们的生产供货次序是:下一道工序生产过程需要的零部件由上一道工序供给,需要什么、需要多少、何时需要等都由下一道工序决定。这种供货方式改变了过去上一道工序的产品全部流入下一道工序而形成下一道工序半成品和配件大量积压的情况。"看板管理"运用于工厂内和工厂与工厂之间,从而使这种"何时、何物、多少"的信息流恰当地统一管理整个生产物流。这样,下一道工序要多少,上一道工序供多少,使生产物流合理化而减少不必要的搬运,尽可能地消灭相向、迂回搬运,使搬运作业与生产、供应、分拨等形成流水作业。这对合理选择与运用搬运设备、充分利用物流空间、提高物流效率和减少物流费用都是极其重要的。

(3)企业物流功能与成本的"二律背反"性

由于企业物流系统必须具有高度的时间和空间有序性,因此各个子系统功能间的相互协调就显得极为重要,每项功能既对其他功能产生影响,又受到其他功能的共同制约,即"二律背反"(Trade-off)现象。所谓"二律背反",是指企业物流各子系统功能间或物流成本与服务水平之间的二重矛盾,即追求一方,必须舍弃另一方的一种状态,是两者的对立状态。下面是在企业物流系统中存在的几种"二律背反"现象。

①减少仓库并尽量减少库存以使储存费用减少,势必使库存补充变得频繁,从而增加运输次数,增加运输费用。

②简化包装,降低包装费用,则包装强度降低,在装卸和运输过程中容易出现破损,导致装卸搬运效率下降。

③为了减少缺货率,就要增加库存量,仓储费用就会上升。

④片面追求装卸作业均匀化,会使运输环节产生困难。

以上现象在构成企业物流的诸种活动中是客观存在的,企业物流系统中的"二律背反"关系实质上是企业物流的经营管理问题,即应将管理目标定位于降低物流成本的投入并取得较大经营效益。企业物流管理肩负着"降低企业物流成本"和"提高服务水平"两大任务,它们是相互矛盾的对立关系。整个物流合理化,需要用总成本评价,这反映出企业物流子系统功能相互制约、成本交替损益的特点。

【知识链接】

物流成本的效益背反特性

通过对企业物流活动的深入研究,人们很清楚地认识到物流系统内部要素之间存在此消彼长的关系,也就是所谓"二律背反"规律。霍华德·T. 莱维斯等在1956年《物流中航空货运的作用》一书中,首次剖析了运输和其他物流成本之间的效益背反特性,解释了企业使用空运方式反而减少了总成本的原因。爱德华·W. 斯密克等(1961)论述了物流管理系统思想和总成本概念,详细分析各功能成本之间的一般性效益背反关系,指出物流成本间的效益背反现象如不加以重视,往往会导致整个企业物流管理的整体效率的损失。在企业应用效益背反规律指导物流战略方面,美国管理学家罗纳德·H.巴罗提供了有益的分析方法。他将企业物流活动细分为关键性活动和支持性活动,解说如何在效益背反规律下平衡物流成本,指出企业物流成本管理不能只局限于减少成本,建立在客户满意的一定服务水平上的总成本最优才是企业物流战略的最终目标。巴罗认为总成本最优是制订企业物流战略的指导原则,他提出了一些利润—总成本曲线,解决企业中运输服务选择、确定仓库数量、确定安全库存水平等效益背反问题的基本原则,认为当两种或几种成本发生效益背反冲突时,最优解决方案位于总成本曲线的最低点。例如,采用批量运输,整车装运,降低了运输成本,却可能造成库存增加,物流末端加工费用提高。节省包装费用,就会降低产品的保护效果,给储存、装卸、运输带来效率的下降,甚至损坏商品,造成更大损失。此外,物流系统与外部系统的目标也可能存在冲突。

物流系统要追求本系统的成本最小化,而外部其他系统也有自己特定的目标,这些目标之间的冲突是客观普遍存在的。物流系统的成本要受生产部门和销售部门的影响,销售部门或生产部门决定着物流成本,如原来订货后第三天配送,后来改为订货后第二天配送。类似这种销售活动的变更,就会相应地增加物流成本。这本不是物流部门的责任,但却有不少的企业把责任归于物流部门。类似的还有诸如保管费中的过量进货、生产部门过量生产等。基于此,生产者对物流成本的认识更加深刻,形成了物流成本的"效益背反"理论,即物流的若干功能要素之间存在着损益的矛盾,某一功能要素的优化和利益发生的同时,必然会存在另一个或几个功能要素的利益损失,反之亦然。

效益背反是物流成本的典型特征,在企业物流活动的运输、储存、包装、装卸、信息等成本之间存在着此消彼长的关系,减少一项成本往往意味着其他一项或几项成本的增加,因此当若干物流成本相冲突的时候,总成本最佳是物流决策的最优原则。总成本与效益背反理论揭示了物流成本要素之间的相互影响,以及不同的物流活动成本对总成本的影响程度,应用于企业物流管理有助于从企业总成本角度把握物流系统的成本范围,根据不同企业物流成本管理目标和需要解决的物流成本问题的不同来适当划分物流成本结构和突出需要重点管理的部分。

4)企业物流的合理化要求

物流合理化,就是对物流设备配置和物流活动组织进行调整改进,实现物流系统整体优化的过程。企业物流被认为是"企业脚下的金矿""第三利润源"。企业物流的合理化,即以合理的物流成本获得较高的物流服务。企业物流合理化有利于降低物流费用和产品成本,缩短生产周期,加快资金周转,压缩库存,减少流动资金的占用,改善、提高企业的管理水平。

实现企业物流合理化,有以下基本途径。

(1)合理布置各种设施在生产空间的位置

生产系统和服务的各类设施的空间规划设计是物流合理化的前提。工厂内各车间的相对位置以及车间内各台设备的相对位置一经决定,物流路线就随之确定。合理布置的目的是减少物流的迂回、交叉以及无效的往复运输,并避免物流运输中的混乱、路线过长等现象。

(2)合理控制库存

降低库存可以减少占用的流动资金,有效地加快资金周转速度。但库存降低是有条件的,因此要综合考虑库存的管理目标。例如,原材料管理要满足减少流动资金、降低原材料成本、保证供应、防止缺货等指标。

（3）均衡生产

均衡生产从物流角度看即为生产物流流量的均衡。主要措施是科学地制订生产计划和加强对生产的组织管理。在这种生产体制下,物流达到理想状态,从毛坯投入到成品产出全过程,在制品始终处于不停滞、不堆积、不间断、不超越和有节奏的流动状态,是工序间的在制品存储量向零挑战的生产组织方式,是减少生产中浪费现象的重要措施。

（4）合理配置和使用物流机械

要努力开发各种类型和规格的物流机械设备,提高物流机械自动化水平,提高作业效率。

（5）健全物流信息系统

从基础数据的收集着手,建立完善的物流信息系统。根据企业外部原材料的供应市场和产成品的销售市场等信息,合理制订生产计划,控制生产物流节奏,压缩库存,降低生产成本,合理调度运输和搬运设施,使厂内物流顺畅。

【知识链接】

第三利润源

日本早稻田大学西泽修教授于1970年最早提出从物流领域挖掘第三利润源泉。在人类经济发展史上曾经有两个大量提供利润的领域:资源领域和人力领域。资源领域最初是靠廉价原材料、燃料的掠夺和获取,然后是依靠科技进步,通过原材料的节约、综合利用和回收利用,乃至大量人工合成原材料资源而获取高额利润,通常被称为"第一利润源"。人力领域开始是利用廉价劳动力,然后是依靠科技进步提高劳动生产率,降低人力资源消耗,或采用机械化、自动化手段来减少劳动消耗,或通过提高劳动者素质来提高劳动生产率,从而降低人力成本,增加利润,通常被称为"第二利润源"。随着资源和人力领域的潜力不断挖掘,以及竞争的加剧,通过这两个领域增加利润的空间越来越小,物流领域降本增效的潜力日益受到人们的重视,并被称为"第三利润源"。三大利润源分别侧重于开发生产力的不同要素:第一利润源的挖掘对象是劳动对象或生产资料,第二利润源的挖掘对象是劳动者,第三利润源的挖掘对象主要是劳动工具。

任务3 认识企业物流管理

企业物流管理作为企业管理的一个分支,是对生产和流通企业在经营活动中所发生的物品实体流动过程及相关信息(诸如物资的采购、运输、配送、储备、生产、销售等)进行的计划、组织、协调与控制活动。

企业物流管理通过对企业物流功能的最佳组合,在保证一定服务水平的前提下实现物流成本的最小化。企业物流管理的内容主要包括对物流活动诸要素的管理、对物流系统诸要素的管理以及对物流活动中具体职能的管理。

1.3.1 企业物流管理的产生与发展

1）企业物流管理的产生

19世纪末20世纪初，随着现代科学技术和社会化大生产的发展，管理逐步成为由专业人员担任的工作。管理科学按照宏观、中观、微观3个不同层次进行划分，可分为理论管理学、基础管理学和应用管理学。企业管理和物流管理都是属于微观层次的应用管理学范畴。

企业作为国民经济的基本细胞，承担着为社会提供产品或服务的职责。企业存在的价值就在于能够提供社会所需的产品或服务。因此，任何企业都要根据自己的具体情况，形成有特色的产品或服务。传统企业的基本职能通常被分解成物资采购、物资生产和物资销售。物流管理并没有被系统地列入企业的职能，只相对应地把企业物流分为采购物流、生产物流和销售物流，融入各基本职能之中。

很长一段时间，由于企业没有一个独立的物流业务部门，导致各部门各自为政，在生产制造过程中，存在着大量的库存和费用，大量的流动资金被未被重视的"物流黑洞"吞噬。直到20世纪40年代系统论的产生，人们才开始用系统的观点来解决库存问题。20世纪60年代，物料管理被认为是对企业原材料的采购和运输的管理，以及对原材料和在制品的库存的管理；而配送管理是对企业输出物流的管理，包括需求预测、产品库存管理、运输管理和用户服务。20世纪80年代，企业的输入、输出以及市场和制造功能被集成起来，企业物流管理才真正地得到重视。

2）我国企业物流管理的发展

改革开放以前的近30年，我国一直实行的是高度集中的计划经济管理体制，企业生产按计划组织，物资供应按计划调拨，产品销售按计划分配。几乎所有的生产资料和消费资料都是由各级政府按部门、按行政区域通过计划手段进行分配和供应。流通部门存在着物资、商业、粮食、外贸和供销等多个系统，每个系统中又分为批发、零售与储运企业。进入流通领域的商品，主要由各系统内专业储运企业及有关的批发企业进行仓储、运输，并且储运企业要根据批发企业的销售要求进行储运。

在高度集中管理体制下，生产企业的任务只是完成国家下达的生产任务，原材料的供应和产品销售全部纳入国家计划，物资和商业等部门对企业的产品实行统购统销，重要的生产资料需要按指标采购。生产企业的产品绝大多数由流通企业进行销售、储存、运输。涉及"物流"的各个环节，包括采购、运输、仓储、包装加工等，均通过计划手段进行管理和控制，生产企业基本没有自主经营的空间。这种管理方式导致了条块分割，自成体系，机构重叠，生产、流通、销售等环节相互分离，社会库存量大，物资周转缓慢，资金占用较多，给社会资源造成极大的浪费。

从1979年到20世纪90年代前，国内主要着重于宏观物流研究，对物流的认识和理解仅限于"物资流通"。20世纪90年代以来，企业物流管理理念逐步得到企业管理者的认同与实践，并开始受到重视和发展。无论从理论研究还是从企业实践上看，我国企业物流管理水平和世界先进水平之间还有差距,但少数业内领先的国内大型企业如海尔等已开始重视企业物流管理战略,并设立专门的物流部门或物流公司对企业内部物流进行统一规划和管控。2018 年我国物流成本占 GDP 的比重约为 14.3%,而发达国家约为 10%,可见我国的物流业还有巨大的发展空间。我国目前经济增长主要依赖于制造业,40% 以上的国内生产总值、50% 的财政收入、80% 以上的出口以及近 75% 的外汇收入均来自制造业,可以说中国物流业的发展是以制造业的物流发展为主导的。而制造业物流的现状又制约了物流业的发展和物流经营水平的提高。随着中国经济与世界经济的紧密融合,市场竞争加剧,我国应从物流发展的现状出发,充分整合和利用企业现有的物流资源,积极推动企业物流的发展,并在此基础上推进企业物流向社会化和专业化发展。

1.3.2 企业物流管理的内容

企业物流管理的内容可从不同的角度进行理解,如物流活动要素、物流系统要素以及物流活动具体职能等。

1)对物流活动诸要素的管理

(1)运输管理

运输管理的主要内容包括运输方式及服务方式的选择、运输路线的选择、车辆调度与组织等。

(2)储存管理

储存管理的主要内容包括原料、半产品和成品的储存策略、储存统计、库存控制和养护等。

(3)装卸搬运管理

装卸搬运管理的主要内容包括装卸搬运系统的设计、设备规划与配置、作业组织等。

(4)包装管理

包装管理的主要内容包括包装容器和包装材料的选择与设计,包装技术和方法的改进,包装系列化、标准化、自动化等。

(5)流通加工管理

流通加工管理的主要内容包括加工场所的选定、加工机械的配置、加工技术与方法的研究和改进、加工作业流程的制订与优化。

(6)配送管理

配送管理的主要内容包括配送中心选址及优化布局、配送机械的合理配置与调度、配送作业流程的制订与优化。

(7)物流信息管理

物流信息管理主要指对反映物流活动内容的信息如物流要求的信息、物流作用的信息和物流特点的信息进行的收集、加工、处理、存储和传输等。信息管理在物流管理中的作用越来越重要。

(8)客户服务管理

客户服务管理主要指对与物流活动相关的服务的组织和监督,例如,调查和分析顾客对物流活动的反应,决定顾客所需要的服务水平、服务项目等。

2)对物流系统诸要素的管理

从物流系统的角度看,企业物流管理包含以下内容。

(1)人的管理

人是物流系统和物流活动中最活跃的因素。人的管理包括物流从业人员的选拔和录用,物流专业人才的培训与技能的提高,物流教育和物流人才培养规划的制订等。

(2)物的管理

"物"指的是物流活动的客体即物质资料实体。物的管理贯穿于物流活动的始终,它涉及物流活动中的诸要素,即物的运输、储存、包装、流通加工等。

(3)资金的管理

资金的管理主要是指物流管理中有关降低物流成本、提高经济效益等方面的内容,它是物流管理的出发点,也是物流管理的归宿。主要内容包括物流成本的计算与控制、物流经济效益指标体系的建立、资金的筹措与运用、提高经济效益的方法等。

(4)设备的管理

设备的管理主要是指与物流设备管理有关的各项内容。主要内容有各种物流设备的选型与优化配置,各种设备的合理使用和更新改造,各种设备的研制、开发与引进等。

(5)方法的管理

方法的管理的主要内容有各种物流技术的研究、推广普及,物流科学研究工作的组织与开展,新技术的推广普及,现代管理方法的应用等。

(6)信息的管理

信息是物流系统的神经中枢,只有做到有效地处理并及时传输物流信息,才能对系统内部的人、财、物、设备和方法5个要素进行有效的管理。

3)对物流活动中具体职能的管理

物流活动从职能上划分,主要包括物流计划管理、物流质量管理、物流技术管理和物流经济管理等。

(1)物流计划管理

物流计划管理是指对物质生产、分配、交换、流通整个过程的计划管理,也就是在物流系统大计划管理的约束下,对物流过程中的每个环节都要进行科学的计划管理,具体体现在物流系统内各种计划的编制、执行、修正及监督的整个过程中。物流计划管理是物流管理工作的首要职能。

(2)物流质量管理

物流质量管理包括物流服务质量、物流工作质量、物流工程质量等各方面的管理。物流质量的提高意味着物流管理水平的提高,意味着企业竞争力的提高。因此,物流质量管理是物流管理工作的中心问题。

(3)物流技术管理

物流技术管理包括物流硬技术的管理和物流软技术的管理。对物流硬技术进行管理就是对物流基础设施和物流设备的管理,如物流设施的规划、维修和运用,物流设备的购置、安装、使用、维修和更新,提高设备的利用效率,日常工具的管理工作等。对物流软技术进行管理,主要包括各种物流专业技术的开发、推广和引进,物流作业流程的制订,技术情报和技术文件的管理,物流技术人员的培训等。物流技术管理是物流管理工作的依托。

（4）物流经济管理

物流经济管理包括物流费用的计算和控制,物流劳务价格的确定和管理,物流活动的经济核算和分析等。成本费用管理是物流经济管理的核心。

1.3.3　企业物流管理的发展趋势

企业物流是现代物流中不可分割的组成部分。企业物流只有与社会物流同步发展,才能真正发挥出现代物流的作用。总体而言,企业物流的发展趋势有以下 5 个特点。

1）物流一体化

企业物流一体化就是将供应物流、生产物流、销售物流等有机地结合起来,以较低的营运成本满足顾客的货物配送和信息需求。它的核心是 MRP（Material Requirement Planning）,即物料需求计划,它将供应物流、生产物流、销售物流与商流、资讯流和资金流进行整合,使现代物流在商品数量、质量、种类、包装、物流配送信息、价格以及交货时间、地点、方式等方面都满足顾客的要求。一体化物流与传统物流的最大区别在于,后者仅仅以低廉的价格提供服务,而前者则是把顾客需求放在第一位,它除了提供优质的物流服务外,还承担着促进销售、创造顾客需求的功能,分享增值服务的利润。一体化的物流管理融入了供应链管理思想,强化了各节点之间的关系,使物流成为提高企业核心竞争力和赢利能力的关键因素。

2）总成本最小化

企业物流管理追求的是物流系统的最优化,在成本管理上体现为实现物流总成本最小化,这是企业物流合理化的重要标志。传统的管理方法将注意力集中于使每一项个别物流活动成本最小化,而忽视了物流总成本,忽视了各成本之间的相互关系。现代企业物流建立在物流总成本的基础之上,利用各物流要素之间存在的二律背反关系,通过物流各个功能活动的相互配合和总体协调来达到物流总成本最小化的目的。

3）信息化

企业的资源、生产、销售分布在全球市场上,市场的瞬息万变要求企业提高快速反应的能力,因此使物流资讯化、网络化成为企业实现其物流管理一个必不可少的条件。物流资讯系统增强了物流资讯的透明度和共用性,使企业与上下游节点形成紧密的物流联盟。企业通过数字化平台及时获取并处理供应链上的各种资讯,加快对顾客需求的反应速度。物流管理资讯系统包括 ERP、MRP、WMS（仓库管理系统）、BCP（条码印制系统）和 RP（无线终端识别系统）等。企业通过互联网进行物流管理,降低了流转、结算、库存等成本。

4）社会资源整合化

经济全球化把物流管理提高到一个前所未有的高度。企业可以利用各国、各地区的资源优势,分散生产和销售。这样,现代企业的物流就能延伸到包括上游供应商和下游消费者在内的各关联主体。企业产成品中,除了涉及核心技术的零部件是自己生产,其他大多数零件、原材料、中间产品都是由供应商提供的,企业这种小库存或零库存的实现需要一个强大的物流系统。

5）企业物流外包与部分功能的社会化

在工业化高度集中的今天,企业只有依靠核心技术才能在竞争中争得一席之地。而任何企业的资源都是有限的,不可能在生产、流通各个环节都面面俱到。因此,企业将资源集中到主营的核心业务,将辅助性的物流功能部分或全部外包不失为一种战略性的选择。

物流作为一个大系统,是由仓储、运输等多个功能要素整合而成的。企业经过资源重组、流程再造形成一个完善的现代物流体系之后,不仅可以满足本企业物流的需要,还可以将剩余生产力转向物流市场,从事社会化分拨物流,获取丰厚的第三利润。

总之,企业物流管理不再是传统的保证生产过程的连续性,它能创造用户价值,降低用户成本;协调制造活动,提高企业敏捷性;提供信息反馈,协调供需矛盾。企业物流管理作为供应链管理的主要构成部分,在企业的核心竞争中将日益发挥重要的作用。

【知识链接】

供应链物流

供应链物流是为了顺利实现与经济活动有关的物流,协调运作生产活动、供应活动、销售活动和物流活动,进行综合性管理的战略机能。供应链物流是以物流活动为核心,协调供应领域的生产和进货计划、销售领域的客户服务和订货处理业务,以及财务领域的库存控制等活动。供应链物流包括了对涉及采购、外包、转化等过程的全部计划和管理活动以及全部物流管理活动。更重要的是,它也包括了与渠道伙伴之间的协调和协作,涉及供应商、中间商、第三方服务供应商和客户。

根据协调运作生产活动、供应活动、销售活动和物流活动的机能的差异性,可以把生产企业供应链物流归纳成3种模式:批量物流、订单物流和准时物流。

供应链物流管理,是指以供应链核心产品或者核心业务为中心的物流管理体系。前者主要是指以核心产品的制造、分销和原材料供应为体系而组织起来的供应链的物流管理,如汽车制造、分销和原材料的供应链的物流管理,就是以汽车产品为中心的物流管理体系;后者主要是指以核心物流业务为体系而组织起来的供应链的物流管理,如第三方物流,或者配送,或者仓储,或者运输供应链的物流管理。这两类供应链的物流管理既有相同点,又有区别。

任务 4　企业物流管理的主要方法与技术

1.4.1　准时生产方式

准时生产方式(Just in Time, JIT),又称无库存生产方式(Stockless Production)、零库存(Zero Inventories)或超级市场生产方式(Supermarket Production),是指将必要的零部件以必要的数量在必要的时间送到生产线上的一种生产组织方式,由日本丰田汽车公司在 20 世纪60 年代首创。从此,采用 JIT 生产方式的丰田汽车公司的经营绩效与其他汽车制造企业的经营绩效开始拉开距离,JIT 生产方式的优势开始引起人们的关注和研究。

JIT 以准时生产为出发点,首先暴露出生产过量和其他方面的浪费,然后对设备、人员等进行淘汰、调整,达到降低成本、简化计划和提高控制的目的。在生产现场控制方面,JIT 的基本原则是在正确的时间,生产正确数量的零件或产品,即准时生产。它将传统生产过程中前道工序向后道工序送货,改为后道工序根据"看板"向前道工序取货,看板系统是 JIT 生产现场控制技术的核心,但 JIT 不仅仅是看板管理。

准时生产方式的基本思想可概括为:在必要的时间,按必要的数量,生产必要的产品,也就是通过生产的计划和控制及库存的管理,设计一种无库存,或库存达到最小的生产系统。准时生产方式的核心是追求一种无库存的生产系统,或使库存达到最小的生产系统。为此开发了包括"看板"在内的一系列具体方法,并逐渐形成了一套独具特色的生产经营体系。

1)准时生产方式的由来

世界制造业的生产方式经历了一个手工生产方式→大量生产方式→准时生产方式→精益生产方式的过程。20 世纪后半期,整个世界汽车市场进入了一个市场需求多样化的新阶段,而且对质量的要求也越来越高,随之给制造业提出的新难题即是如何有效地组织多品种小批量生产,否则的话,生产过剩所引起的只是设备、人员、非必需费用等一系列的浪费,从而影响企业的竞争能力以致生存。在这种历史背景下,1953 年,日本丰田公司的副总裁大野耐一综合了单件生产和批量生产的特点和优点,创造了一种在多品种小批量混合生产条件下高质量、低消耗的生产方式,即准时生产。大野耐一等人 1961 年在全公司推广 JIT 系统。通过实施 JIT 系统,丰田公司生产经营得到很大改进,到 1976 年,该公司的年流动资金周转率高达 63 次,为日本平均水平的 8.85 倍,为美国的 10 多倍。20 世纪 70 年代初在日本大力推广丰田公司的经验,将其用于汽车、机械制造、电子、计算机、飞机制造等工业中。JIT 是日本工业竞争战略的重要组成部分,它代表日本在重复性生产过程中的管理思想。通过 JIT 思想的应用,日本企业管理者将精力集中于生产过程本身,通过生产过程整体优化,改进技术,理顺物流,杜绝超量生产,消除无效劳动与浪费,有效利用资源,降低成本,改善质量,达到用最少的投入实现最大产出的目的。日本企业在国际市场上的成功,引起西方企业界浓厚的兴趣,西方企业家认为,日本企业在生产中实施 JIT 是其在世界市场上竞争的基础。

20 世纪 80 年代以来,以美国为代表的西方国家纷纷学习效仿日本推行 JIT,重视对 JIT 的研究,并将之应用于生产管理。美国公司在 1987 年已有 25% 应用 JIT,到现在,绝大多数美国企业仍在一定程度上应用 JIT。

JIT 作为一种彻底追求生产过程合理性、高效性和灵活性的生产管理技术,被广泛应用于世界上许多汽车、机械、电子、计算机和飞机制造等行业中。

2)准时生产方式的目标

JIT 的目标是彻底消除无效劳动和浪费,并最终实现全企业的整体利润目标。丰田公司提出"制造工厂的利润寓于制造方法之中",这就是说,要彻底消除制造过程中的无效劳动和浪费,努力降低成本,提高质量,取得高的利润。他们将无效劳动和浪费分为下列几种:①制造过剩的零部件的无效劳动和浪费;②空闲待工的浪费;③无效的搬运劳动;④库存积压的无效劳动和浪费;⑤加工本身的无效劳动;⑥动作方面的无效劳动;⑦生产不合格品的无效劳动和浪费。

为消除上述无效劳动和浪费,就要不断追求最优的生产系统设计和最佳的操作状态。"设计一个生产系统,能高效地生产 100% 优良产品,并且在需要的时间、按需要的数量、生产所需要的工件"这是对 JIT 目标最简单的概括。

3)准时生产方式的方法体系

JIT 的基本方法:适时适量生产、弹性配置作业人数、质量保证。JIT 实现适时适量生产的具体手法有生产同步化、生产均衡化、管理看板。

(1)JIT 的基本要求

①适时适量生产。"在需要的时候,按需要的量生产所需的产品",对于企业来说,各种产品的产量必须能够灵活地适应市场需要量的变比。众所周知,生产过剩会引起人员、设备、库存费用等一系列的浪费。避免这些浪费的手段就是实施适时适量生产,只在市场需要的时候生产市场需要的产品。

②弹性配置作业人数。降低劳动费用是降低成本的一个重要方面,达到这一目标的方法是"少人化"。所谓少人化,是指根据生产量的变动,弹性地增减各生产线的作业人数,以及尽量用较少的人力完成较多的生产。这里关键在于能否将生产量减少了的生产线上的作业人员数减下来。具体方法是实施独特的设备布置,以便能够在需求减少时,将作业所减少的工时集中起来,以整顿削减人员。但这从作业人员的角度来看,意味着标准作业中的作业内容、范围、作业组合以及作业顺序等的一系列的变更。因此,为了适应这种变更,作业人员必须是具有多种技能的"多面手"。

③质量保证。在准时生产方式下通过将质量管理贯穿于每一个工序之中来兼顾实现提高质量与降低成本,具体方法就是通过"自动化"。这里所讲的自动化是指融入生产组织中的这样两种机制:第一,使设备或生产线能够自动检测不良产品,一旦发现异常或不良产品可以自动停止设备运行的机制。为此在设备上开发、安装了各种自动停止装置和加工状态检测装置。第二,生产第一线的设备操作工人发现产品或设备的问题时,有权自行停止生产的管理机制。依靠这样的机制,不良产品一出现马上就会被发现,防止了不良产品的重复出

现或累积出现,从而避免了由此可能造成的大量浪费。而且,由于一旦发生异常,生产线或设备就立即停止运行,比较容易找到发生异常的原因,从而能够有针对性地采取措施,防止类似异常情况的再发生,杜绝类似不良产品的再产生。

(2)实现适时适量生产的具体手法

①生产同步化。为了实现适时适量生产,首先需要致力于生产的同步化。即工序间不设置仓库,前一工序的加工结束后,使其立即转到下一工序去,装配线与机械加工几乎平行进行。铸造、锻造、冲压等必须成批生产的工序,通过缩短作业更换时间来尽量缩小生产批量。生产的同步化通过"后工序领取"这样的方法来实现。"后工序只在需要的时间到前工序领取所需的加工品;前工序中按照被领取的数量和品种进行生产。"这样,制造工序的最后一道即总装配线成为生产的出发点,生产计划只下达给总装配线,以装配为起点,在需要的时候,向前工序领取必要的加工品,而前工序提供该加工品后,为了补充生产被领走的量,必须向再前道工序领取物料,这样把各个工序都连接起来,实现同步化生产。

这样的同步化生产还需通过采取相应的设备配置方法以及人员配置方法来实现。即不能采取通常的按照车、铣、刨等工业专业化的组织形式,而是按照产品加工顺序来布置设备。这样也带来人员配置上的不同做法:弹性配置作业人数。

②生产均衡化。生产均衡化是实现适时适量生产的前提条件。所谓生产的均衡化,是指总装配线在向前工序领取零部件时应均衡地使用各种零部件,生产各种产品。为此,在制订生产计划时就必须加以考虑,然后将其体现于产品生产顺序计划之中。在制造阶段,均衡化通过专用设备通用化和制订标准作业来实现。所谓专用设备通用化,是指通过在专用设备上增加一些工具夹的方法使之能够加工多种不同的产品。标准作业是指将作业节拍内一个作业人员所应担当的一系列作业内容标准化。

生产中将一周或一日的生产量按分秒时间进行平均,所有生产流程都按此来组织生产,这样流水线上每个作业环节上单位时间必须完成多少何种作业就有了标准定额,所在环节都按标准定额组织生产,因此要按此生产定额均衡地组织物质的供应,安排物品的流动。因为 JIT 的生产是按周或按日平均,所以与传统的大生产、按批量生产的方式不同,JIT 的均衡化生产中无批次生产的概念。

标准化作业是实现均衡化生产和单件生产单件传送的又一重要前提。丰田公司的标准化作业,是指在标准周期时间内,把每一位多技能作业员所承担的一系列的多种作业标准化。丰田公司的标准化作业主要包括 3 个内容:标准周期时间、标准作业顺序、标准在制品存量,它们均用"标准作业组合表"来表示。

③管理看板。在实现 JIT 时最重要的管理工具是看板(Kanban),看板是用来控制生产现场的生产排程工具。看板管理也可以说是 JIT 中最独特的部分,因此也有人将 JIT 称为"看板方式"。但是严格地讲,这种概念是不正确的。因为如前所述,JIT 的本质,是一种生产管理技术,而看板只不过是一种管理工具。

看板的主要机能是传递生产和运送的指令。在 JIT 中,生产的月度计划是集中制订的,同时传达到各个工厂以及协作企业。而与此相对应的日生产指令只下达到最后一道工序或总装配线,对其他工序的生产指令均通过看板来实现。即后工序"在需要的时候"用看板向前工序去领取"所需的量"时,同时就等于向前工序发出生产指令。由于生产是不可能

100%地完全按照计划进行的,日生产量的不均衡以及日生产计划的修改都通过看板进行微调。看板就相当于工序之间、部门之间以及物流之间的联络神经而发挥着作用。

【知识链接】
JIT生产的实施工具——看板

1. 看板的概念

看板管理方法是在同一道工序或者前后工序之间进行物流或信息流的传递。JIT是一种拉动式的管理方式,它需要从最后一道工序通过信息流向上一道工序传递信息,这种传递信息的载体就是看板。没有看板,JIT是无法进行的。因此,JIT有时也被称为看板生产方式。看板管理方法是在同一道工序或者前后工序之间进行物流或信息流的传递。看板分为传送看板、生产看板、临时看板三大类。

2. 看板的作用

看板最初是丰田汽车公司于20世纪50年代从超级市场的运行机制中得到启示,作为一种生产、运送指令的传递工具而被创造出来的。经过70多年的发展和完善,目前已经在很多方面都发挥着重要的机能。

(1)生产及运送工作指令

生产及运送工作指令是看板最基本的机能。公司总部的生产管理部根据市场预测及订货而制订的生产指令只下达到总装配线,各道前工序的生产都根据看板进行。看板中记载着生产和运送的数量、时间、目的地、放置场所、搬运工具等信息,从装配工序逐次向前工序追溯。

在装配线将所使用的零部件上所带的看板取下,以此再去前一道工序领取。前工序则只生产被这些看板所领走的量,"后工序领取"及"适时适量生产"就是通过这些看板来实现的。

(2)防止过量生产和过量运送

看板必须按照既定的运用规则来使用。其中的规则之一是:"没有看板不能生产,也不能运送。"根据这一规则,各工序如果没有看板,就既不进行生产,也不进行运送;看板数量减少,则生产量也相应减少。由于看板所标示的只是必要的量,因此运用看板能够做到自动防止过量生产、过量运送。

(3)进行"目视管理"的工具

看板的另一条运用规则是"看板必须附在实物上存放""前工序按照看板取下的顺序进行生产"。根据这一规则,作业现场的管理人员对生产的优先顺序能够一目了然,很容易管理。只要通过看板所表示的信息,就可知道后工序的作业进展情况、本工序的生产能力利用情况、库存情况以及人员的配置情况等。

(4)改善的工具

看板的改善功能主要通过减少看板的数量来实现。看板数量的减少意味着工序间在制品库存量的减少。如果在制品库存量较高,即使设备出现故障、不良产品数目增加,也不会影响后工序的生产,所以容易掩盖问题。在JIT中,通过不断减少数量来减少在制品库存,就使上述问题不可能被无视。这样通过改善活动不仅解决了问题,还使生产线的"体质"得到了加强。

3. 看板使用的规则

①没有看板不能生产也不能搬送。

②看板只能来自后工序。

③前工序只能生产取走的部分。

④前工序按收到看板的顺序进行生产。

⑤看板必须与实物在一起。

⑥不能把不良品交给后工序。

4. 看板的种类

看板的本质是在需要的时间,按需要的量对所需零部件发出生产指令的一种信息媒介体,而实现这一功能的形式可以是多种多样的。看板总体上分为三大类:即生产看板、外协看板、临时看板。生产看板又分为工序内看板、信号看板和工序间看板。

(1)工序内看板

工序内看板是指某工序进行加工时所用的看板。这种看板用于装配线以及即使生产多种产品也不需要实质性的作业更换时间(作业更换时间接近于零)的工序,例如机加工工序等。

(2)信号看板

信号看板是在不得不进行成批生产的工序之间所使用的看板。例如树脂成形工序、模锻工序等。信号看板挂在成批制作出的产品上,当该批产品的数量减少到基准数时摘下看板,送回到生产工序,然后生产工序按该看板的指示开始生产。另外,从零部件出库到生产工序,也可利用信号看板来进行指示配送。

(3)工序间看板

工序间看板是指工厂内部后工序到前工序领取所需的零部件时所使用的看板。

(4)外协看板

外协看板是针对外部的协作厂家所使用的看板。对外订货看板上必须记载进货单位的名称和进货时间、每次进货的数量等信息。外协看板与工序间看板类似,只是"前工序"不是内部的工序而是供应商,通过外协看板的方式,从最后一道工序慢慢往前拉动,直至供应商。因此,有时候企业会要求供应商也推行准时生产方式。

(5)临时看板

临时看板是在进行设备保全、设备修理、临时任务或需要加班生产的时候所使用的看板。与其他种类的看板不同的是,临时看板主要是为了完成非计划内的生产或设备维护等任务,因而灵活性比较大。

1.4.2 精益生产方式

1)精益生产方式的内涵

精益生产方式(Lean Production,LP)就是运用多种现代管理方法和手段,以社会需要为依据,以充分发挥人的积极性为根本,有效配置和合理使用企业资源,以彻底消除无效劳动和浪费为目标,最大限度地为企业谋取经济效益的一种生产方式。精益生产的基本原理就是消除一切浪费,追求精益求精和不断改善。精益生产方式除了准时化生产和看板管理外主要还有拉动式生产、U形生产线、"一个流"生产、全面质量管理等工具。精益生产方式的实施步骤包括:选择要改进的关键流程,画出价值流程图,开展持续改进研讨会,营造企业文化,推广到整个企业。

精益生产方式是美国在全面研究以JIT为代表的日本式生产方式在西方发达国家以及发展中国家应用情况的基础上,于1990年提出的一种较完整的生产经营管理理论。

精益生产方式经历了20多年的探索和完善,逐渐发展成为较为完善的先进生产经营技术和方法体系。可以说,精益生产既是一种原理,又是一种新的生产方式。其中"精",表示少而精、质量高;"益",表示成本低、零库存。

2)精益生产方式的基本原理

精益生产的基本原理就是消除一切浪费,追求精益求精和不断改善,精简掉生产环节中一切无用的东西,任何工作或职位的安排都必须对产品有"增值"。精简是它的核心,尽可能精简不增值的任何东西,持续无止境地精简处于由设计、生产到交货的每一个细小环节上。减少资源浪费,以最小的投入获得最大的产出;以优质低成本的产品,迅速响应客户需求。精益生产包括5个方面的特征,即工厂组织、产品设计、供货环节、顾客和企业管理。归纳起来,精益生产的主要特征为:对外以用户为"上帝",对内以"人"为中心,在组织机构上以"精简"为手段,在工作方法上采用成组工作和并行设计,在供货方式上采用"JIT",在最终目标方面为"零缺陷"。

3)精益生产方式的原则

精益思想的原则是:从客户的角度而不是从企业或职能部门的角度来研究什么可以产生价值;按整个价值增值的行为来确定供应、生产和配送产品中所必需的步骤和活动;创造无中断、无绕道、无等待、无回流的价值增值活动;及时创造仅有顾客拉动的价值;不断消除浪费,追求尽善尽美。

(1)根据用户需求,重新定义价值

精益思想认为企业产品(服务)的价值只能由最终用户来确定,价值也只有满足特定用户需求才有存在的意义。精益思想重新定义了价值观与现代企业原则,它同传统的制造思想,即主观高效率地大量制造既定产品向用户推销,是完全对立的。

(2)按照价值流重新组织全部经营生产活动

价值流是指从原材料到成品赋予价值的全部活动。识别价值流是实行精益思想的起步点,并按照最终用户的立场寻求全过程的整体最佳。精益思想的企业价值创造过程包括:从概念到投产的设计过程;从订货到送货的信息过程;从原材料到产品的转换过程;全生命周期的支持和服务过程。

(3)使价值流动起来

必须想尽一切办法让设计的全部生产精益活动的价值流流动起来,一个停滞的价值流是僵硬和没有活力的,必须打破组织界限、部门分割、心理障碍,改变工作作风、工作习惯还有工作工具和工作方法,以便让价值流真正流动起来,不然这种价值流必然是浪费的低效的价值流。

(4)让用户的需要拉动价值流

根据顾客的需求定义价值流并使它流动起来,但是如果没有让用户的需求来拉动价值流,那么这种价值流也是不可实现的价值流,必须想办法(哪怕很难)让所有的产品都找到顾客,并且要在生产的时候就找到明确的现实的顾客。

(5)不断完善,达到尽善尽美

按顾客的需求定义价值,按价值流重新设计全部的生产经营活动,让价值流动起来并让顾客拉动价值流,必须不断地完善、不断地改进,尽善尽美是精益生产的基本原则,必须将消除浪费的过程不断地进行下去,没有止境。精益制造的"尽善尽美"有 3 个含义:用户满意、无差错生产和企业自身的持续改进。清楚地了解这些原则,然后以精益思想的原则为基础,管理人员就可以充分利用精益生产方式的一些具体做法,推行精益生产方式,并保持稳定的发展。

4)精益生产方式的工具

精益生产方式所使用的工具,除了前面谈到的准时化生产和看板管理外,主要还有以下 9 个方面。

(1)拉动式生产

拉动式生产就是以市场需求为依据,准时地组织各环节的生产,不进行超量超时生产。拉动式生产的基本做法是:以市场需求拉动企业生产,在企业内部以后道工序拉动前道工序的生产,以总装配拉动总成装配,以总成装配拉动零件加工,以零件加工拉动毛坯生产,以主动厂生产拉动配套厂生产。

(2)"一个流"生产

"一个流"生产就是将作业场地、人员、设备合理配置,使生产线内任何两道工序间流动的在制品或成品数最多只有一件,从生产开始到完成之前,没有在制品放置场地和入箱包装的作业,简称"一个流"。"一个流"是准时化生产的核心,其特点是:加工零件不落地,落地就不是一个流;加工不间断、不跨越,一环扣一环同步前进。

·为了实现"一个流"生产,必须对设备的布置重新安排,不是按照类型而是根据加工工件的工序进行布置,形成相互衔接的生产线。"一个流"能够很好地发现过去生产布置中存在的搬运浪费,从而有效消除这一浪费。

(3)U 形生产线

U 形生产线是一种柔性装配系统,所谓 U 形生产线就是以生产节拍为周期,以工人的手工作业为标准,进行多机作业组合,选择素质比较高的工人操作生产线的头道工序和末道工序,以此来控制生产线内部在制品总量和投入产出同步。

设置 U 形生产线的要点如下。

①按照工序将设备布置流水线化。

②必须采取可动的站立作业方式。

③培养多能工,由多能工进行 U 形生产线的操作。

④生产中发生任何问题时必须立即停止生产,查明原因并排除。

⑤严格遵照标准作业书作业并持之以恒。

⑥设法安排具有韵律化步调的逐件进给、逐件加工、逐件检验的作业步骤。

⑦发生不经常的错误时应考虑加装防止失误装置,此装置以机械式为宜。

⑧换工装等任一作业准备应在3分钟内完成。

（4）并行工程

并行工程(Concurrent Engineering,CE)方法要求产品开发人员从设计开始就考虑产品生命周期的全过程以及质量、成本、进度和用户要求。以设计部门为主,其他部门包括工艺部门、制造部门、采购部门、品质保证部门、生产计划部门、销售部门等共同参与,形成产品开发团队,分工协作。CE有两个特点:一是开发各阶段的时间是并联式的,从而使开发周期大为缩短;二是信息交流及时,对发现的问题尽早解决,从而提高产品开发的质量。这样,一方面可以提早发现开发设计上的问题(性能、成本、品质等),减少失误或不完善可能带来的成本损失;另一方面,当产品开发设计完成以后,产品也能够立刻进行生产,而不会出现设计与实际生产之间可能的矛盾。

（5）成组流水线

成组流水线是精益生产方式的集中体现。根据成组技术(GT)相似性的特点,组织相似的零件在生产线上加工,就成了成组流水线。其优点是制造对象多样化,但仍保持着大量生产的速度,而生产线则由刚性变成了柔性。

（6）同步节拍生产

同步节拍生产是每条生产线都应与装配线节拍保持一致与同步,每条生产线的每道工序都要同时起步,后工序没取走,前工序就不加工,生产线内部相邻上下道工序间实行"一个流",生产线只保留必要的在制品储备。

实施同步节拍生产应该注意以人的作业为中心,在规定的节拍时间内,安排作业组合,进行一人多机操作。如果每日数量或装配节拍固定,则每条生产线按统一节拍进行加工。车间之间、生产线内工序之间要形成一个有机整体,要根据节拍和工序能力,确定每个操作者看管机器的台数。只保留工序中必要的标准在制品储备,若采用"一个流"生产工序间的在制品,要不超过紧前工序的装配数,要尽量消除无效劳动和产生零件磕碰的因素。

（7）快换工装

工装是产品制造过程中所用的各种工具的总称。快换工装是精益生产方式中为满足多品种小批量生产需要而发展起来的一门新兴的生产技术和管理技术,也称为零换模作业。所谓快换工装就是以最短的时间实现不同品种生产设备的切换,从而最大限度地缩短生产准备时间,消除不必要的时间浪费,提高多品种混流生产和多品种轮番生产的组织效率和设备利用率。因此,快换工装是实现精益生产方式零切换浪费的重要手段。

实施快换工装要注意产品设计的系列化,要适应多品种生产的某些工艺条件;工艺设计要成组化,把形体相似的零件编组在一起生产;设备布置要合理化,在成组工艺的基础上,合理布置设备,使工艺流向合理,有放置快换工装的位置;工具调整服务要现场化,能够做到将机内调整变为机外调整。

（8）作业标准

作业标准是生产中操作者的行为规范，是管理工作的依据，是组织"拉动式"生产的必要条件。作业标准的内容包括4个方面：生产节拍、标准在制品、工艺规程和质量标准。具体形式有两种：一种是《作用标准指示图表》，规定了劳动组合、在制品定额、工艺要求和质量标准等；另一种是《标准操作规程》，从操作程序、安全生产、质量要求、刀具使用等诸多方面规定了在产品加工全过程中操作人员必须遵守的作业标准。

（9）全面质量管理

质量是企业生存之本，全面质量管理（Total Quality Management，TQM）是实现精益生产方式的重要保证。精益生产方式强调好的质量不是检验出来的，而是制造出来的。全面质量管理要求全员参与和关心质量工作，包括质量发展、质量维护和质量改进，从而使企业生产出成本低、用户满意的产品。

5）精益生产方式的实施

精益生产的研究者总结出精益生产实施成功的5个步骤。

（1）选择要改进的关键流程

精益生产方式不是一蹴而就的，它强调持续地改进。首先应该选择关键的流程，力争把它建成一条样板线。

（2）画出价值流程图

价值流程图是一种用来描述物流和信息流的方法。在绘制完目前状态的价值流程图后，可以描绘出一个精益远景图（Future Lean Vision）。

（3）开展持续改进研讨会

精益远景图必须付诸实施，否则规划得再巧妙的图表也只是废纸一张。实施计划中包括什么（What）、什么时候（When）和谁来负责（Who），并且在实施过程中设立评审节点。这样，全体员工都参与到全员生产性维护系统中。在价值流程图、精益远景图的指导下，流程上的各个独立的改善项目被赋予了新的意义，使员工明确实施该项目的意义。持续改进生产流程的方法主要有以下几种：消除质量检测环节和返工现象；消除零件不必要的移动；消灭库存；合理安排生产计划；减少生产准备时间；消除停机时间；提高劳动利用率。

（4）营造企业文化

虽然在车间现场发生的显著改进，能引发随后一系列企业文化变革，但是如果想当然地认为由于车间平面布置和生产操作方式上的改进，就能自动建立和推进积极的文化改变，这显然是不现实的。文化的变革要比生产现场的改进难度更大，两者都是必须完成并且是相辅相成的。许多项目的实施经验证明，项目成功的关键是公司领导要身体力行地把生产方式的改善和企业文化的演变结合起来。

传统企业向精益化生产方向转变，不是单纯地采用相应的"看板"工具及先进的生产管理技术就可以完成，而是必须使全体员工的理念发生改变。精益化生产之所以产生于日本，而不是诞生在美国，其原因是两国的企业文化有相当大的不同。

（5）推广到整个企业

精益生产利用各种工业工程技术来消除浪费，着眼于整个生产流程，而不只是个别或几个工序。所以,样板线的成功要推广到整个企业,使操作工序缩短,推动式生产系统被以顾客为导向的拉动式生产系统所替代。

总之,精益生产是一个永无止境的精益求精的过程,它致力于改进生产流程和流程中的每一道工序,尽最大可能消除价值链中一切不能增加价值的活动,提高劳动利用率,消灭浪费,按照顾客订单生产的同时也最大限度地降低库存。

1.4.3 敏捷制造

1)敏捷制造的产生

敏捷制造(Agile Manufacturing,AM)是由美国通用汽车公司和里海大学的雅柯卡研究所联合研究,于1988年首次提出来的。1990年向社会公开以后立即受到世界各国的重视,1992年美国政府将这种全新的制造模式作为21世纪制造企业的战略。

自第二次世界大战以来,日本和西欧各国的经济遭受战争破坏,工业基础几乎被彻底摧毁,只有美国作为世界上唯一的工业大国,经济一枝独秀,向世界各地提供工业产品。所以美国的制造商们在20世纪60年代以前的策略是扩大生产规模。到了20世纪70年代,西欧发达国家和日本的制造业已基本恢复,不仅可以满足本国对工业的需求,甚至可以依靠本国廉价的人力、物力,生产廉价的产品打入美国市场,致使美国的制造商们将策略重点由规模转向成本。到了20世纪80年代,联邦德国和日本已经可以生产高质量的工业品和高档的消费品,并源源不断地推向美国市场,与美国的产品竞争,又一次迫使美国的制造商将制造策略的重心转向产品质量。进入20世纪90年代,当丰田生产方式在美国产生了明显的效益之后,美国人认识到只降低成本、提高质量还不能保证赢得竞争,还必须缩短产品开发周期,加速产品的更新换代。当时美国汽车更新换代的速度已经比日本慢了一倍以上,因此速度问题成为美国制造商们关注的重心,"敏捷"从字面上看,正是表明要用灵活的应变去对付快速变化的市场需求。于是,敏捷制造这种新型模式,成为美国21世纪制造企业的战略。

美国机械工程师学会(ASME)主办的《机械工程》杂志1994年期刊中,对敏捷制造做了如下定义:敏捷制造就是指制造系统在满足低成本和高质量的同时,对变幻莫测的市场需求的快速反应。

推行敏捷制造的企业,其敏捷能力表现在以下4个方面。

①反应能力,判断和预见市场变化并对其快速地做出反应的能力。

②竞争力,企业获得一定生产力、效率和有效参与竞争所需的技能。

③柔性,以同样的设备与人员生产不同产品或实现不同目标的能力。

④快速,以最短的时间执行任务(如产品开发、制造、供货等)的能力。

同时,这种敏捷性应当体现在不同的层次上:企业策略上的敏捷性,企业针对竞争规则及手段的变化、新的竞争对手的出现、国家政策法规的变化、社会形态的变化等做出快速反应的能力;企业日常运行的敏捷性,企业对影响其日常运行的各种变化,如用户对产品规格、配置及售后服务要求的变化,用户订货量和供货时间的变化,原料供货出现问题、设备出现故障等做出快速反应的能力。

2）敏捷制造的基本特征

敏捷制造强调企业能够快速响应市场的变化，根据市场需求，能够在最短时间内开发制造出满足市场需求的高质量的产品。因此，敏捷制造具有如下特征。

（1）敏捷制造是信息时代最有竞争力的生产模式

它在全球化的市场竞争中能以最短的交货期、最经济的方式，按用户需求生产出用户满意的具有竞争力的产品。

（2）敏捷制造具有灵活的动态组织机构

它能以最快的速度把企业内部和企业外部不同企业的优势力量集中在一起，形成具有快速响应能力的动态联盟。因为在企业内部它将多级管理模式变为扁平结构的管理方式，把更多的决策权下放到项目组；在企业外部，它重视企业之间的协作，通过高速网络通信能充分调动、利用分布在世界各地的各种资源，所以能保证迅速、经济地生产出有竞争力的产品。

（3）敏捷制造采用了先进制造技术

敏捷制造一方面要"快"，另一方面要"准"，其核心就在于快速地生产出用户满意的产品。因此，敏捷制造必须在其各个制造环节都采用先进的制造技术，例如产品设计，如果采用传统的人工设计方法，不但做不到"快"，也很难做到"准"，所以就要采用"计算机辅助工程设计""并行工程"，甚至"虚拟产品开发"等先进技术，只有在设计阶段就考虑到下游的制造、装配、使用、维修，才能做到一次成功。还应采用其他先进制造技术，例如，柔性制造、计算机辅助管理、企业经营过程重构、计算机辅助质量保证、产品数据管理以及产品数据交换标准等。

（4）敏捷制造必须建立开放的基础结构

因为敏捷制造要把世界范围内的优势力量集成在一起，所以敏捷制造企业必须采取开放结构，只有这样，才能把企业的生产经营活动与市场和合作伙伴紧密联系起来，使企业能在一体化的电子商业环境中生存。

（5）敏捷制造适用范围较广

它主要通过敏捷化企业组织、并行工程环境、全球计算机网络或国家信息基础设施，在全球范围内实现企业间的动态联盟和拟实制造，使全球化生产体系或企业群能迅速开发出新产品，响应市场，赢得竞争。敏捷制造的关键技术包括敏捷虚拟企业的组织及管理技术、敏捷化产品设计和企业活动的并行运作、基于模型与仿真的拟实制造、可重组/可重用的制造技术、敏捷制造计划与控制、智能闭环加工过程控制、企业间的集成技术、全球化企业网、敏捷后勤与供应链等。

3）实现敏捷制造的措施

企业实现敏捷制造可以增强其应变能力和竞争力。通过以下 8 种措施可以有效地实现敏捷制造。

（1）把继续教育放在实现敏捷制造的首位，高度重视并尽可能创造条件使员工获取新信息和新知识

未来的竞争，归根结底是人才的竞争，是人才所掌握的知识和创造力的竞争。企业的员

工知识面广、视野宽,才有可能不断产生战胜竞争对手的新思想。

（2）虚拟企业的组成和工作

从竞争走向合作,从互相保密走向信息交流,实际上会给企业带来更大利益。实施敏捷制造的基础是全国乃至全球的通信网络,在网上了解到有专长的合作伙伴,在网络通信中确定合作关系,又通过网络用并行工程的做法实现最快速和高质量的新产品开发。

（3）计算机技术和人工智能技术的广泛应用

未来制造业中强调人的作用,并不是贬低技术所起的作用。计算机辅助设计、辅助制造、计算机仿真与建模分析技术,都应在敏捷企业中加以应用。另外,还要提到"群件"（Group Ware）,这是近来研究得比较多的一种计算机支持协同工作的软件,强调作为分布式群决策软件系统,它可以支持两个以上用户以紧密方式共同完成一项任务。人工智能在生产和经营过程中的应用,是另一个重要的先进技术的标志。从底层原始数据检测和收集的传感器,到过程控制的机理以及辅助决策的知识库,都需要应用人工智能技术。

（4）方法论的指导

方法论就是在实现某一目标,完成某一项大工程时,所需要使用的一整套方法的集合,实现企业的整体集成,是一项十分复杂的任务。对每一时期每一项具体任务,都应该有明确的规定和指导方法,这些方法的集合就称为"集成方法论"。这样的方法论能帮助人们少走弯路,避免损失。这种效益,比一台新设备、一个新软件所能产生的有形的经济效益,要大得多,重要得多。

（5）环境美化的工作

环境美化不仅指企业范围内的绿化,更主要是对废弃物的处理,有专门的组织主动地、积极地开展对废物的利用或妥善地销毁。

（6）绩效测量与评价

传统的企业评价总是着眼于可计量的经济效益,而对生产活动的评价,则依据一些具体的技术指标。这种方法基本上属于短期行为的做法。对于敏捷制造、系统集成所提出的战略考虑,如缩短提前期对竞争能力有多少好处? 如何度量企业柔性? 企业对产品变异的适应能力会导致怎样的经济效益? 如何检测员工和工作小组的技能? 技能标准对企业柔性又会有什么影响……这一系列问题都是在新形势、新环境下提出来需要解决的。又如会计核算方法,传统的会计核算主要适合于静态产品和大批量生产过程,用核算结果来控制成本,减少原材料和直接劳动力的使用,是一种消极防御式的核算方法。这些都是不适应敏捷企业需要的,当前要采用一种支持这些变化的核算方法。合作伙伴资格预评是另一种评价方法,因为虚拟企业的成功必须要合作伙伴确有所长,而且应有很好的合作信誉。

（7）标准和法规的作用

目前产品和生产过程的各种标准还不统一,而未来的制造业的产品变异又非常突出,如果没有标准,不论对国家、对企业、对用户都非常不利。因此必须要强化标准化组织,使其工作能不断跟上环境和市场的变化,各种标准能及时跟进。现行法规也应该随着国际市场和竞争环境的变化而跟进,其中包括政府贷款、技术政策、反垄断法规、税法、税率、进出口法和国际贸易协定等。

（8）组织实践

外部形势要求变,内部条件也可以变,这时的关键就在于领导能否下决心组织变革,引进新技术,实现组织改革,实现放权,进行与其他企业的新形式的合作。现在不仅需要富于革新精神和善于根据敏捷制造的概念进行变革的个人,更需要而且是必然需要这样的小组,才能推动企业的变革。

1.4.4 最优生产技术

最优生产技术(Optimized Production Technology,OPT),是以色列物理学家高德拉特博士于 20 世纪 70 年代末提出的。最初它被称为最优生产时间表(Optimized Production Timetable),20 世纪 80 年代才改称为最优生产技术。后来高德拉特又进一步将其发展成为约束理论(Theory of Constraints)。OPT 产生的时间不长,却取得了令人瞩目的成就,它是继 MRP 和 JIT 之后出现的又一项组织生产的新方式。

OPT 作为一种新的生产方式,吸收了 MRP 和 JIT 的优点,其独特之处在于提供了一种新的管理思想:从系统生产效率最薄弱的环节出发,识辨出制约系统生产效率的瓶颈资源,并围绕瓶颈资源制订生产计划,使瓶颈资源满负荷工作,系统达到最大产出率。

OPT 的基本思想是通过分析生产现场出现的"瓶颈"现象,以及装夹时间、批量、优先级、随机因素对生产的影响,改善生产现场管理,以达到增加产量、减少库存、降低消耗、取得最佳经济效益的目的。所谓瓶颈资源(或瓶颈),指的是实际生产能力小于或等于生产负荷的资源。这一类资源限制了整个企业生产的产出率。

1)OPT 的目标

OPT 的倡导者认为,任何制造企业的真正目标只有一个,即在现在和将来都能赚钱。要衡量一个企业是否赚钱,通常采用以下 3 个指标。

①净利润(Net Profit,NP)。净利润是一个企业赚多少钱的绝对量。净利润越高的企业,其效益越好。

②投资收益率(Return on Investment,ROI)。投资收益率表示一定时期内的收益与投资比。当两个企业投资大小不同时,单靠净利润指标无法比较他们效益的好坏。

③现金流(Cash Flow,CF)。现金流表示短期内收入和支出的资金。没有良好的现金流,企业的正常生产就会受到影响,严重时会危及企业的生存。

但是,以上 3 个指标不能直接用于指导生产,因此需要一些作业指标作为桥梁。按照OPT 的观点,在生产系统中,作业指标也有 3 个。

①产销率(Throughput,T)。产销率不是一般的通过率或产出率,而是单位时间内生产出来并销售出去的量,即通过销售活动获取现金的速率。生产出来但未销售出去的只是库存。

②库存(Inventory,I)。库存是为了满足未来需求而暂时闲置的有价值的资源。它不仅包括为满足未来需要而准备的原材料、加工过程的在制品和一时不用的零部件、未销售的成品,而且还包括扣除折旧后的固定资产。库存占用了资金,产生机会成本及一系列维持库存所需的费用。

③运行费（Operating Expenses, OE）。运行费是生产系统将库存转化为产销量的过程中发生的一切费用，包括所有的直接费用和间接费用。

2）OPT 的基本内容

OPT 的指导思想实质上是集中精力优先解决主要矛盾，这对于单件小批量生产类型比较适合。这类企业由于产品种类多、产品结构复杂、控制对象过多，因此必须分清主次，抓住关键环节。其基本内容包括以下 4 个方面。

①物流平衡是企业制造过程的关键。为适应市场，企业必须以尽可能的低成本、短周期生产出顾客需要的产品。因此，制造问题主要是物流平衡问题，即需要强调实现物流的同步化。

②瓶颈资源是产品制造的关键制约因素。在制造过程中，影响生产进度的是瓶颈环节。瓶颈资源实现满负荷运转，是保证企业物流平衡的基础。瓶颈资源损失或浪费 1 小时，制造系统即损失或浪费 1 小时。因此，瓶颈资源是制造系统控制的重点，为使其达到最大的产出量可采取以下措施。

A. 在瓶颈工序前，设置质量检查点，避免瓶颈资源做无效劳动。

B. 在瓶颈工序前，设置缓冲环节，使其不受前面工序生产率波动的影响。

C. 采用动态的加工批量和搬运批量。对瓶颈资源，通常加工批量较大，减少瓶颈资源的装设时间和次数，提高其利用率；而较小的运输批量，使工件分批到达瓶颈资源，可减少工件在工序前的等待时间，减少在制品库存。

③由瓶颈资源的能力决定制造系统其他环节的利用率和生产效率。

④对瓶颈工序前导和后续工序采用不同的计划方法，提高计划的可执行性。根据 OPT 的原理，企业在生产计划编制过程中，首先应编制产品关键部件的生产计划，在确认关键部件的生产进度的前提下，再编制非关键部件的生产计划。

3）OPT 的 9 条基本原则

美国创造公司根据资源、"瓶颈"或约束问题，提出了 OPT 的基本原则，其要点如下。

①平衡物流，而不是要求全部设备满负荷运转。维持物流通畅对装配线和加工工业是一条有效的原则，但此原则一般不用于工艺专业化原则组织的车间和重复性生产的车间。

②"非瓶颈"资源的利用水平，常常不由自身来决定，而是取决于系统中其他一些约束因素，即它的利用率要受到"瓶颈"资源的制约。如果"非瓶颈"资源充分利用，它生产出的工件，"瓶颈"操作吸收不了，就会增加库存而引起浪费。

③机器应开动工时与机器可利用工时是不同的概念。机器应开动工时，是指机器完成系统的工作任务必须开动的工时量；而机器可利用工时中，可能包括不需要开动的时间。对于"非瓶颈"资源，区别以上两个概念是很有必要的。如果将"非瓶颈"可利用工时 100% 利用（即开动工时等于可利用工时），但它的后续工序有"瓶颈"资源存在，那么它加工出来的工件后续工序就吸收不了。若后续工序只能吸收 60%，那么其余 40% 就变成库存。在这个例子中，并不希望非"瓶颈"资源利用率达 100%，从系统的观点出发，只要求它的开动工时达到可利用工时的 60% 即可。

④在"瓶颈"操作上损失 1 小时的能力,即是整个系统损失了 1 小时的能力。为取得最大产出,应该保证"瓶颈"资源 100% 的利用率。

⑤在"非瓶颈"资源上节约了 1 小时的能力,对整个系统来说不产生任何作用。系统的能力是受"瓶颈"资源制约的,在"非瓶颈"资源上节约了时间,也不会对系统的产出产生影响。

⑥"瓶颈"控制着系统的产出量及库存量。创造公司认为,在制品库存之所以需要,就是为使"瓶颈"能力充分利用,"瓶颈"所在的地方,可控制在制品量。

⑦运输批量在多数情况下不等于加工批量。加工批量一般较大,而运输批量较小,有时可小到一件工件,这样可以加速物流的运动。

⑧加工批量在不同时间、不同操作、不同设备上,可采用不同值,即加工批量是可变的,而不是固定不变的。

⑨作业计划应该在考虑了整个系统所有约束条件以后,再进行安排。

4)OPT 的实施

OPT 实施的关键是制订计划后的落实工作。在落实计划过程中,传统的许多做法是有害的,其中最大的威胁将来自传统的成本会计的考核体系。因为成本会计体系忽视了瓶颈资源与非瓶颈资源的区别,其考核一般是通过设备和操作工人的利用率及生产成本进行的,而不是通过整个系统的有效性进行的,它着重于局部的优化,这必然助长了人们盲目生产的做法,其结果是无论对瓶颈资源还是对非瓶颈资源都力求充分地使用。人们为了完成工时和设备利用率会盲目生产,最终必然导致高库存和浪费。针对这些情况,OPT 则力求从全局的观点进行考核,从原材料的采购一直追踪到产品销售。其考核体系对瓶颈资源与非瓶颈资源是分别对待的,认为对非瓶颈资源的考核不应以生产量为依据,而应以它生产的有效的产品量来考核。按 OPT 观点,成本会计注重的是"活力"而非"利用",而正确的做法应该是注重"利用"而非"活力"。

另外,OPT 软件的具体运行和 MRP 一样需要大量的数据支持,例如产品结构文件(BOM)、加工工艺文件及精确的加工时间、调整准备时间、最小批量、最大库存、替代设备等数据。同时要成功地实施 OPT,还要求管理者必须对 OPT 产生的计划有信心,要改变一些旧的作业方式,例如接受午餐、工休和连续工作制的做法等。

从 OPT 的实践表明,它比较适合于一些基本、简单的产品及很大的批量且所需工序较少的情况,而在单件生产车间中发挥的效果不佳。其适用条件为:①瓶颈要相对稳定;②瓶颈要保证达到 100% 的负荷能力;③需求是相对稳定的;④员工愿意而且能够服从计划的调度安排。

OPT 对动态的数据以及瓶颈和接近瓶颈资源的数据要求精确。实现 OPT 还需对员工进行培训,使他们能在不同的生产岗位上及时发现问题、跟踪问题,最终用 OPT 方法来解决问题。

1.4.5 大规模定制

1)大规模定制的产生

当今制造企业所面临的市场环境发生了深刻的变化,由稳定、单一的市场逐渐向动态、多元化转变。传统的基于市场预测的单品种、大批量生产方式已不能满足市场竞争的需要。制造企业必须能够以最快的速度,把低成本、高质量、满足客户个性化需求的产品推向市场,才有可能在瞬息万变的市场环境中把握住商机,在激烈的市场竞争中立于不败之地。

大规模定制模式是指对定制的产品和服务进行个别的大规模生产。大规模定制是企业经营中的必然趋势,它能在不牺牲企业经济效益的前提下,了解并满足单个客户的需求,其实质是以大规模的生产方式和速度,为单个客户或小批量多品种的市场定制生产任意数量的产品。

大规模定制模式的实现需要完成以下几个方面的工作:首先,分析量化和尽量降低产品多样化的成本,对产品线进行合理规划,削减低利润产品的生产,以极大地提高利润,充分利用宝贵资源,提高生产的柔性程度,促进大规模定制产品的开发;其次,通过对零件、工艺、工具和原材料进行标准化,作为实施大规模定制的前提条件,降低产品成本,提高加工柔性;再次,实行敏捷制造,在无须生产准备时间和库存的条件下,根据订单进行产品的快速生产,实行敏捷产品开发过程,以实现产品的超速上市;最后,并行地设计产品族和柔性的制造工艺,围绕模块化的结构、通用的零件、通用的模块、标准化的接口和标准的工艺进行敏捷的产品设计。

大规模定制模式要求将产品模块化,按照客户的要求为其提供唯一的模块组合。例如,摩托罗拉公司在 20 世纪 90 年代为了占据市场的领先位置,率先在企业中实行大规模定制,他们开发了一个全自动制造系统,在全国各地的销售代表用笔记本电脑签下订单的一个半小时之内,就可以制造出 2 900 万种不同组合的寻呼机中的任何一种。这种方式彻底改变了竞争的本质,使摩托罗拉成为美国仅存的寻呼机制造商,占有全世界市场份额的 40% 以上。

大规模定制通过柔性的或敏捷的制造,以任意的批量生产多样化的产品,且无须为了改变生产系统的设置而将生产停顿。在相同的设备能力下,当设备运转时,进行大规模定制的工厂,其生产效率要比进行大规模生产的工厂高得多。

产品的设计完成之后,很难再通过其他措施来削减成本,所以必须在产品和生产工艺的设计阶段确定成本,否则,降低的成本甚至不足以补偿实施这类措施本身所需的费用。在典型的企业成本统计中,只记录了材料和人工成本,其他成本称为间接成本,并分摊到企业的所有活动中。各种产品不具有同样的间接成本需求,可以通过设计降低很多间接成本。大规模定制可利用先进的设计技术,设计出需要最少的人工和材料成本的产品,用最低的间接成本有效地生产产品。

2)大规模定制生产的基本思路

MC 的基本思路在于通过产品结构和制造流程的重构,运用现代化的信息技术、新材料技术、柔性制造技术等一系列高新技术,把产品的定制生产问题全部或者部分转化为批量生产,以大规模生产的成本和速度,为单个客户或小批量多品种市场定制任意数量的产品。

3)大规模定制生产的特点

从制造系统的角度分析,大规模定制生产的特点可以概括为以下 4 个方面。

（1）订单的随机性

生产以面向订单为主，任务来源具有很大的随机性和不可预测性。企业无法准确地预测，一般只能按随机到达的订单顺序逐项进行安排，在计划期内难以对生产任务的安排进行全面整体的优化。

（2）品种的多样性

定制产品的性能要求、结构特点要满足客户的特殊需要，而每个客户的心目中都会有各自"理想"的定制产品。尽管定制产品的设计采取了标准化、模块化、系列化以及产品族变型设计原则，但是产品的配置种类和规格仍然较为复杂。

（3）客户的满意度

由于市场的多变性和不可预测性，传统的成本和质量基准虽然仍是企业在竞争中获胜的必要条件，但已不是胜负的决定因素。企业的运行效果由客户对产品和服务的满意度来度量。在市场竞争环境下，客户对产品价值的感知具有多态性和动态性。客户的满意度除了受产品质量等固有特性影响外，还与订单交付期和产品的间接成本有关。

（4）成本构成的复杂性

产品的总成本除了包括零部件、工具等直接成本以外，还包括与定制生产相关的间接成本，如多样化成本、定制配置成本、工程变更成本、多品种生产准备工作成本、库存管理成本等。增大批量等传统手段无法降低间接成本。

4）大规模定制生产的模式

把大规模定制分为按订单销售（Sale-to-Order）、按订单装配（Assemble-to-Order）、按订单生产（Make-to-Order）和按订单设计（Engineer-to-Order）4种类型，这种分类方法已经被学术界和企业界普遍接受采用。

按订单销售又可称为按库存生产（Make-to-Stock），这是一种大批量生产方式。在这种生产方式中，只有销售活动是由客户订货驱动的，企业通过客户订单分离点（CODP）位置往后移动而减少现有产品的成品库存。

按订单装配是指企业接到客户订单后，将企业中已有的零部件经过再配置后向客户提供定制产品的生产方式，如模块化的汽车、个人计算机等。在这种生产方式中，装配活动及其下游的活动是由客户订货驱动的，企业通过客户订单分离点位置往后移动而减少现有产品零部件和模块库存。

按订单制造是指接到客户订单后，在已有零部件的基础上进行变型设计、制造和装配，最终向客户提供定制产品的生产方式，大部分机械产品属于此类生产方式。在这种生产方式中，客户订单分离点位于产品的生产阶段，变型设计及其下游的活动是由客户订货驱动的。

按订单设计是指根据客户订单中的特殊需求，重新设计能满足特殊需求的新零部件或整个产品。客户订单分离点位于产品的开发设计阶段。较少的通用原材料和零部件不受客户订单的影响，产品的开发设计及原材料供应、生产、运输都由客户订单驱动。企业在接到客户订单后，按照订单的具体要求，设计能够满足客户特殊要求的定制化产品，供应商的选择、原材料的要求、设计过程、制造过程以及成品交付等都由客户订单决定。

5）大规模定制生产模式条件下企业间的合作关系

在传统的供求关系管理模式下,制造商与供应商之间只保持一般的合同关系,供应链只是制造企业中的一个内部过程,将通过合同采购的原材料和零部件进行生产,转换成产品并销售至用户,整个过程均局限于企业的内部操作。制造商为了减少对供应商的依赖,彼此间经常讨价还价,这种管理模式下的特征是信任度和协作度低,合作期短。但大规模定制生产是以新产品开发,企业与专业化制造企业间的有效合作、互相依存为前提的,构成的网络化虚拟公司的主干企业与伙伴企业间能达到"双赢"的合作关系。主干企业与伙伴企业间应共享信息,通过委托代理经常协调彼此的行为;必要时应对伙伴企业做技术支持和投资帮助,使合伙企业降低成本,改进质量,加快产品开发;在合作过程中建立相互的信任关系,提高运行效率,减少交易管理成本;对于通用化、标准化程度高的产品模块,应尽量保持一种能持久的关系,确保产品质量稳定;对于个性化产品的关键模块和零部件,主干企业可吸收伙伴企业参与开发和共同创新,建立战略合作关系,加快新产品的开发过程。

1.4.6　库存存货管理方法

企业为了保证采购和生产的连续性、均衡性,需要保有一定的库存。要对库存进行有效的管理和控制,首先要对存货进行分类,常用的方法有 ABC 分类法和 CVA 分类法。

1）ABC 分类法

ABC(Activity Based Classification)分类法又称重点管理法或 ABC 分析法。它是一种从名目众多、错综复杂的客观事物或经济现象中,通过分析,找出主次,分类排队,并根据其不同情况分别加以管理的方法。该方法是根据帕累托曲线所揭示的"关键的少数和次要的多数"的规律在管理中加以应用的。通常是将手头的库存按年度货币占用量分为 3 类。

A 类是年度货币量最高的库存,这些品种可能只占库存总数的 15%,但用于它们的库存成本却占到总数的 70% ~ 80%。

B 类是年度货币量中等的库存,这些品种占全部库存的 30%,占总价值的 15% ~ 25%。

那些年度货币量较低的为 C 类库存品种,它们只占全部年度货币量的 5%,但却占库存总数的 55%。

除货币量指标外,企业还可以按照销售量、销售额、订货提前期、缺货成本等指标将库存进行分类。通过分类,管理者就能为每一类的库存品种制订不同的管理策略,实施不同的控制。

建立在 ABC 分类基础上的库存管理策略包括以下内容。

①花费在购买 A 类库存的资金应大大多于花在购买 C 类库存上的资金。

②对 A 类库存的现场管理应更严格,它们应存放在更安全的地方,而且为了保证它们的记录准确性,更应对它们频繁地进行检查。

③预测 A 类库存应比预测其他类库存更为仔细、精心。

ABC 分析法所需要的年度货币占用量,可以用每个品种的年度库存需求量乘以其库存成本。表 1.1 列示了 3 种库存类型的管理策略。

表 1.1　不同类型库存的管理策略

库存类型	特点（按货币占用量）	管理方法
A	品种数约占库存总数的15%，成本占70%～80%	进行重点管理，现场管理要更加严格，应放在更安全的地方；为了保持库存记录的准确，要经常进行检查和盘点；预测时要更加仔细
B	品种数约占库存总数的30%，成本占15%～25%	进行次重点管理，现场管理不必投入比A类更多的精力；库存检查和盘点的周期可以比A类要长一些
C	成本也许只占库存成本的5%，但品种数量或许是库存总数的55%	只进行一般管理，现场管理可以更粗放一些，但是由于品种多，差错出现的可能性也比较大，因此也必须定期进行库存检查和盘点，周期可以比B类长一些

利用 ABC 分析法可以使企业更好地进行预测和现场控制，以及减少安全库存和库存投资。

ABC 分类法并不局限于分成 3 类，可以增加。但经验表明，最多不要超过 5 类，过多的种类反而会增加控制成本。

2）CVA 管理法

由于 ABC 分类法有不足之处，通常表现为 C 类货物得不到应有的重视，而 C 类货物的出错往往也会导致整个装配线的停工，因此，有些企业在库存管理中引入了关键因素分析法（Critical Value Analysis，CVA）。

CVA 的基本思想是把存货按照关键性分成 4 类。

①最高优先级。这是指经营的关键性物资，不允许缺货。

②较高优先级。这是指经营活动中的基础性物资，允许偶尔缺货。

③中等优先级。这多属于比较重要的物资，允许合理范围内的缺货。

④较低优先级。经营中需用这些物资，但可替代性高，允许缺货。

表 1.2 列示了按 CVA 库存管理法所划分的库存种类及其管理策略。

表 1.2　CVA 管理法库存种类及其管理策略

库存类型	特　点	管理措施
最高优先级	经营管理中的关键物品，或 A 类重点客户的存货	不许缺货
较高优先级	生产经营中的基础性物品，或 B 类客户的存货	允许偶尔缺货
中等优先级	生产经营中比较重要的物品，或 C 类客户的存货	允许合理范围内缺货
较低优先级	生产经营中需要，但可替代的物品	允许缺货

CVA 管理法比 ABC 分类法有着更强的目的性。在使用中人们往往倾向于制订高的优先级,结果高优先级的物资种类很多,最终哪种物资也得不到应有的重视。CVA 管理法和 ABC 分析法结合使用,可以达到分清主次、抓住关键环节的目的。在对成千上万种物资进行优先级分类时,也不得不借用 ABC 分类法进行归类。

1.4.7　企业资源计划

企业资源计划(Enterprise Resource Planning,ERP)的核心思想是供应链管理,它跳出了传统企业边界,从供应链范围去优化企业的资源,是基于网络的新一代信息系统。ERP 是将企业内外部资源整合在一起,对采购、生产、成本、库存、分销、运输财务、人力资源等进行规划,以达到最佳资源组合,取得最佳效益。

在 ERP 技术条件下,生产物流计划和控制与其他业务活动的联系更加紧密,集成性更高。ERP 系统下的物流管理思想经历了 3 个发展阶段——物料需求计划(Material Requirements Planning,MRP)阶段、制造资源计划(Manufacturing Resource Planning,MRP Ⅱ)阶段和 ERP 阶段。

1)ERP 的产生与发展

ERP 的概念产生于 20 世纪末期,它是新的企业管理思想和现代软件信息系统把原来的 MRP Ⅱ 拓展为围绕市场需求而建立的企业内外部资源计划系统,把客户需求和企业内部的经营活动以及供应商的资源融合到一起。它体现了以用户需求为中心的经营思想,将企业的业务流程看成一个完整的供应链,其中包括供应商、制造工厂、分销网络和客户等。

2)ERP 系统的特点

(1)范围更广

ERP 系统在 MRP Ⅱ 的基础上扩展了管理范围,它把客户需求和企业内部的制造活动,以及供应商的制造资源整合在一起,形成一个完整的供应链并可对供应链上的所有环节(如订单、采购、库存、计划、生产制造、质量控制、运输、分销、服务与维护、财务管理、人事管理、实验室管理、项目管理、配方管理等)进行有效管理。

(2)支持不同类型企业的生产物流管理

MRP Ⅱ 系统把企业归类为几种典型的生产方式进行管理,如重复制造、批量生产、按订单生产、按订单装配、按库存生产等,对每一种类型都有一套管理标准。而在 20 世纪 80 年代末 90 年代初期,为了紧跟市场的变化,多品种、小批量生产及看板式生产等则是企业主要采用的生产方式,由单一的生产方式向混合型生产发展,ERP 则能很好地支持和管理混合型生产环境,满足了企业的这种多元化经营需求。

(3)事务处理功能更加强大,支持集团公司的应用

现在,企业的发展已使得企业内部各个组织单元之间、企业与外部的业务单元之间的协调变得越来越多且越来越重要。ERP 系统应用完整的组织架构,从而可以支持跨国经营的多国家地区、多工厂、多语种、多币制的应用需求。

（4）系统技术集成性更高

随着计算机技术的飞速发展，网络通信技术的应用，ERP系统得以实现对整个供应链信息进行集成管理。ERP系统采用客户/服务器（C/S）体系结构和分布式数据处理技术，支持网络、电子商务（E-business/E-commerce）、电子数据交换，此外，还能实现在不同平台上的交互操作。ERP与客户关系管理（Customer Relationship Management，CRM）进一步整合。ERP更加接近市场和面向客户，通过基于知识的市场预测、订单处理、生产调度和基于约束理论等，进一步提高企业在全球化市场环境下的优化能力；并进一步与CRM结合，实现销售、服务的一体化，使客户服务与ERP后台处理过程集成，更好地提高了生产物流管理水平。ERP与电子商务、供应链（SC）、协同商务、协同作业管理等进一步整合，支持企业与贸易共同体的业务伙伴、客户，支持数字化的业务交互过程。

（5）物流管理功能大大增强

ERP与物流管理系统进一步整合，全面的工作流规则保证与时间相关的业务信息能够自动地在正确的时间被传送到指定的地点，ERP的物流管理功能将进一步增强。

1.4.8　分销需求计划

1）DRP的原理

DRP（Distribution Requirement Planning）是分销需求计划的简称，是把MRP的原则和技术推广到最终产品的存储和运输领域的一种物流技术，是MRP在流通领域应用的直接结果。

DRP从最终用户的需求量开始（这是一种独立需求），向生产企业倒推，建立一个经济的、可行的系统化计划，来满足用户需求。利用准确可靠的需求预测，DRP制订了一个分阶段的产品从工厂或仓库到最终用户的分销计划。它主要解决分销物资的供应计划和调度问题，通过对存货的分配达到既有效地满足市场需求又使配置费用最省的目的。

DRP是以业务流程优化为基础，销售与库存综合控制管理为核心，集采购、库存、销售、促销管理、财务以及企业决策分析功能于一体的高度智能化的企业配送业务解决方案。它能够实现物流高效率的集成化管理，具有优化流程与规范化管理、降低经营成本、优化资源分配等功能。

DRP的原理如图1.3所示。

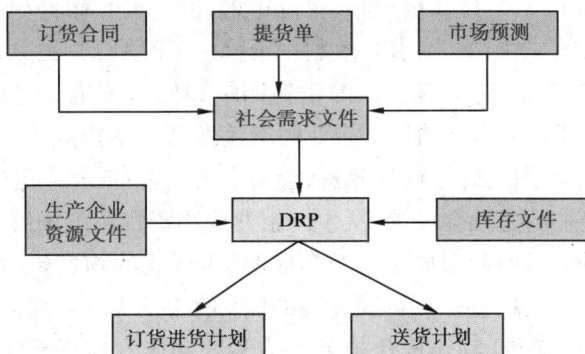

图1.3　DRP的原理示意图

（1）输入文件

①社会需求文件。社会需求文件包括所有用户的订货单、提货单和订货合同,以及下属子公司、企业的订货单。此外,还要进行市场预测,确定一部分需求量。所有需求要按品种和需求时间进行统计,整理成社会需求文件。

②库存文件。库存文件是对自有库存物资进行统计列表,以便针对社会需求量确定必要的进货量。

③生产企业资源文件。生产企业资源文件包括可供应的物资品种和生产企业的地理位置等,地理位置与订货提前期有关。

（2）输出文件

①用户的送货计划。为了保证按时送达,要考虑作业时间和路程远近,提前一段时间开始作业。对于大批量需求可实行直送,而对于数量众多的小批量需求可以进行配送。

②订货进货计划。订货进货计划是指从生产企业订货进货的计划。对于需求物资,如果仓库内无货或者库存不足,则需要向生产企业订货,当然,也要考虑一定的订货提前期。

这两个文件是 DRP 的输出结果,是组织物流的指导文件。

2）实施 DRP 的意义

应用 DRP 的潜在经济效益很大。据资料介绍,在北美地区,企业在物资流通领域的花费约占总产值的20%,对这部分物流成本的构成分析表明,其中89%主要集中在库存维持、仓库管理、运输费用上,这些正是 DRP 能够发挥其作用的领域。更为重要的是,实施 DRP 还能为企业带来难以用数字描述的、更广泛的潜在效益。既然企业信息化程度不高是制约其发展的关键,那么就必须以先进的信息化技术和优秀的管理思想来推动企业在物流管理方面的发展。

DRP 依据对具体市场的需求预测和既定的生产计划,把最终产品通过分销渠道"推"到需要它的地方去,它对于现实需求非常敏感,使合适的产品及时到达用户手中,是替代传统再订货点法的一种有效手段。

3）DRP 的应用及发展

DRP 在两类企业中可以得到应用:一类是流通企业,如储运公司、配送中心、物流中心、流通中心等。这些企业的基本特征是:不一定搞销售,但一定有储存和运输的业务。它们的目标是在满足用户需要的原则下,追求有效利用资源(如车辆等),达到总费用最省。另一类是一部分较大型的生产企业,它们有自己的销售网络和储运设施。这样的企业既搞生产又搞流通,产品全部或一部分由自己销售。企业中有流通部门承担分销业务,具体组织储、运、销活动。这两类企业的共同之处是:以满足社会需求为宗旨;依靠一定的物流能力(储运、包装、装卸、搬运能力等)来满足社会需求;从生产企业或物资资源市场组织物资资源。

DRP 增加了物流能力计划,形成了一个集成的、闭环式的物资资源配置系统,使需求计划得到发展。DRP 是一个自我适应、自我发展的闭环系统,从而增加了车辆管理系统、仓储管理系统、物流能力计划系统、物流优化辅助决策系统和成本核算系统,对物资进、销、存有更合理的配置,优化了管理和决策系统。

随着企业物流管理理论与实践的不断发展,新的管理方法和技术也会不断地得到推广和运用。

【知识链接】

区块链技术助推物流行业发展

近几年,区块链技术在全球迅速兴起,被誉为第四次工业革命的重要引擎。其中,物流行业被业内人士认为是除金融行业之外区块链创新应用价值最高的领域。

物流行业前景广阔,从全球市场规模来看,2022年将达到12.256万亿美元。但在技术和运营方面仍然比较落后,行业的分散性特点,导致整个物流过程的透明度很低,没有任何一个参与方来承担很多重要责任。

区块链有非常多的优势,节省时间和成本,降低风险和欺诈。物流行业利用区块链技术,可优化资源利用率,压缩中间环节,提升行业整体效率。可以说,区块链技术为物流行业的规范化、数字化提供了思路。

作为全球首个基于EOS(Enterprise Operation System,区块链操作系统)底层技术专为物流行业应用设计的公链,OPT(Optimization-chain,优化链)团队在最新公布的白皮书中,展示了其在应用领域的案例研究。

1. 物流平台轻松上链

区块链具有去中心化、数据不可篡改等特点,可以把货主、司机、物流行为和关键信息上链,实现对问题的追踪和问责。物流平台通过OPT的BaaS(Blockchain as a Service,区块链即服务)平台提供的DApp(去中心化应用)开发引擎模块轻松搭建和部署自己的DApp应用,解决信用问题的同时还解决了区块链开发成本高的问题。

2. 产业链协作即时匹配

小型物流平台通过OPT生态提供的DApp来填补运输代理商的角色。在此过程中,通过OPT的高级接口来搜索和筛选跨省长途运输、城际物流、同城配送多名司机之间的计划迭代,从而打造一支高效的物流团队。

3. 商品溯源

商品从种植生产到输送到消费者手中,物流环节扮演着核心角色,让商品把整个装载、运输、卸货定位、时间、负责人信息全面上链,即可做到货物流通信息可追踪,不可篡改。以食品安全为例,可以实现真正意义上的"从农场到餐桌"的完整追溯和可见性。

4. 物流监控与司机调度

物流平台可以使用OPT上的相关DApp来管理线路运输,全程对物流进行监控,发现异常及时跟进和处理,并且可以找到合适的司机,对司机进行物流调度。

5. 全程可跟踪

物流通常跨越许多步骤、数百个地理位置以及多方运输。使用OPT的相关DApp可以打通所有流程,并且对物流全程进行追踪。

6. 安全与隐私

很多生产企业在使用物流过程中担心数据泄密问题,这就使得很多物流SaaS(Softwere

as a Service，软件即服务）提供商失去机会。如果这家企业通过 OPT 公链提供的开发引擎迅速把客户信息、司机信息、物流运输信息加密后保存在区块链中，只有客户的私钥才能查看，就可以完全打消对数据安全和隐私的担心。

7. 保险业务

把司机运输数据上传区块链，做到不可篡改，这对保险来说就是公信力，相应地会降低保费，杜绝骗保行为。

8. 供应链金融

目前针对线下中小门店、物流、司机的金融产品少之又少。这是因为供应链金融机构无法获得足够多的真实数据，分析评估得出综合的信用贷款额度。面对这一刚需市场，金融机构在 OPT 上通过高级查询接口即可获得申请贷款人授权的有效数据。同时数据流动可以形成联动效应，发挥更大的价值和收益。

任务 5　企业物流管理业务流程

1.5.1　流程及企业流程管理的概念

流程是一个或一系列连续、有规律的行动，这些行动以确定的方式发生或执行，导致特定结果的出现。或者说流程是为特定顾客或市场提供特定服务而实施的一系列精心设计的活动。

企业流程管理主要是对企业内部改革，改变企业职能管理机构重叠、中间层次多、流程不闭环等现象，使每个流程可从头至尾由一个职能机构管理，做到机构不重叠、业务不重复，达到缩短流程周期、节约运作资本的作用。

流程管理最终希望提高顾客满意度和公司的市场竞争能力并达到提高企业绩效的目的。依据企业的发展时期来决定流程改善的总体目标。在总体目标的指导下，再制订每类业务或单位流程的改善目标。

1.5.2　企业物流流程的概念及发展

企业物流流程就是企业中关系到物品流动的流程，在流程分类中属于业务流程，一般包括订单完成、产品生产、库存管理、物料采购等活动的流程。对企业的物流业务流程而言，流程管理是优化与供应商有关的业务流程，比如预测、补货、计划、签约、库存控制、信息沟通等。供应商的绩效很大程度上受采购方流程的制约。例如预测流程中，如何确定最低库存、最高库存，按照什么频率更新、传递给供应商，直接影响供应商的产能规划和按时交货能力。再如补货，不同种类的产品，按照什么频率补货，补货点是多少，采购前置期是多少，不但影响公司的库存管理，也影响供应商的生产规划。

物流管理流程直接面向顾客，通过降低流程成本，从而实现价值增值。在过去的几十年里,随着消费者需求层次的不断升级、日趋多样化和个性化,市场竞争格局日趋激励,这种形势变化使得改进活动成为任何一个企业生存与发展的必备"良药"。不改变就意味着会被顾客抛弃——顾客会投向那些积极应变,提供更多、更好、更快服务的竞争者。因此,今天许多企业都在努力推行业务流程再造与业务流程改进,并且在持续地、不间断地改进。

业务流程分析到目前为止,并没有准确的定义,其根本的目的是要用多个不同的技术手段,来理解现有的业务流程,从而为企业的业务流程梳理、流程改造(BPR)提供决策依据。BPR(Business Process Reengineering)是业务流程重组的英文简称。BPR 兴起于美国,最先由美国麻省理工学院教授迈克尔·哈默(Michael Hammer)在《重组工作:不要自动化改造,而是彻底铲除》一文中提出,后来,迈克尔·哈默与 CSC Index 的首席执行官詹姆斯·钱皮(James Champy)于 1993 年出版了《企业再造:企业革命的宣言书》,正式提出 BPR 的概念。此后,BPR 作为一种新的管理思想,像一股风潮席卷了整个美国和其他工业化国家,对世界各国企业管理理论与实践产生了巨大影响。根据哈默与钱皮的定义,BPR 就是对企业的业务流程进行根本性再思考和彻底性的再设计,从而获得在成本、质量、服务、速度等方面业绩的改善。其根本内涵就是以作业流程为中心,摆脱传统分工理论的束缚,提倡面向顾客、组织变通、员工授权及正确运用信息技术,达到适应快速变化的环境的目的。可以说,BPR 是根据企业未来发展的战略规划,对企业各项业务活动及其细节进行的重构、设定、阐述或优化的系统工程。也是充分运用信息技术,从根本上改变企业流程以达成目标的方法性的程序,同时特别强调以"流程导向"替代原来的"职能导向"。

业务流程的管理按照其变革的程度应分为 3 个层次:业务流程的建立和规范、业务流程的优化和业务流程的重组。这 3 个不同层次的变革分别适用于不同阶段和管理基础的企业。

第一个层次是业务流程的建立和规范。

一个企业尤其是中小企业建立的初期,由于企业生存的压力,管理者普遍关注市场和销售,对流程和制度不重视,运作基本靠员工的经验和一些简单的制度。处于第一个层次的企业,面临的最大的问题是无序,通常会出现组织结构不健全、机构因人设岗、权责不清和没有制度流程。这些企业通常没有成型的组织机构,谁熟悉哪一块就由谁负责该项业务,职能通常会有交叉,企业的运作基本上依赖于人的经验和惯性,经常会发生越级指挥事件,同时会表现出高度集权的特点。

从流程管理的角度,这个时期的企业急需建立基本的流程和规范,如业务运作流程、作业指引、岗位说明书、人力资源管理体系等。这个时期的企业不能强求业务流程的精细,关键是明确权责,识别和描述流程,使工作例行化。

第二个层次是业务流程的优化。

由于企业规模的扩大,组织的机构会逐渐庞大,分工会越来越细,企业官僚化程度也随之增加,这时面临的最大问题是低效,也就是效率的低下。通常这类企业会表现出以下特点:组织机构完整,甚至大而全,也有书面的职责说明、制度流程,但是会出现部门间合作不畅,跨部门流程工作效率低下,决策时间长,制度流程虽然有但是没有达到精细化的程度,流程执行不到位等问题。有相当一部分企业还通过了 ISO 9001 认证或有完整的制度流程体系。具备这个特点的企业一般是一些迅速膨胀后颇具规模的民营企业和一些国有企业。其业务模式相对稳定,而且通常企业发展较快。

在这个阶段的企业需要解决的问题是如何提高企业的效率和反应速度。通常采用的方法是先对现有流程的绩效进行评估,识别缺失的关键环节和需要改善的环节,针对流程各环节可以从以下 4 个角度进行分析。

①活动。是否过于复杂,是否存在精简的可能性。

②活动实现形式。是否能用更有效率的工具来实现活动。

③活动的逻辑关系。各环节的先后关系可否做调整以改进目标。

④活动的承担者。是否可以通过改变活动的承担者来使流程更有效率。

然后通过对现有流程的简化、整合、增加、调整等方式来提升流程效率,还可以通过明确流程所有者的形式来监督流程的整体表现,从而避免部门间推诿的问题。

一般在进行流程优化的时候关注的是相对低层次的流程的效率和成本等问题,可以采用一些方法和工具对现有的流程进行改良,同时强调流程的有效执行,一般不会涉及大的组织变革和流程变革问题,而是解决一个从有到更好的问题。

业务流程优化的特点是一些局部的变革,对企业的冲击相对较小,相对比较容易实施;缺点是只是一些改良,对一些存在结构性问题的企业往往不能解决根本性问题。

第三个层次是业务流程的重组。

这时候往往是公司的战略转型期,需要对流程进行根本性的变革,需要全面评估业务流程,需要根据战略对流程进行重新设计和重组流程以适应公司的战略,流程重组往往伴随着 IT 系统的实施、重大的组织变革和业务模式的变革。这个阶段往往是一次重大的管理变革。

这时候企业的流程本身并没有很多的问题,但是往往不能适应新的战略,一般伴随 IT 系统的实施或者新的战略调整,需要对企业的流程进行全面的评估和战略性思考,同时随着流程的调整需要采取一系列的配套措施。

业务流程重组往往伴随着业务模式的调整,是一次重大的管理变革,存在较大的实施风险,但一旦成功,往往能给企业带来业绩的重大改善。

这 3 个层次的流程管理适用于不同阶段的企业,当然它们之间的界限不是严格意义上的。在进行业务流程的规范时,最好能对流程进行一些优化,业务流程优化和业务流程重组之间的界限也只是程度上的区别,关键是进行流程管理时根据管理的现状采用合适的方法和步骤。

1.5.3 企业物流流程管理的内容

企业物流流程管理的核心内容包括流程、根本性、彻底性、追求结果 4 个方面。

1）流程

流程就是以从订单到交货或提供服务的一连串作业活动为着眼点,跨越不同职能与部门的分界线,从整体流程、整体优化的角度来考虑与分析问题,识别流程中的增值和非增值的活动,剔除非增值的活动,重新组合增值活动,优化作业过程,缩短交货周期。

2）根本性

根本性就是要突破原有的思维定式,打破固有的管理规范,以回归零点的新观念和思考方式,对现有流程与系统进行综合分析与统筹考虑,避免将思维局限于现有的作业流程、系统结构与知识框架中去,以取得目标流程设计的最优。

3）彻底性

彻底性就是要在"根本性"思考的前提下,摆脱现有系统的束缚,对流程进行设计,从而获得管理思想的重大突破和管理方式的变革性变化。

4）追求结果

追求结果是指通过对流程的根本思考,找到限制企业整体绩效提高的各个环节和因素,通过重新设计来降低成本、节约时间、增强企业竞争力,从而使企业的管理方式和手段、企业的整体运作效果得到一个质的飞跃,体现高效益与高回报性。

1.5.4　企业物流流程管理的应用

企业物流流程是指利用专业化的设备、生产线工作以及无干扰的原料流程的一种生产系统。物流流程用于公司当中也可称为流程式工厂,它存在于以固定的投入、运作时间以及产出项目为常态的行业当中。几乎任何一个需要用到重复性制造过程的行业都可以有效地利用"处理流程时间安排法"(Process Flow Scheduling,PFS),以作为在物料需求规划之外的另一个选择。举例来说,汽车制造商、电脑制造商以及钢铁生产者之所以会利用流程法是因为这个方法可以带来低单位成本、高产出量以及较低的劳工成本。

1.5.5　企业物流流程的分析和记录

企业物流流程分析,是对企业有关物流活动功能分析的进一步细化,从而得到企业物流业务流程图(Transaction Flow Diagram,TFD),是一个反映企业物流活动处理过程的"流水账本"。企业物流流程分析能够帮助确定流程工作与合作建模的基本要素,能更好地分析理解其同其他要素的关系。物流业务流程分析的目的是:形成合理、科学的物流业务流程。企业在分析现有物流业务流程的基础上进行物流业务流程重组,产生更为合理的业务流程。

业务流程分析主要是定义项目的内容,即对现行的管理进行仔细回顾和描述,从而认识项目业务和技术上的具体要求。

在企业物流业务流程分析过程中,主要进行以下分析。

①作业分析。考虑操作是否受设计方面的影响,加工条件是否可以改变(合并工站、动作等)。

②搬运分析。搬运重量、距离、时间,其间涉及厂房空间及布置、机器排列、运输方法及工具等。

③检验分析。通常须考虑制成品的功能要求、精确度要求。

④储存分析。此部分发生往往是由材料或零件未到货,或者下一步加工的机器不胜重荷,须暂时等待所致,因此应对各种控制做重点考虑。

⑤等待分析。迟延为浪费,理应降至最低限度。此部分涉及人员调配控制及闲余能量分析的问题,应考虑人为或设备改进部分。

企业物流流程通过分析后所获得的意见,发展成为最适用、经济而有效的新方法,并用直接观察法记录现行方法的全部有关事实,从而得到物流流程图。流程图通常会用标准化的流程图符号予以记录,见表1.3。

表1.3 流程图符号及含义

流程符号	符号含义	流程符号	符号含义
▭	过程	◇	决策
▭	预定义过程	▱	数据
▭	内部储存	⬡	准备
▢	终止	⬓	延期
▭	卡片	◇	排序
⬕	库存数据	〰	资料袋

注:流程图的符号不止上述这些,表格所列只是流程图的部分符号。

1.5.6 企业物流常见业务流程

在企业物流管理活动中常见的物流业务流程有以下3种。

①在采购业务方面主要有物资采购计划流程、采购价格确定流程、商务洽谈及订单确认流程、采购合同评审流程、采购执行流程、采购到货入库流程、采购退换货流程、供应商测评流程、采购结算流程、采购成本控制流程等。

②在生产业务方面主要有主生产计划编制流程、任务单下达流程、车间装配流程、设备管理流程、安全生产流程、原材料质量控制流程、生产工序控制流程、工艺控制流程、过程质量检验流程、成品控制流程等。

③在销售业务方面主要有销售计划制订流程、销售订单制订流程、货物调度与发运流程、销售合同签订流程、销售渠道开拓流程、货款回收流程、客户退换货流程、客户售后服务流程等。

由于企业之间业务范围、运作模式、企业组织构架等不同,各企业之间有不同的业务流程。各企业会根据自己的业务情况和运作模式等来确定其业务流程的内容,从而达到工作职责清晰、业务顺畅、提高工作效率、降低运作成本的目的。某公司采购入库流程如图1.4所示。

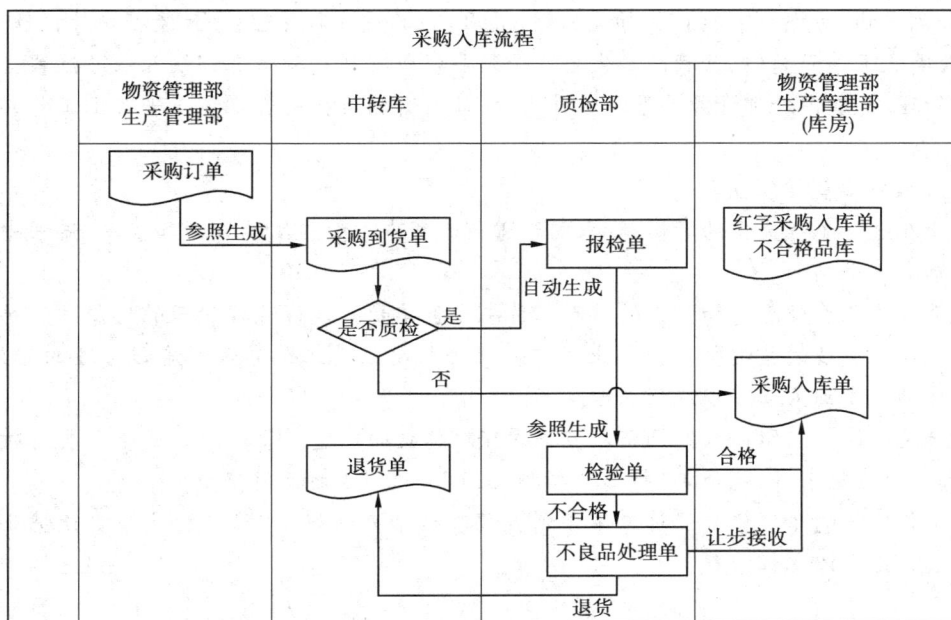

图 1.4　某公司采购入库流程

【知识链接】

新时代企业业务流程如何进行优化

1）授权

管理的最终目标是提高企业运营效率和经营绩效，而授权可以在一定程度上帮助企业实现这一目标。很多公司，每个岗位的责、权、利其实是不对等的，这就造成很多员工承担了责任，但没有权利保证，也没有利益保障，最终导致工作无法开展。因此，第一，通过合理的授权可调动员工的积极性；第二，企业可通过授权体系促进员工能力的提升——缺乏授权体系的企业，员工工作基本上是"等、靠、要"，有了授权保障，员工可以变被动为主动；第三，企业可以通过授权体系，压缩审批环节，提升流程效率。

2）业务流程外包

业务流程外包（Business Process Outsourcing，BPO）是指企业将业务流程以及相应的职能外包给供应商，并由供应商对这些流程进行重组。随着企业竞争的加剧和社会分工的明细化，越来越多的企业开始思考将辅助性流程、管理流程甚至非核心业务流程进行外包，由专业的公司来协助企业实现流程价值。

3）资源重新配置

对于任何一家公司而言，企业所拥有和可支配的资源一定都是有限的，如何集中优势资源去做对企业最有价值的流程环节，这是每家企业都必须思考和解决的问题。

4）打通内外部资源平台

打通内外部资源平台是互联网时代企业业务流程优化需要思考的一个重要突破口。传统企业在进行业务流程优化的时候，眼睛只盯着内部职能部门和业务逻辑，往往会忽视对外部资源(供应商、方案商、经销商、加盟商、终端用户)的关注和管理,导致流程内外脱节、协同困难、效率低下等问题,在互联网时代企业必须要将所有利益相关者都纳入业务流程当中进行统一管理,打造内外部资源共享和工作平台,让所有利益相关者在统一平台上工作和业务往来。

5)流程中心型组织变革

企业在进行流程优化的时候,要求同步进行流程中心型组织的设计和变革,流程中心型组织变革有3个层面。

①员工流程管理思想和意识的培养。员工能否接受并践行流程管理的思想方法是企业进行流程优化成败的关键所在。企业通过流程优化要让员工充分理解流程管理的好处,让员工从被动接受到主动寻求流程管理变革。

②传统职能式组织体系的调整。流程管理对传统的职能式管理的挑战在于要打破部门墙,用海尔的经验来讲,就是要"拆墙",拆掉部门之间、岗位之间的壁垒。

③流程价值的体现。要让员工体会到流程管理带来的好处,首要的就是要让企业的流程价值最大化得以发挥。

任务 6 能力训练

1. 如何成功渡河

训练目的:认识管理方法的重要性;通过方法解决问题。

背景资料及要求:

一条河一边的岸上有 3 个人和 3 只虎,河里面有条船,人和虎在船上都可以匀速往返,空船不能往返,船从河的一边向另一边行驶一次需要 5 分钟。船一次最多只能运他们其中的两个。这 3 个人和 3 只虎全部乘船过河,抵达对岸才算任务完成。在乘船过河的过程中,任何一边和船上都不能虎比人多,否则,虎会将人吃掉,任务即宣告失败。为了平衡人和老虎的数量,在运送人和老虎的过程中,可以安排人和老虎自由往返。

要求:设计出人和老虎全部渡到河对岸的可行方案,计算实施此方案所用的时间(分钟),画出实施此方案的示意图,比较哪种方案用时最短。

2. 案例分析

企业物流可以分解为货物流和信息流两大流,涉及企业内部许多部门,不单是物流部门。物流分布在企业整个采购、制造支持和产品配送等环节,与此同时,信息流也因这些环节的交互作业而产生流动。

为了尽可能地实实在在地做到信息流与货物流的整合,确保 ERP 系统的数据与物相符、系统的数据与卡相符,即经常保持账物相符、账账相符,就要求所管物资做到心中有数,坚持账目日清月结。此外,为了确保物资管理更加清晰、明了,三一重装加强了信息化建设的力度,在物流部成功引入了自主设计的条码管理系统,使物料的理货、入库、保管、出库、配送等环节更加快速、准确。同时,为确保物流工作持续高效进行,他们完善了条码管理系统、供方免检产品入库管理、自制免检产品和自制产品入库管理、寄售库 D06 的管理、供方库 D02 的管理、直供上线物料的管理、库存控制、盘点控制、生产急用的出库管理、退货管理等方面的流程和规章制度。

在完善各项物流管理制度的同时，他们还要遵循周转率法则、产品相关性法则、产品同一性法则、产品互补性原则、产品相容性法则、产品尺寸法则、重量特性法则、产品特性法则等，尽量做到码放科学，存取方便，同时做好"库存产品公示"，即对库存产品和质量状况实行目视管理，把质量、数量及制造方法用标识牌公示，激励所有制造方改进产品质量。

配送功能是物流体系的一个缩影。因为一次配送活动，从接受并处理订单之后，通过集货、配货和送货过程，使相对处于静态的物品完成一次短暂的、有目的的流动过程，这实际上就是一个物流过程，只不过是微型一些罢了。在企业内部，配送的主要作用是使物料高效、快速地流转，保证生产的顺利进行。为了充分发挥配送的作用，实施其"蓄水池"功能，就要主动做好与计划部、商务部、装配中心的沟通工作，掌握有效的信息流，全方位地做好产品配送工作；同时变过去的"静"为"动"，模仿质量控制的"巡检"派人去装配现场巡视，根据缺件情况，每隔两小时"自动"补货到位，让物流起来，一头流进来，另一头就流出去。实施运输配送，主动与质保本部联手，借质保本部驻外协厂检验的机会采取新的举"运输配送，减少搬运浪费和运输费用。此外，通过在装配线旁设立虚拟"配送中心"，在供方处验收合格的外协件，或供方免检产品、自制免检产品直接送到装配线上，装一次卸一次就可以了。还有，实施退库产品跟踪制，对装配过程中发现的不合格采购件、不合格外协件退库后，主动与质保本部、商务部沟通，及时进行处理，不要等其堆积成山时才进行处理。

"做管理难，做物流管理更难！"在市场竞争激烈的今天，大生产、大流通形势的形成，使客户对服务的内容、时间和服务水平都提出了更高的要求。JIT 模式和零库存思想对企业的经营产生了巨大的影响，同时也对物流管理提出了更高的要求。相信通过三一重装物流员工的努力，一定可以做到"物清流畅"，以适应新时代对现代物流的新要求。

[资料来源：《中国物流报》(略有删改)]

思考：

1. 三一重装采取了哪些物流管理措施？
2. 三一重装制定了哪些物流管理方面的规章制度？
3. 为什么说"做管理难，做物流管理更难"？

任务7　教学反馈与测评

1. 教学反馈表

项目名称：_____　姓名：_____　学号：_____　班级：_____

(1)本项目学到哪些知识	

续表

(2)本项目掌握哪些技能	
(3)本项目有哪些内容没有学懂	
(4)本项目最有价值的内容	
(5)对本项目教学的建议	

2. 能力测评表

项目名称：_____　姓名：_____　学号：_____　班级：_____

职业核心能力	评价指标	自评结果	备　注
自我学习能力	课前收集过与本项目内容相关的资料 能够管理自己的时间 课后查找过资料,深入学习本项目感兴趣的内容	□A　□B　□C □A　□B　□C □A　□B　□C	
与人合作能力	与人合作完成任务 知道如何尊重他人的观点 主动帮助别人	□A　□B　□C □A　□B　□C □A　□B　□C	
与人交流能力	能与他人有效沟通 能及时反馈学习信息 能主动回答老师提问	□A　□B　□C □A　□B　□C □A　□B　□C	
信息处理能力	能够有效使用信息资源 能归纳总结本项目的重难点 能够回答老师提出的问题	□A　□B　□C □A　□B　□C □A　□B　□C	
解决问题能力	能提出有价值的观点 能发现并解决常规问题 能提出并实施解决问题的方案	□A　□B　□C □A　□B　□C □A　□B　□C	
专业能力	评价指标	自评结果	备　注
认识现代企业	企业的含义与特征 企业管理的职能与内容 现代企业制度的内涵	□A　□B　□C □A　□B　□C □A　□B　□C	
认识企业物流	物流的内涵及发展历程 企业物流的内涵 企业物流的结构 企业物流的特点	□A　□B　□C □A　□B　□C □A　□B　□C □A　□B　□C	

专业能力	评价指标	自评结果	备　注
认识企业 物流管理	企业物流管理的产生与发展 我国企业物流管理的发展 企业物流管理的内容 企业物流管理的发展趋势	□ A　□ B　□ C □ A　□ B　□ C □ A　□ B　□ C □ A　□ B　□ C	
企业物流管理 业务流程	企业物流流程的概念及发展 企业物流流程管理的内容 企业物流常见业务流程	□ A　□ B　□ C □ A　□ B　□ C □ A　□ B　□ C	
学生签名			
教师评语			

（在□中打"√"，A 为通过，B 为基本通过，C 为未通过）

项目 1　测试题

项目 2　企业采购与供应物流管理

知识目标

1. 理解采购的概念、作用，采购管理的职能与目标。
2. 掌握采购量的确定和供应商的管理。
3. 理解企业供应物流的概念与作用。

能力目标

1. 能编订采购计划，绘制采购物流环节。
2. 能管理订单与采购合同。
3. 会确定采购量。

素质目标

1. 养成客户就是上帝的职业素质。
2. 树立市场意识和成本效率意识。
3. 树立爱岗敬业、诚实守信的价值观。

【案例导入】

不堪重负的采购成本

　　胜利油田目前有 9 000 多人在做物资供应管理，庞大的体系给采购管理造成了许多困难。胜利每年采购资金的 85 亿元中，有 45 亿元的产品由与胜利油田有各种隶属和姻亲关系的工厂生产，很难将其产品的质量和市场同类产品比较，而且价格一般要比市场价高。例如供电器这一产品，价格比市场价高 20%，但由于这是一家由胜利油田长期养活的残疾人福利工厂，只能是本着人道主义精神接受他们的供货，强烈的社会责任感让企业背上了沉重的包袱。同样，胜利油田使用的大多数涂料也由下属工厂生产，一般只能使用 3 年左右，而市面上一般的同类型涂料可以用 10 年。还有上级单位指定的产品，只要符合油田使用标准、价格差不多，就必须购买指定产品。

　　在这样的压力下，胜利油田目前能做到的就是逐步过渡，拿出一部分采购商品来实行市场招标，一步到位是不可能的。

任务 1　认识采购

2.1.1　采购概述

1）采购的概念

采购是指企业在一定条件下从供应市场获取产品或服务作为企业资源，以保证企业生产及经营活动正常开展的一项企业经营活动。

2）采购的作用

（1）直接作用

①采购可以通过实际成本的节约显著提高销售边际利润。在采购上，每节约 1 美元就是为公司增加 1 美元营业利润。

②通过与供应商一起对质量和物流进行更好的安排，采购能为更高的资本周转率做出贡献。

③通过适当的调整修饰，供应商能够对公司的改革过程做出重大贡献。

④提供信息源的作用。采购部门与市场的接触可以为企业内部各部门提供有用的信息。

（2）间接作用

除了直接降低采购价格，采购职能也能够以一种间接的方式对公司竞争地位的提高做出贡献，这种间接贡献以产品品种的标准化、质量成本（与检查、报废、修理有关的成本）的降低和产品交货时间的缩短等形式出现。在实践中，这些间接贡献通常比直接节省的资金更加实在。

3）采购的类型

（1）按采购对象划分

按采购对象划分，采购分为有形商品采购和无形服务采购。

①有形商品采购可以分为机械设备采购、原材料采购、零部件采购、MRO 采购。

A. 机械设备采购。机械设备属于在企业生产经营过程中长期、反复使用而基本保持原本实物形态的劳动工具。其采购原则具体表现为生产和运营所需的各类设备的购买。

B. 原材料采购。原材料是构成产品实体的基本部分，它在生产过程中要改变物理和化学特性，并有较大消耗。企业采购中原材料采购的比重大、频率高。同时，原材料存在不同种类，可依其功能、质地、产业类别、形态和产地做出多种划分，其品种、形式、等级和特性往往有很大差异，采购过程也比较复杂。

C. 零部件采购。在加工装配产业，零部件是最基本的生产资料。随着产业分工的日益深化,企业所用的大多数零部件需要外购。零部件种类繁多、规格、型号复杂、技术性强,生产过程中又需频繁供应,因此,其采购具有较强的专业性。

D. MRO 采购。MRO 是英文 Maintenance(维护)、Repair(维修)和 Operations(运行)的缩写。它是指原材料、零部件以外的用于维护、修理及运营的杂项物件和设备的采购。MRO 物料通常都是低值物品,品种繁多,不同行业的 MRO 物料需求差异极大,而且单项商品采购规模一般也较小,但它对生产经营的正常进行意义重大。

②无形服务采购可分为技术采购、服务采购、工程发包。

A. 技术采购。技术采购一般包括专利、商标、版权和专业技术诀窍的获取。主要特点是大多采用许可贸易的方式进行,往往是使用权而不是所有权的转让。

B. 服务采购。

a. 售前服务的提供,即卖方在交易前提供的诸如产品说明、操作示范、制作规范或材料规范说明等产品信息,这些可增加采购人员的产品知识,利于采购决策。

b. 售后服务的提供,即由卖方提供的关于设备或产品的安装、维护、操作或使用方法的培训、运送及退货等服务。

c. 专业服务的提供,即由律师、管理顾问、会计师、建筑师、电气技师、广告设计师和程序设计人员等所提供的特殊服务。

d. 物流和后勤服务的提供,主要涉及物流、信息、通信、餐饮、清洁、警卫等方面的服务。

C. 工程发包。一般包括厂房、办公楼等的建设与修缮,以及配管工程、机械储槽架设工程、空调或保温工程、动力或网络的综合配线和仪表安装等。

(2)按采购主体划分

①个人采购。即个人或家庭通过各种市场渠道所进行的旨在满足消费需要的购买行为。

②企业采购。企业为满足生产经营需要进行的购买行为。

③团体采购。政府以外的非营利组织所进行的各种采购活动。

④政府采购。各级政府及其所属实体为了开展日常的政务活动和为公众提供社会公共产品或公共服务的需要,在财政部门的监督下,以法定的方式、方法和程序(按国际规范一般以竞争性招标采购为主要方式),从国内外市场上购买所需货物、工程和服务的行为。

(3)按采购技术划分

①传统采购。企业传统采购的一般模式是,每个月末企业各个单位(部门)把下个月的采购申请计划报到采购部门,然后采购部门把各个单位(部门)的采购申请计划汇总,形成一个统一的采购计划。根据这个采购计划,企业分别派人出差找各个供应商订货;然后策划组织运输,将所采购的物资运输回来并验收入库,存放于企业的仓库中,满足下个月的物资需要。这种采购,以各个单位的采购申请计划为依据,以填充库存为目的,管理比较简单、粗糙,市场响应不灵敏,库存量大,资金积压多,库存风险大。

②现代采购。现代采购主要有定量订货采购、定期订货采购、JIT 采购、电子商务采购等。

A. 定量订货采购。预先确定一个订货点和一个订货批量,然后随时检查库存,当库存下降到订货点时,就发出订货通知。订货批量的大小每次都相同,都等于规定的订货批量。

B. 定期订货采购。预先确定一个订货周期和一个最高库存水准,然后以规定的订货周期为准,周期性地检查库存,发出订货,订货批量的大小每次不一定相同,订货量的大小都等于当时的实际库存量与规定的最高库存水准的差额。

C. JIT采购。需方根据需要,对供应商下达订货指令,供应商在指定的时间,将指定商品按品种、数量要求送到指定的地点。

D. 电子商务采购。电子商务采购是在电子商务环境下进行的采购模式,也就是网上采购。通过建立电子商务交易平台,发布采购信息,或主动在网上寻找供应商、寻找产品,然后通过网上洽谈、比价、网上竞价实现网上订货,甚至网上支付货款,最后通过网下的物流过程进行货物的配送,完成整个交易过程。

2.1.2 采购流程

采购的一般作业流程如图2.1所示。

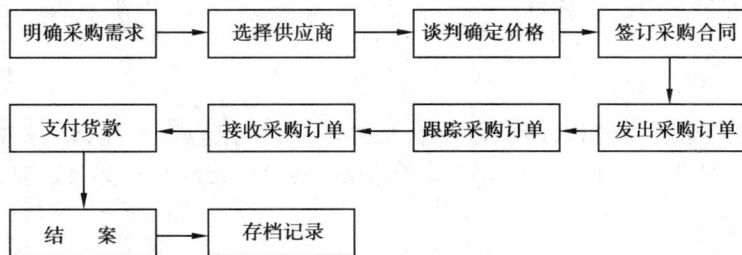

图2.1 采购的一般作业流程

1)明确采购需求

企业管理人员在了解市场供求情况,认识企业生产经营活动的过程中和掌握物料消耗规律的基础上需要对计划期内物料采购管理活动进行预见性的安排和部署。采购计划是根据生产部门或其他使用部门的计划制订的包括采购物料、采购数量、需求日期等内容的计划表格。

2)选择供应商

供应商的寻找与选择是采购员成功采购的关键因素。一个合格的供应商能提供合适的品质、足够的数量、合理的价格的商品,并能准时交货及提供良好的售后服务。而一个不合格的供应商则会出现物料品质欠佳、交期不准等一系列的问题。

3)确定价格,签订采购合同

买卖双方经过询价、报价、议价、比价及其他过程,最后双方签订有关协议,合约即告成立。

采购合同的签订要根据采购商品的要求、供应商的情况、企业本身的管理要求、采购方针等的不同而各不相同。在复杂的采购情况下,企业的任何采购合同都是由具有法人资格的双方当事人共同商定的,其中的有关条款必须符合相应的法律法规。

4）发出及跟踪采购订单

供应商发出采购订单，并跟踪物流情况。

5）接收采购订单

在供应商发运的货物抵达后，采购商应该按照采购订单的规定等对货物进行验收。凡是采购物资检验合格后，便要进行入库和储存，对于验收不合格的物品，应依据合同规定退货。

6）支付货款

在采购物品验收合格后，供应商随即开具发票，要求付清货款。采购部门核查发票的内容是否正确后申请付款，待完成相应的审批手续后交财务部门，财务部门在得到仓储部门的入库单后，即可安排相应的付款事宜。

7）结案

验收合格的产品进行付款，或验收不合格的产品进行退货，采购部门都需办理结案手续，清查各项书面资料有无缺失、绩效好坏等，报高级管理层或权责部门核阅批示。

8）存档记录

凡经结案批示后的采购业务，应列入档案登记并进行分类编号，予以保管，以备参阅或事后发生问题时进行备查，一般保存年限为 3 ~ 5 年。

【知识链接】
3 种采购物流模式的内涵

1. 委托社会销售企业代理采购物流方式

企业作为用户，在买方市场条件下，利用买方的主导权力，向销售方提出对本企业进行供应服务的要求，作为向销售方进行采购订货的前提条件。实际上，销售方在实现了自己生产和经营的产品销售的同时，也实现了对用户的供应服务，以此占领市场。这种供应服务是销售方企业发展的一个战略手段。

这种方式的主要优点是：企业可以充分利用市场经济造就的买方市场优势，对销售方即物流的执行方进行选择和提出要求，有利于实现企业理想的采购物流设计。

这种方式存在的主要问题是：销售方的物流水平可能有所欠缺，因为销售方毕竟不是专业的物流企业，有时候很难满足企业采购物流高水平化、现代化的要求。例如，企业打算建立自己的广域供应链，这就超出了销售方面的能力而难以实现。

2. 委托第三方物流企业代理采购物流方式

这种方式是在企业完成了采购程序之后，由销售方和本企业之外的第三方去从事物流活动。当然，这个第三方从事的物流活动，应当是专业性的，而且有非常好的服务水平。这个第三方所从事的采购物流，主要向买方提供服务，同时也向销售方提供服务，在客观上协助销售方扩大了市场。

由第三方企业从事企业采购物流的最大好处是,能够承接这一项业务的物流企业,必定是专业物流企业,有高水平、低成本、高服务从事专业物流的条件、组织和传统。不同的专业物流公司,瞄准的物流对象不同,有自己特有的形成核心竞争能力的机器装备、设施和人才,这就使企业有广泛选择的余地,进行采购物流的优化。

在网络经济时代,很多企业要构筑广域的或者全球的供应链,这就要求物流企业有更强的能力和更高的水平,这是一般生产企业不可能做到的,从这个意义来讲,必须要依靠从事物流的第三方来做这一项工作。

3. 企业自供物流方式

这种方式由企业自己组织所采购的物品并由本身供应的物流活动。这在卖方市场的状况下,是经常采用的采购物流方式。

本企业在组织供应的某些种类物品方面,可能有一些例如设备、装备、设施和人才方面的优势。这样,由本企业组织自己的采购物流也未尝不可,在新经济时代下这种方式也不能完全否定,关键还在于技术经济效果的综合评价。但是,在网络经济时代,如果不考虑本企业核心竞争能力,而仍然抱着"肥水不流外人田"的旧观念,也许能取得一些眼前利益,但是这必将以损失战略的发展为代价,是不可取的。

任务 2　管理采购过程

2.2.1　采购管理的概念

采购管理(Procurement Management)是计划下达、采购单生成、采购单执行、到货接收、检验入库、采购发票的收集到采购结算等采购活动的全过程,对采购过程中物流运动的各个环节状态进行严密的跟踪、监督,实现对企业采购活动执行过程的科学管理。

2.2.2　采购管理的职能与目标

1)采购管理的职能

企业作为国民经济的一个基本细胞承担着为社会提供产品或服务的功能。但是企业在不断形成自己的产品和服务时,除了企业自身已有物力资源外,还需要不断地从市场获取各种资源,特别是各种原料、设备、工具等,这就需要采购。而这方面的工作就是由采购管理部门来承担的。

采购管理通常包括以下4项基本职能。

(1)采购决策

根据物料需要量的预测和生产计划的安排,在考虑各种影响因素的条件下,对采购活动涉及的各个方面做出科学的选择。

（2）采购计划

采购活动是大量、经常的，采购计划是对采购活动做出的具体细致的安排和规划，是采购活动的指导性文件。

（3）采购组织

采购组织包括静态的组织和动态的组织。前者是指建立采购组织机构，明确采购权限和职责，配备相应的专业人员；后者是指对采购活动的组织，包括采购招标、货源组织、订货谈判、签订合同和组织交易等。

（4）采购控制

采购控制是指为了达到采购目标，对采购活动制订定额、规章制度、工作程序、采购标准、验货条件，以及涉及采购过程的考核、监督、评价和反馈等。

2）采购管理的目标

①适时适量。
②保证质量。
③费用最省。

3）采购管理的内容和模式

为了实现采购的基本职能，采购管理需要有一系列的业务内容和业务模式，如图2.2所示。

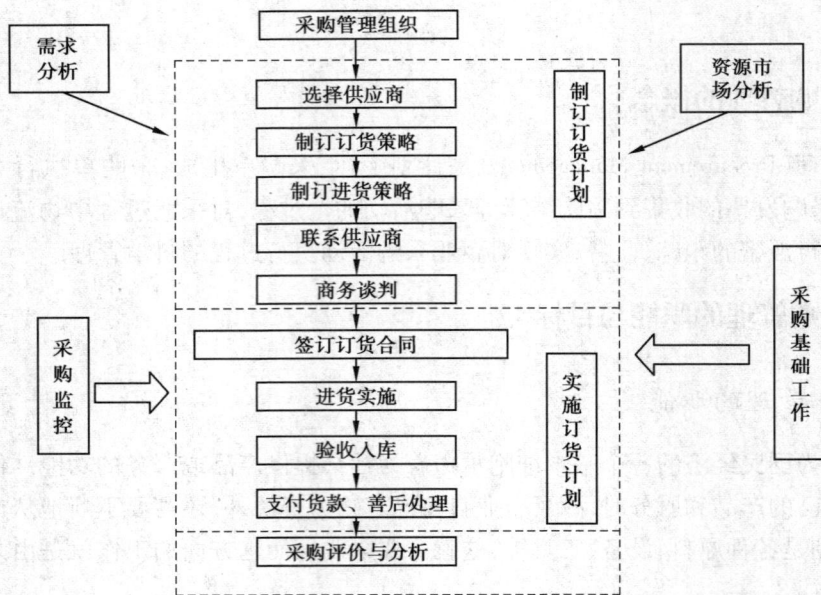

图2.2　采购管理的内容和模式图

（1）采购管理组织

采购管理组织是采购管理最基本的组成部分，为了搞好采购管理，需要有一个合理的管理机制和一个精干的管理组织机构,以及一些能干的管理人员和操作人员。

（2）需求分析

需求分析就是要弄清楚企业需要采购什么、采购多少、何时采购等问题。作为全企业的物资采购供应部门,应当掌握全企业的物资需要情况,制订物料需求计划,从而为制订出科学合理的订货计划做准备。

（3）资源市场分析

资源市场分析就是根据企业所需求的物资品种,分析资源市场的情况,包括资源分布情况、供应商情况、品种质量、价格情况、交通运输情况等,资源市场分析的重点是供应商分析和品种分析,分析的目的也是为制订订货计划做准备。

（4）制订订货计划

制订订货计划是根据需求品种情况和供应商的情况,制订出切实可行的采购订货计划,包括选择供应商、制订订货策略和制订进货策略等,具体解决什么时候订货、订购什么、订多少、向谁订、如何订、如何进货、如何支付等一些具体的问题,为整个采购订货、进货规划一个蓝图。

（5）实施订货计划

实施订货计划就是把上面制订的采购计划分配落实到个人,根据既定的进度实施。具体包括联系供应商、商务谈判、签订订货合同、进货实施、验收入库、支付货款以及善后处理等。通过这样的具体活动,最终完成一次完整的采购活动。

（6）采购评价与分析

采购评价与分析就是在一次采购完成以后对这次采购的评估,或月末、季末、年末对一定时期内的采购活动的总结评估,主要在于评估采购活动的效果、总结经验教训、找出问题、提出改进方法等。通过总结评估,可以肯定成绩、发现问题、制订措施、改进工作,不断提高采购管理水平。

（7）采购监控

采购监控是指对采购活动进行的监控活动,包括对采购的有关人员、采购资金、采购事务活动的监控。

（8）采购基础工作

采购基础工作是指为建立科学、有效的采购系统而进行的一些基础建设工作,包括管理基础工作、软件基础工作和硬件基础工作。

2.2.3 采购人员管理

1）采购人员定义

采购人员不仅指采购部门的专职采购人员,还包括参与采购项目相关的其他部门员工（如研发人员、生产人员等）。

2）采购人员服务内容

①以尽可能低的价格和合适的量来购买最高质量的商品。准备购货订单,征求出价建

议并且审查货物和服务的要求。

②根据价格、质量、服务、支持、可获得性、可靠性、生产和分配能力以及供应者的名声和历史来研究和评价供应者。

③分析报价，按财务报告、其他数据及信息来确定合理的价格。

④监控和遵循适用的法律法规。

⑤协商，或者重新商议，并管理与供应者、卖主和其他代表的合同。

⑥监控装载的货物，保证货物按时到达，万一装载货物出现问题要追踪未送到的货物。

⑦与员工、用户和卖主进行商谈来讨论有缺陷或不可接受的货物或者服务，以确定相应的行动。

⑧评价并监控合同的执行，以确保与合同合约一致并确定变化的需要，安排交税和运费。

3) 采购人员的素质要求

①爱岗敬业，诚实守信。

②具备3方面的知识：管理科学知识、专业知识、商品基础知识。

③社交能力。

④市场调研能力、分析能力。

⑤谈判、应变能力。

⑥营销策划能力。

⑦原则性强，工作细心，能吃苦耐劳。

青岛市关于加强政府采购领域采购人诚信建设的通知

任务3 确定采购量

定量订货法是指当库存量下降到预定的最低库存量（订货点）时，按规定（一般以经济批量为标准）进行订货补充的一种库存控制方法，如图2.3所示。

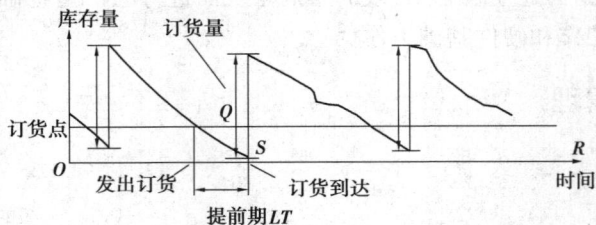

图2.3 定量订货法

当库存量下降到订货点 R 时，即按预先确定的订购量 Q 发出订货单，经过交纳周期（订货至到货间隔时间）LT，库存量继续下降，到达安全库存量 S 时，收到订货 Q，库存水平上升。

该方法主要靠控制订货点 R 和订货批量 Q 两个参数来控制订货,达到既能最好地满足库存需求,又能使总费用最低的目的。

订货量的确定依据条件不同,可以有多种方法。

2.3.1　基本经济订货批量

基本经济订货批量(EOQ)是简单、理想状态的一种。通常,订货点的确定主要取决于需要量和订货交纳周期这两个因素。在需要是固定均匀、订货交纳周期不变的情况下,不需要设安全库存,这时订货点:

$$R = \frac{LT \times D}{365}$$

式中,R 是订货点的库存量;LT 是交纳周期,即从发出订单至该批货物入库间隔的时间;D 是该商品的年需求量。

但在实际工作中,常常会遇到各种波动的情况,如需要量发生变化,交纳周期出于某种原因而延长等,这时必须要设置安全库存 S,这时订货点则应用下式确定:

$$R = \frac{LT \times D}{365} + S$$

式中,S 是安全库存量。

订货批量 Q 依据经济订货批量(EOQ)的方法来确定,即总库存成本最小时的每次订货数量。通常,年总库存成本的计算公式为:

$$年总库存成本 = 年购置成本 + 年订货成本 + 年保管成本 + 缺货成本$$

假设不允许缺货的条件下:

$$年总库存成本 = 年购置成本 + 年订货成本 + 年保管成本$$

即

$$TC = D \times P + \frac{D \times C}{Q} + \frac{Q \times H}{2}$$

式中,TC 是年总库存成本;D 是年需求总量;P 是单位商品的购置成本;C 是每次订货成本,元/次;H 是单位商品年保管成本,元/年($H = P \times F$,F 为年仓储保管费用率);Q 是批量或订货量。

经济订货批量就是使库存总成本达到最低的订货数量,它是通过平衡订货成本和保管成本两个方面得到的。其计算公式为:

$$经济订货批量\ EOQ = \sqrt{\frac{2C \times D}{H}} = \sqrt{\frac{2C \times D}{P \times F}}$$

$$此时的最低年总库存成本\ TC = D \times P + H \times EOQ$$

$$年订货次数\ N = \frac{D}{EOQ} = \sqrt{\frac{D \times H}{2C}}$$

$$平均订货间隔周期\ T = \frac{365}{N} = \frac{365 EOQ}{D}$$

【例2.1】　甲仓库 A 商品年需求量为 30 000 个,单位商品的购买价格为 20 元,每次订货成本为 240 元,单位商品的年保管费为 10 元,求:该商品的经济订货批量、最低年总库存成本、每年的订货次数及平均订货间隔周期。

解:经济订货批量 $EOQ = \sqrt{\dfrac{2 \times 240 \times 30\,000}{10}} = 1\,200$(个)

最低年总库存成本 $TC = 30\,000 \times 20 + 10 \times 1\,200 = 612\,000$(元)

每年的订货次数 $N = \dfrac{30\,000}{1\,200} = 25$(次)

平均订货间隔周期 $T = \dfrac{365}{25} = 14.6$(天)

2.3.2 定期订货法

定期订货法是按预先确定的订货时间间隔进行订货补充的库存管理方法。

定期订货法的决策思路:每隔一个固定的时间周期检查库存项目的储备量。根据盘点结果与预定的目标库存水平的差额确定每次订购批量。这里假设需求随机变化,因此,每次盘点时的储备量都是不相等的,为达到目标库存水平,需要补充的数量也随着变化。这样,这类系统的决策变量应是:检查时间周期 T、目标库存水平 Q_0。这种库存控制系统的储备量变化情况如图2.4所示。

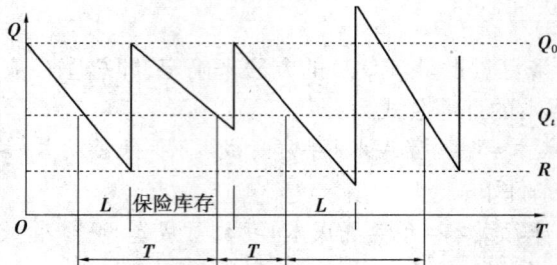

图2.4 定期订货法

1)订货周期的确定

订货周期一般根据经验确定,主要考虑制订生产计划的周期时间,常取月或季度作为库存检查周期,但也可以借用经济订货批量的计算公式确定使库存成本最有利的订货周期。

$$订货周期 = \frac{1}{订货次数} = \frac{Q}{D}$$

2)目标库存水平的确定

目标库存水平是满足订货期加上提前期的时间内的需求量。它包括两部分:一部分是订货周期加提前期内的平均需求量;另一部分是根据服务水平保证供货概率的保险储备量。

$$Q_0 = (T + L) \times r + Z \times S_2$$

式中,T 为订货周期;L 为订货提前期;r 为平均日需求量;Z 为服务水平保证的供货概率(查正态分布表对应的 t 值);S 是订货期加提前期内的需求变动的标准差。若给出需求的日变

动标准差 S_0,则:

$$S_2 = S_0 \times \sqrt{T+L}$$

依据目标库存水平可得到每次检查库存后提出的订购批量:

$$Q = Q_0 - Q_t$$

式中,Q_t 表示在第 t 期检查时的实有库存量。

【例 2.2】 某货品的需求服从正态分布,其日均需求量为 200 件,标准差为 25 件,订购的提前期为 5 天,要求的服务水平为 95%,每次订购成本为 450 元,年保管费率为 20%,货品单价为 1 元,企业全年工作 250 天,本次盘存量为 500 件,经济订货周期为 24 天。计算目标库存水平与本次订购批量。

解:①($T+L$)期内的平均需求量 = (24+5)×200 = 5 800(件)

②($T+L$)期内的需求变动标准差 = 25(件)

③目标库存水平 Q_0 = 5 800 + 1.96×25 = 5 849(件)

④订购批量 Q = 5 849 - 500 = 5 349(件)

从例 2.2 的计算结果可以看出,在同样的服务水平下,固定订货期限系统的保险储备量和订购批量都要比固定订货量系统的保险储备量和订购批量大得多。这是由于在固定订货期系统中需满足订货周期加提前期内的需求量和防止在上述期间发生缺货所需的保险储备量。这就是为什么一些关键物品、价格高的物品不用固定订货期法,而用固定订货量法的原因。

缺货和缺货成本

任务 4　编订采购计划

2.4.1　采购计划的制订

1)编订采购计划的目的

采购计划是企业管理人员在了解市场供求情况、认识企业生产经营活动过程及掌握物品消耗规律的基础上,对计划期内物品采购活动所做的预见性安排和部署。

采购计划应达到以下目的。

①预估材料需用数量与时间,防止供应中断,影响产销活动。

②避免材料储存过多,积压资金及占用空间。

③配合公司生产计划与资金调度。

④使采购部门事先准备,选择有利时机购入材料。

⑤确定材料耗用标准,以便管制材料采购数量及成本。

采购计划包含认证计划和订单计划两部分内容。

认证是采购环境的考察、论证和采购物料项目的认定过程,是采购计划的准备阶段。

制订认证计划,是通过对库存余量的分析,结合企业生产需要,在综合平衡之后制订出基本的采购计划,包括采购的内容、范围、大致数量等。

订单计划是采购计划的实施阶段,采购计划的制订是通过订单实现的,订单制订要充分考虑市场需求和企业自身的生产需求。

认证计划和订单计划二者必须要做到综合平衡,以便保证采购物料能及时供应,同时降低库存及成本,减少应急单,降低采购风险。

2)采购计划的制订

（1）准备认证计划

准备认证计划是采购计划的第一步,也是非常重要的一步。关于准备认证计划可以从以下4个方面进行详细阐述,如图2.5所示。

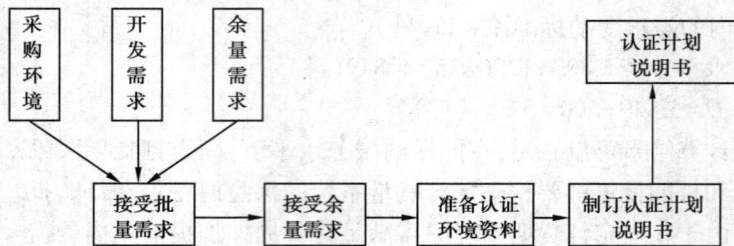

图2.5 准备认证计划流程图

①接受批量需求。
②接受余量需求。
③准备认证环境资料。
④制订认证计划说明书。
（2）评估认证需求
①分析批量需求。
②分析余量需求。
③确定认证需求。
（3）计算认证容量
①分析项目认证资料。
②计算总体认证容量。
③计算承接认证容量。
④确定剩余认证容量。
（4）制订认证计划
①对比需求与容量。
②综合平衡。
③确定余量认证计划。
④制订认证计划。
（5）准备订单计划
①接受市场需求。
②接受生产需求。

③准备订单环境资料。

④制订订单计划说明书。

（6）评估订单需求

①分析市场需求。

②分析生产需求。

③确定订单需求。

（7）计算订单容量

①分析项目供应资料。

②计算总体订单容量。

③计算承接订单容量。

④确定剩余订单容量。

（8）制订订单计划

①对比需求与容量。

②综合平衡。

③确定余量认证计划。

④制订订单计划。

2.4.2　采购过程管理

企业建立一个高效的采购系统是保证市场经营活动正常进行的重要环节。因此，采购流程设计一定要科学合理，正确反映采购活动内在的逻辑联系，并且为应用现代计算机系统进行管理奠定基础。

1）提出需求

任何采购都产生于企业中某个部门的确切需求。负责具体业务活动的人应该清楚地知道本部门独特的需求：需要什么，需要多少，何时需要。这样，采购部门就会收到这个部门发出的物料需求单。有些采购申请来自生产或使用部门，有些采购申请来自销售或广告部门，对于各种各样办公设备的采购要求则由办公室的负责人或公司主管提出。通常，不同的采购部门会使用不同的请购单。

2）描述需求

①制订规范、图纸和采购订单的书面程序。

②发出采购订单前公司与供应商的协议。

③其他与所采购物品相适应的方法。

④在采购文件中描述所订产品或服务的数据，如产品的精确辨认和等级、检查规程、应用的质量标准等。

⑤所有检查或检验方法和技术要求应指明相应的国家和国家标准。

3）选择、评估供应商

供应商选择是采购职能中重要的一环，它涉及高质量物料或服务的确定和评价，企业应选择信誉好,产品质量、交货期等有保证的供应商,并开始和供应商联系。

4)确定价格和采购条件

价格洽谈的过程是一个反复的讨价还价的过程,并就质量、数量、交货期、货款支付方式、违约责任等进行洽谈,在互利共赢的基础上,签订采购合同,实现成交。

5)发出采购订单

对报价进行分析并选择好供应商后,就要发出订单。

6)跟单和催货

采购订单发给供应商之后,采购部门应对订单进行跟踪和催货。

7)货物的验收

采购合同上应明确产品验证体系,该验证体系应在采购合同签订之前由供应商和采购方达成协议。

8)支付货款

一般主张发票由采购部门核查,主要原因是采购部门是交易最初发生的地点,如果有什么差错,采购部门可以立即采取行动。

9)记录

这一步就是把采购部门与订单有关的文件副本进行汇集和归档,并把企业想保存的信息转化为相关的记录。

【知识链接】
采购计划书范文

随着公司行业竞争力的不断走强,对公司采购管理工作和业务技能提出了更高的要求。为了使采购部能适应公司发展的需要,现对20××年采购工作做如下规划。

1.年度采购计划

以上价格含税额。

2.目标计划

(1)适时

原辅材料以物控计划为准,及时准确到货,保证供货的及时性,无断料情况发生。

(2)适价

①原材料在保证质量的前提下,经与兄弟公司分析比较不得有高价项发生(确属区域差异除外)。

②零星物料总体采购价格在20××年均价的基础上下降3%(新的绩效目标出来之前暂以2019年均价做比较),同时单体物料经与兄弟公司比较,价格不得超过8%。

（3）适量

原材料、零星物料按申购要求适量到货,每批次数量不短货,不超计划来料。

（4）适质

按申购要求保证所购物料的质量,不购质量差、影响生产的物料。

3.达成措施

（1）适时

①加强供应商评审工作,确保公司选择的每一家材料供应商都具备百分之百的保供能力。

②开发供应渠道,改变某些材料只有单一供应商的现状,20××年着重开拓带钢、砂、石供应商,同时维持减水剂、端头板、烟煤目前两家供方共同供应的良性竞争的局面。

③针对某些特殊时期易造成供应紧张局面的材料,发掘潜在的供应商及新的供应方式。例如水泥方面,预计受节能减排及拉闸限电影响,20××年福建水泥市场仍维持供不应求的局面,计划开发炼石及台泥以外的本地水泥生产制造企业,支持鼓励开发52.2级水泥,并建立长期稳定的供应关系,同时评估建立水泥卸货码头,以海运方式导入异地水泥的可行性。

④提高采购员认识,视供应商为公司材料仓库,实时了解其库存情况及生产进度,将事后的跟催转化为事中的稽催以保证供货的及时性。

⑤属于异地采购的,做好本地供应商开发,避免因较不可控的长途运输时间造成生产中断。

（2）适价

①综合全面地评估供应商后进行等级划分,加大采购量,以量为筹码进行议价。

②前瞻分析材料行情走势,适时签订长期的定价供应协议,以减少行情上涨带来的成本压力。

③导入良性的竞争,促使供应商不断优化成本,提升产品优势。

④与营口公司联合较大批量采购拉丝线材,同时开发更具竞争力的物流公司承运,以减少钢材南北价格差距大时带来的高成本压力。

⑤及时准确地预测钢材价格走势,做好公司内部沟通,灵活机动地调整钢材采购方式,利用每一次钢价波动降低采购成本。

⑥计划20××年深入了解钢材期货,利用公司用量稳定、资金雄厚且钢价信息广的优势为公司节约成本。

⑦零星物料方面,合理利用兄弟公司的采购信息,积极地与生产部配合开发替代品降低成本,同时分析财务部每个月的价格比较情况,将降幅不理想且批次金额大于1 000元的物料逐一列出,作为实时的重点关注对象,由部门经理参与采购,通过谈判及更换供应商的方式来达到降价的目的。

⑧继续维持现有的成熟的采购程序。

（3）适量及适质

严格按照物控部"原材料申购计划"采购到货,在材料价格波动平稳且不影响生产的前提下减少库存积压,做到库存最适化;严把零星物料数量关,争取做到采购数量准确率100%,短货误差件数为零,散件或累积计量的误差控制在±0.3%内。有效运行ISO 9000质量体系管理程序,确保每一批次的材料供应均由公司合格供应方供应,同时依照相关部门提供的性价比数据不断筛选产品及供应商。

4.部门管理

①重新评估部门奖惩方案,对部门员工拟订合理的能起到激励作用的奖惩方案。

②按采购员优势特长安排工作内容,暂计划设主材采购及对账员、本地零星物料采购员、异地零星及车队物料采购员共3名,目前人员配备合理,特长明显,计划下半年进行适当的轮岗,以完善各人员的业务能力。

③车队物料采购工作作为20××年第一季度的主要工作,短期内以了解学习为主,正式的车队采购计划(包括流程及权限的设定)于20××年第一季度出台。

④设定采购员周、月工作汇总表,车队采购工作的信息反馈,并以此作为设定下一时期工作的依据。

⑤每月4日前部门内部进行一次沟通会议,讨论采购工作中的心得体会,相互分享,不断提升业务能力。

采购部在20××年度将根据公司的发展要求,在杨总的带领下开拓创新,扎实努力地完成每一个目标。

任务5　管理供应商

2.5.1　供应商的审核

1)概念

供应商审核是对现有供应商进行表现考评及年度质量体系审核,是供应商管理过程中的重要内容。它是在完成供应市场调研分析、对潜在的供应商已做初步筛选的基础上对可能发展的供应商进行的审核。供应商质量体系审核则是供应商审核的一个重要方面,由于质量管理在企业管理中占据着特殊的重要地位,因此一般的公司往往将供应商质量体系审核单独列出,当然也可视情况要求将它当成供应商审核的一部分与供应商审核一起进行。根据不同物料供应商的不同成熟程度,供应商审核可以安排在供应商认证的前、中、后进行,目的是确认、筛选出最好的供应商,优化供应商结构,提高竞争优势。

2)供应商审核的方法

就采购供应的控制层次来说,供应商审核可局限在产品层次、工艺过程层次,也可深入到质量保证体系层次,甚至深入到供应商的公司整体经营管理体系层次。

①产品层次。主要是确认、改进供应商的产品质量。实施办法有正式供应前的产品或样品认可检验,以及供货过程中的来料质量检查。

②工艺过程层次。这一层次的审核主要针对那些质量对生产工艺有很强依赖性的产品。要保证供货质量的可靠性,往往必须深入供应商的生产现场了解其工艺过程,确认其工艺水平、质量控制体系及相应的设备设施能够满足产品的质量要求。这一层次的审核包括工艺过程的评审,也包括供应过程中因质量不稳定而进行的供应商现场工艺确认与调整。

③质量保证体系层次。这是就供应商的整个质量体系和过程，参照 ISO 9000 标准或其他质量体系标准而进行的审核。

④公司层次。公司层次的审核是对供应商进行审核的最高层次，它不仅要考察供应商的质量体系，还要审核供应商经营管理水平、财务与成本控制、计划制造系统、信息系统和设计工程能力等各主要企业管理过程。在实际情况中，对于那些普通商业型供应商，采购商一般只局限于产品层次和工艺过程层次的审核，但是如果采购商要挑选合作伙伴，情况就不一样了，特别是那些管理严格、技术先进的国际大公司，它们通常会大量采用质量保证体系和公司层次的审核来控制供应链管理体系。

3）供应商审核的内容

由于供应商自身条件的差别（各有优劣），必须有客观的评分项目作为选拔合格供应商的依据，因此，供应商审核应该制订详细的审核内容。供应商审核的内容通常包括下列各项。

①供应商的经营状况。主要包括供应商经营的历史、负责人的资历、注册资本金额、员工人数、完工记录及绩效、主要的客户、财务状况。

②供应商的生产能力。主要包括供应商的生产设备是否先进，生产能力是否已充分利用，厂房的空间距离，以及生产作业的人力是否充足。

③技术能力。主要包括供应商的技术是自行开发还是从外引进，有无与国际知名技术开发机构的合作，现有产品或试制品的技术评估，产品的开发周期，技术人员的数量及受教育程度等。

④管理制度。主要包括生产流程是否顺畅合理，产出效率如何，物料控制是否自动化，生产计划是否经常改变，采购作业是否对成本计算提供了良好的基础。

⑤质量管理。主要包括质量管理方针、政策，质量管理制度的执行及落实情况，有无质量管理制度手册，有无质量保证的作业方案，有无年度质量检验的目标，有无机构的评鉴等级，是否通过 ISO 9000 认证。

2.5.2　供应商的绩效考评

1）概念

供应商的绩效考评是指围绕供应目标，对供应商在提供服务或产品的各环节（尤其是与企业运营直接相关的环节）所进行的分析评价。

2）供应商质量管理体系审核评价表

供应商质量管理体系审核评价表见表2.1，其评分标准见表2.2。

表2.1　供应商质量管理体系审核评价表

一	生　产	-1	-2	-3
1.1	是否具有设备和模具预防维护程序？ 证据：□对关键过程的运作设备和机器进行鉴定；□周期性维护监修计划；□运用数据分析来监测设备和模具状况；□机器、设备和测量工具的包装和保养正常；□维修条件和报废条件明确 有效性描述：			

续表

1.2	供应商是否使用精益生产技术? 证据:□精益生产技术;□生产车间的布局有利于精益生产 有效性描述:			
1.3	供应商在生产现场是否运用目视化管理? 证据:□车间区域进行划分、标识;□有图表、排列分析、质量趋势图等;□有显示屏、 　　　目视化看板 有效性描述:			
1.4	模具状态标识、使用管理是否有利于保证产品质量? 证据:□工模具状态标识清楚;□工具储存和标识明显;□易损工具有预防更换程序; 　　　□特殊性更改的书面记录;□使用记录卡 有效性描述:			
1.5	应急反应计划是否能保证有效实施? 证据:□控制计划和作业指导书里有反应计划;□有单独的应急反应计划;□员工理 　　　解并能执行反应计划 有效性描述:			
1.6	员工是否知道如何处理车间的不合格产品和可疑产品? 证据:□有文件化流程;□有放行条件和批准权限;□明确员工的行为和责任 有效性描述:			
1.7	供应商对客户的量具、检具设备、容器和产品是否有控制程序? 证据:□客户财产管理办法;□客户财产必须清晰标识和摆放;□客户的量检具必须 　　　按照校正控制程序管理 有效性描述:			
1.8	供应商返工是否有效监控? 证据:□有经批准的返工作业指导书;□返工记录保存完整并便于追溯;□返工记录 　　　完整有效;□关键的返工情况应该通知客户 有效性描述:			
1.9	是否对特性进行控制和分析? 证据:□特性使用 SPC 图(统计过程控制图)监控;□过程审核记录、质量记录中重点 　　　关注特性;□满足特性要求的预防改进措施 有效性描述:			
1.10	检具和测量设备的校正是否有效控制? 证据:□有检具和测量设备周期检定的管理办法;□有周期校正计划并被正常执行; 　　　□检测间隔时间合理 有效性描述:			
★ 1.11	是否使用统计技术控制生产过程? 证据:□制造过程使用过程控制图,如 SPC 图、变量图、特性图;□过程控制图是最新 　　　状态;□失控状态被定义;□纠正措施文件化 有效性描述:			

		-1	-2	-3
1.14	对不合格品和可疑原材料是否有专门的隔离和储存区域？ 证据：□有相关程序；□对不合格品和可疑原材料必须隔离；□存放很久的零件必须 　　　作为不合格品处理 有效性描述：			
★ 1.15	从原材料入库到产品实现,整个供应链是否有批次跟踪过程？ 证据：□有批次管理程序文件；□批次管理可追溯到整个供应链；□追溯记录(生产 　　　数据记录和产品可追溯性分析)完整；□在产品运输工具和文件上的条形码或 　　　数字码符合规定要求 有效性描述：			
二	产品和过程工程	-1	-2	-3
2.1	是否明确规定研发人员在项目开发过程中与供应商、客户和生产车间的业务作用和 职责？ 证据：□项目管理职责；□研发人员在项目开发过程中与供应商、客户和生产车间的 　　　业务作用和职责明确；□项目管理支持文件 有效性描述：			
2.2	是否有流程保证客户要求在整个供应链中被正确传递？ 证据：□有客户信息处理传递流程；□能提供更新和分发到相关责任组织的相关文件 　　　的过程证据 有效性描述：			
2.3	如何配置人力资源以满足客户要求？ 证据：□有固定的方式收集、确认客户需求；□有解决人力资源短缺问题的方法 有效性描述：			
2.4	供应商是否有一个项目工程预算的管理文件？ 证据：□管理文件；□产品和资源成本分析文件；□项目预算数据表 有效性描述：			
2.5	供应商是如何识别客户的特殊要求的？ 证据：□CATIA(产品开发解决方案)；□AutoCAD(自动计算机辅助设计软件)；□客 　　　户的特殊要求培训记录 有效性描述：			
2.6	客户的特殊要求是否文件化管理？ 证据：□过程标准；□客户资源包 有效性描述：			
2.7	是否有证实客户相关业绩指标实现的过程？ 证据：□有汇报项目进展的过程或程序,并和客户质量一致；□有一个周期性的质量 　　　评审；□重要事件报告 有效性描述：			

续表

2.8	供应商是否有变更控制程序？ 证据：□有变更控制程序；□需要变更过程或者产品,有固定方式通知客户；□变更案 　　　例检查；□作废文件处理 有效性描述：			
★ 2.9	供应商的变更管理是如何执行的？ 证据：□有文件规定；□监控方式；□查变更记录和 PPAP（生产件批准程序）文件 有效性描述：			
2.10	变更实施前,是否依据产品要求和顾客要求做了充分的实验验证？ 证据：□有试验验证记录；□变更评审；□FMEA（失效模式与影响分析）			
三	物流与供应	-1	-2	-3
3.1	供应商是否使用了柔性制造系统？ 证据：□使用了柔性制造系统；□产品生产进度表；□产品生产规划说明书 有效性描述：			
3.2	是否有对柔性制造系统中特殊特性的研发能力？ 证据：□有分析其制造过程的核心设备和工具的能力；□有工装设计制造维修能力 有效性描述：			
3.3	产品订单信息的接收和处理过程能否满足要求？ 证据：□与客户信息对接顺畅；□有计划外生产安排的管理办法 有效性描述：			
3.4	供应商是否分析顾客的需求？ 证据：□有分析顾客需求的文件；□顾客需求包括了产品和服务 有效性描述：			
3.5	是否对报价单、合同实施评审？ 证据：□报价单、订单或者合同在被接受之前,合同文件应该被完全评审过； 　　　□合同文件包括说明书、图纸、预算说明、标准、质量协议、物流托运等；□有价 　　　格批准程序以及合同文本的检查确认程序 有效性描述：			
3.6	从原材料到成品出货过程中,材料供给是否顺畅？ 证据：□搬运过程 FMEA（失效模式与影响分析）；□材料的标识和追溯性；□返工和 　　　返修控制 有效性描述：			
3.7	是否有应急计划以保证在设备、器具等发生问题时仍能满足材料供给？ 证据：□物流应急计划；□运输设备、器具最低定额；□维修、补充计划 有效性描述：			

3.8	在存储、运输过程中,材料状态是否始终可被识别? 证据:□从制造工序、存储和运输中对零件/产品的状态进行标识;□标识方法确保不 　　　易失真;□实际执行情况良好 有效性描述:				
3.9	供应商在整个供货过程中是否遵循"先进先出"的原则? 证据:□存货记录显示遵循了"先进先出";□员工知道如何搬运和存储物料;□退回 　　　的产品及时处理 有效性描述:				
3.10	在包装、运输、存储过程中,供应商是否有检查和控制材料(或产品)污染和损害的 过程? 证据:□核查材料在运输\存储过程中不易被损坏;□次品的堆放;□过期材料和缺陷 　　　材料处理 有效性描述:				
3.11	供应商对客户允许让步使用的材料如何办理使用手续? 证据:□有文件规定;□实际按文件操作;□使用该材料的产品有特别管理;□必要时 　　　提前通知客户 有效性描述:				
3.12	供应商对客户提供质量技术支持吗? 证据:□对客户的质量技术支持有程序化的文件;□当制造商有需求,供应商提供质 　　　量技术支持;□提供售后现场支持(证据) 有效性描述:				
3.13	质量爬坡阶段,是否执行质量评审? 证据:□Ppk(过程性能指数)能力研究;□Cpk(过程能力指数)能力研究; 　　　□PPAP(生产件批准程序)文件编制与管理 有效性描述:				
3.14	供应商是否开展达产自查? 证据:□达产自查的内容覆盖产品从开发到送达客户的整个过程;□自查问题形成问 　　　题清单并批准关闭 有效性描述:				
四	供应商管理		-1	-2	-3
4.1	非生产性供应商是否纳入供应商的管理? 证据:□服务支持(清洁、部件、第三方物流、外部仓库)包含在供应商管理过程中;□ 　　　分供方管理过程涵盖供应链中顾客要求的执行 有效性描述:				
4.2	供应商管理文件是否实施更新和修订? 证据:□程序手册;□文件控制记录;□变更记录 有效性描述:				

续表

		-1	-2	-3
4.3	客户的要求是否转化到供应商的产品要求中? 证据:□图纸转化;□技术通知、资料传递 有效性描述:			
4.4	是否明确分供方在客户产品中的任务和责任? 证据:□第二层次文件中有供应商的责任和任务;□供应商的责任和任务是公平的 有效性描述:			
4.5	是否有评估供应商能力和业绩的程序手册? 证据:□有评估分供方的质量的管理文件;□在供货前供应商被评估(查记录);□评价供应商有明确的准则、目标和指标 有效性描述:			
4.6	是否对其供应商业绩实施评审和对产品实施定期审核? 证据:□供应商业绩评价标准;□产品定期审核计划;□执行效果 有效性描述:			
4.7	是否严格执行进货检验、控制? 证据:□检验指导书;□检验报表;□处置规定与执行;□质量问题得到改进 有效性描述:			
4.8	供应商是否监控其供方产品的一致性? 证据:□有 PPM(每百万分之不合格率)值监控;□有质量问题分析、处理的标准格式;□供应商产品质量跟踪卡 有效性描述:			
五	成本管理	-1	-2	-3
5.1	单个产品的价格是如何计算的? 证据:□有单个产品价格核算标准模式;□实施了价格可行性研究;□有跨部门的产品价格核算机构;□包含了研发成本、材料成本、投资成本(包含硬件、软件)、质量检测成本、运输成本、包装成本、附加成本、一般管理费用 有效性描述:			
5.2	供应商是否有控制其供应链成本变化的管理过程? 证据:□有贯穿供应链的成本分析的过程;□分析了变更引起的产品成本和过程成本;□文件控制记录;□变更申请有价格变化信息 有效性描述:			
5.3	如何控制修改定义等造成的风险成本过程? 证据:□修改定义进行风险成本评估;□风险成本评估考虑生产责任、诚意、临时计划 有效性描述:			
5.4	对库存超额材料如何控制处理? 证据:□有材料库存定额;□定额的制订依据明确;□能处理超额材料 有效性描述:			

5.5	是否对成本的不一致性进行分析跟踪？ 证据：□供应商有跟踪不一致成本的管理过程；□内外部消耗被记录和分析（有零件被拒绝的报废成本分析、返工的人工成本分析、制造过程中报废零件的人工成本消耗）；□结果报告给管理者 有效性描述：		

备注："证据"中所列内容在现场检查有则标"√"，无则标"×"；

     审核员可以根据现场检查情况，补充相关证据的名称；

     "有效性描述"由审核员对查核证据的完整性、适用性等进行简单描述，并作为主要评分依据之一。

表2.2　供应商质量管理体系审核评价表评分标准

扣分数	定　　义	影　　响
−3	供应商既没有文件化的过程或程序，也没有可行性的操作	过程导致产品失败或顾客不满意
−2	有文件化的过程或程序但不完全或者没有完全执行	过程可能导致产品失败或顾客不满意
−1	过程和程序完全文件化并实施是可接受的	过程可能不会导致产品失败或顾客不满意
0	完整的文件化过程或程序，满足顾客最低要求	根据评估小组的经验，过程不会导致任何产品失败或顾客不满意
N/A	评估小组同意这个问题不用评价，在注释栏说明缘由，即不作为某项目审核条款，算得分率时不计入	这个问题不适用于特殊的产品或过程

分值计算：

$$分值（\%）=\frac{2\times被评估项目数-总扣分数}{2\times被评估项目数}\times100\%$$

【知识链接】

供应商管理办法

客户指定供应商的管理方法很多，企业需要采取最适合自己的方法。

方法1：

在与客户签订买卖合同时，可以事先申明责任，明确客户指定供应商的价格、质量、交期、服务、质量改善、技术支持、信息互动等方面的责任范围，并在合同里注明"一旦客户指定的供应商出现问题，客户需要承担责任"的条款。同时，在与供应商签订合作合同与协议时，要求客户一起参加，作为见证。

方法2：

调整订单比例的方式给客户和指定的供应商以压力，采取此种方法的前提是客户指定供应商是非单一供应商,如果客户指定的供应商为单一供应商,那想调都没得调,此种方法基本上没法实施,因为在客户至上的企业,得罪客户总是没好果子吃的。

方法3:

弄清楚客户"指定"的理由,提供替代供应商给客户或者要求客户提供其他供应商。这种方法的前提是要求采购方要有足够的证据证明客户指定的供应商如何劣迹斑斑(最好有量化的数据),同时要指出导入新供应商的好处。

方法4:

在以事实为依据的前提下(将客户指定的供应商的劣迹和所造成的影响一一记录),向供应商通告问题,提出整改要求并设定整改期限,必要时给供应商一些可操作的整改建议,与此同时,告知客户,另外与供应商的重要会议或邮件都抄送给客户,以便让客户知道并取得客户的支持;如果供应商不配合改善或改善无效,则寻找替代供应商,并向客户推荐(按方法3)。

方法5:

带着问题,协同客户一同去供应商现场解决或与供应商进行必要的谈判。

方法6:

将客户指定的供应商因为品质、交期、服务等问题产生的风险和劣质成本一一详细地量化,并反映在客户的报价中,说明为什么要调整价格。对于价格,相信客户会敏感的,一旦有量化的数据支持,客户也无话可说,或者会听取报价方的建议(停止指定,启用替代供应商)。

方法7:

与客户协商改变合作模式,由客户直接管理供应商,企业只接受合格的物料或配件以供使用,把这种合作模式演变成纯粹加工(即包工不包料)。但是,如果客户与指定的供应商之间存在着一些人际关系、利益输送、股权合作等方面的关系,一旦插手,风险就很高,这需要企业事先弄清并采取合适的措施。

任务6　认识企业供应物流

2.6.1　供应物流的概念

供应物流是指包括原材料等一切生产物资的采购、进货运输、仓储、库存管理、用料管理和供应管理,也称为原材料采购物流。

供应物流是企业为保证生产节奏,不断组织原材料、零部件、燃料、辅助材料供应的物流活动,这种活动对企业生产的正常、高效率进行发挥着保障作用。企业供应物流不仅要实现保证供应的目标,而且要在低成本、少消耗、高可靠性的限制条件下来组织供应物流活动,因此难度很大。

2.6.2　供应物流的内容

供应物流包括采购、生产资料供应、仓储管理、装卸搬运等内容。

采购是供应物流与社会物流的衔接点,是依据企业生产—供应—采购计划进行原材料外购的作业层,负责市场资源、供货厂家、市场变化等信息的采集和反馈。

生产资料供应工作是供应物流与生产物流的衔接点,是依据供应计划—消耗定额进行生产资料供给的作业层,负责原材料消耗的控制。

仓储管理工作是供应物流的转换点,负责生产资料的接货和发货,以及物料保管工作;依据企业生产计划制订供应和采购计划,并负责制订库存控制策略及计划的执行与反馈修改。

装卸、搬运工作是原材料接货、发货、堆码时进行的操作。

2.6.3 供应物流过程

供应物流过程因不同企业、不同供应环节和不同供应链而有所区别,供应物流的基本流程如下。

①取得资源。取得资源,是后续工作的起点。取得什么样的资源要依据核心生产过程和约束条件而定。约束条件是指供应物流可以承受的技术条件和成本条件。

②组织到厂物流。这属于企业外部的物流过程,在物流过程中,往往要反复运用装卸、搬运、储存、运输等物流活动才能使取得的资源到达企业仓库。

③组织厂内物流。这是以仓库作为企业内外的界限,从仓库开始到达车间或生产线的物流过程。

2.6.4 供应物流模式

1)供应商代理模式

供应商或社会销售企业送货上门,费用可以包含在采购价格中,也可以额外支付。

2)企业自供物流模式

由企业自己组织所采购物品的供应物流活动,适合于卖方市场的环境状况。

3)委托第三方物流企业代理模式

在企业完成了采购程序之后,由销售方和本企业之外的第三方去从事物流活动。

2.6.5 现代供应物流服务

1)准时供应方式

在买方市场环境下,供应物流活动的主导者是买方。准时供应方式是按照用户的要求,在计划的时间内或在用户随时提出的时间内,实现用户所要求的供应。准时供应方式大多是双方事先约定供应时间,互相确认时间计划,有利于双方做好供应物流和接货的组织准备工作。

2)即时供应方式

即时供应方式是指完全不依靠计划时间而按照用户偶尔提出的时间要求,进行准时供应的方式。这种供应方式由于很难实现计划和共同配送,因此成本较高,一般作为应急方式采用。

2.6.6　供应物流的合理化

①准确预测需求(品种、数量、供货日期)。

②合理控制库存(正常库存+安全库存)。

③科学进行采购决策。

④供应保障到位(运输、仓储、服务)。

⑤借助先进的现代信息系统。

【知识链接】

供应物流与供应链管理

供应链管理的发展使供应物流的发展进入新的阶段。供应链强调原材料的采购、生产、销售、服务、回收等整个流通管理、采购、生产、销售部门与供应商、分销商、零售商整合。供应链涉及将产品或服务提供给最终消费者的所有环节的企业所构成的上、下游产业一体化体系。供应链管理强调核心企业与相关企业的协作关系,通过信息共享、技术扩散(交流与合作)、资源优化配置和有效的价值链激励机制等方法体现经营一体化。

在供应链条件下,供应物流将融入其发展中,采购、库存控制将与供应链中的其他成员紧密整合,采购、库存将不再是单个企业的行为,市场竞争将是供应链间的竞争。生产厂商和供应商将结成战略伙伴关系。信息共享使销售商根据需求动态、库存,利用网络向生产商发出商品信息;生产商根据生产情况和销售进货情况,制订生产计划,并通过网络向供应商发出原材料订单。由于信息畅通、及时,企业能对客户的需求做出快速反应,从而降低库存,提高整体的服务水平。由于供应链管理的目标是将整个供应链上的所有环节的市场、分销网络、制造过程和采购活动联系起来,以实现顾客服务的高水平与低成本,以赢得竞争优势,因此供应物流最终将与其他部分整合在一起,成为供应链发展中不可分割的重要组成部分。

以上3个阶段是供应物流发展的一般阶段,不同的企业有不同的发展基础,因此应根据本企业的特点制订发展供应物流的战略。

任务7　能力训练

1.简述题

请说明服装厂采购服装原材料的主要程序。

2.案例分析

某大型国有企业新建办公楼,计划投资2.5亿元人民币,地下3层,地上15层,总建筑面积约5万平方米。该企业目前租用一商业写字楼临时办公,为了节省租金,要求施工总承包单位能在2017年9月1日前进驻现场。该企业于2017年5月10日与×招标公司签订委托代理协议,委托×公司作为招标代理机构对办公楼全部工程进行招标,招标代理服务费用按国家计委(计价格〔2002〕1980 号文件)规定的标准正常收取(含标底编制)。

×公司接受委托后,根据招标人的要求于 5 月 12 日编制并提交了一份招标计划书,内容包括:招标组织程序、招标计划安排、服务人员组织等,并就招标项目中关键性的问题提出了一些合理的建议。

招标人于 5 月 20 日向×公司提供了工程施工图纸,其中精装修、弱电系统、幕墙、消防以及办公楼顶局部轻钢结构吊顶暂无详细设计图纸。

×公司根据招标人提供的图纸完成了招标文件的编制,需要二次设计的工程内容以及与工程相关的重大设备采购(电梯、通风空调系统)均以暂估价形式进入清单。5 月 21 日至 7 月 15 日期间,×公司为招标人完成了施工总承包的招标工作(含资格预审)。

×公司协助招标人于 8 月 1 日完成了施工总承包合同的谈判和签订工作。8 月 15 日,该企业新办公楼项目正式开工建设。

请根据上述情况,回答以下问题:

(1)招标代理机构承接工程类项目招标,通常的代理服务内容都有哪些?

(2)×公司在施工总承包招标服务过程中,预计存在哪些成本投入?

(3)针对本案中的项目,在考虑服务人员配备时一般需要考虑哪些因素? 应如何配备和分工?

(4)本案中,后续还有哪些可能需要招标的项目?

(5)试从项目管理的角度分析,招标采购服务方案需要考虑哪些方面的内容?

3. 计算题

某货品的需求率服从正态分布,其日均需求量为 200 件,标准差为 25 件,订购的提前期为 5 天,要求的服务水平为 95%,每次订购成本为 450 元,年保管费率为 20%,货品单价为 1 元,企业全年工作 250 天,本次盘存量为 500 件,经济订货周期为 24 天。计算目标库存水平与本次订购批量。

任务8 教学反馈与测评

1. 教学反馈表

项目名称:_____ 姓名:_____ 学号:_____ 班级:_____

(1)本项目学到哪些知识	
(2)本项目掌握哪些技能	
(3)本项目有哪些内容没有学懂	
(4)本项目最有价值的内容	
(5)对本项目教学的建议	

2. 能力测评表

项目名称：_____ 姓名：_____ 学号：_____ 班级：_____

职业核心能力	评价指标	自评结果			备　注
自我学习能力	课前收集过与本项目内容相关的资料	□ A	□ B	□ C	
	能够管理自己的时间	□ A	□ B	□ C	
	课后查找过资料,深入学习本项目感兴趣的内容	□ A	□ B	□ C	
与人合作能力	与人合作完成任务	□ A	□ B	□ C	
	知道如何尊重他人的观点	□ A	□ B	□ C	
	主动帮助别人	□ A	□ B	□ C	
与人交流能力	能与他人有效沟通	□ A	□ B	□ C	
	能及时反馈学习信息	□ A	□ B	□ C	
	能主动回答老师的提问	□ A	□ B	□ C	
信息处理能力	能够有效使用信息资源	□ A	□ B	□ C	
	能归纳总结本项目的重难点	□ A	□ B	□ C	
	能够回答老师提出的问题	□ A	□ B	□ C	
解决问题能力	能提出有价值的观点	□ A	□ B	□ C	
	能发现并解决常规问题	□ A	□ B	□ C	
	能提出并实施解决问题的方案	□ A	□ B	□ C	
专业能力	评价指标	自评结果			备　注
企业采购与采购管理	采购的概念和作用	□ A	□ B	□ C	
	采购的流程	□ A	□ B	□ C	
	采购管理	□ A	□ B	□ C	
	确定采购量	□ A	□ B	□ C	
	编订采购计划	□ A	□ B	□ C	
	采购程序	□ A	□ B	□ C	
企业供应物流	供应物流概念	□ A	□ B	□ C	
	供应物流内容	□ A	□ B	□ C	
	供应物流模式	□ A	□ B	□ C	
	供应物流的合理化	□ A	□ B	□ C	
管理供应商	供应商的审核	□ A	□ B	□ C	
	供应商绩效考评	□ A	□ B	□ C	
学生签名					
教师评语					

(在□中打"√",A 为通过,B 为基本通过,C 为未通过)

附录 采购物流管理典型岗位职责与能力素质要求

1. 采购计划员岗位职责与能力素质要求

1) 岗位职责

①负责收集公司所需物料的市场动态信息。
②负责制订公司的采购计划。
③协助部门经理制订公司库存方案。
④协助部门经理制订供应商的管理体系。
⑤严禁接受供应商的贿赂、回扣。

2) 能力及素质要求

①市场分析能力。分析市场状况及发展趋势,分析消费者购买心理,分析供货商的销售心理,从而在采购计划工作中做到心中有数、知己知彼、百战百胜。

②前景预测能力。在市场经济条件下,商品的价格和供求在不断变化,采购人员应根据各种产销资料及供应商的态度等方面来预测将来市场上该种商品的供给情况,如商品的价格、数量等。

2. 采购员岗位职责与能力素质要求

1) 岗位职责

①在采购主管领导下,负责做好物料部的事务工作及材料采购。
②严格遵守国家政策,遵纪守法,努力工作,合理使用资金。
③配合各部门做好要货计划,发现问题随时联系。
④认真执行采购计划,按品种、规格、数量、质量、时间要求完成任务,确保供应,做到急事急办。
⑤对所购物资做好开单入库手续,凭证齐全,及时办理结算付款手续。
⑥物资进库如有短缺,规格、质量等不符,属供方造成,应负责及时联系解决。
⑦密切配合各部门、仓库,做到勤采购,少储备,不积压,掌握市场供应动态,脱节物资应积极采取措施,向外求援或办理转借手续,做好呆滞物资的处理工作。
⑧对所办、所购的事力争3天内完成,不能完成的应主动说明原因,拒绝办理未经领导批准的特殊采购任务。
⑨笨重、量大的物资提货应及时与车辆调度室联系车辆,协助进行提货。
⑩购物时支票、现金票据要妥善保管好,发觉遗失应及时汇报挂失,采购时做到精打细

算,做到少花钱,多办事,办好事。

⑪努力做好领导交办的其他各项任务。

2)素质要求

(1)采购人员的思想品德素质

①胸怀坦荡,大公无私。

②有很强的工作责任心和敬业精神。

③树立良好的职业道德,把企业的利益放在首位,严格把好进货关。

(2)采购人员的知识素质

①市场学知识。

②业务基础知识。

③社会心理知识。

④自然科学知识。

⑤文化基础知识。

(3)采购人员具备的能力

①分析能力。分析市场状况及发展趋势,分析消费者购买心理,分析供货商的销售心理,从而在采购工作中做到心中有数、知己知彼、百战百胜。

②协作能力。采购过程是一个与人协作的过程,一方面采购人员要与企业内部各部门打交道;另一方面采购人员要与供应商打交道。

③表达能力。采购人员是用语言文字与供应商沟通的,因此,必须做到正确、清晰地表达所欲采购的各种条件。

④成本分析和价值分析能力。采购人员必须具有成本分析能力,会精打细算。

⑤预测能力。在市场经济条件下,商品的价格和供求在不断变化,采购人员应根据各种产销资料及与供应商打交道中供应商的态度等方面来预测将来市场上该种商品的供给情况。

3.采购主管岗位职责与能力素质要求

1)岗位职责

①产品和新材料供应商的寻找,资料收集及开发工作。

②对新供应商品质体系状况(产能、设备、交货期、技术、品质等)的评估及认证,以保证供应商的优良性。

③与供应商的比价、议价谈判工作。

④对旧供应商的价格、产能、品质、交货期的审核工作,以确定原供应商的稳定供货能力。

⑤及时跟踪掌握原材料市场价格行情变化及品质情况,以期提升产品品质及降低采购成本。

⑥采购计划的编排、物料的订购及交货期控制。

⑦部门员工的管理培训工作。

⑧与供应商以及其他部门的沟通、协调、检举。

⑨主持采购部各项工作,提出公司物资采购计划。

⑩调查研究公司各部门物资需求及消耗情况,熟悉各种物资的供应渠道和市场变化情况,指导并监督员工开展业务。

⑪审核年度各部门的采购计划,统筹策划和确定采购内容,监督和参与产品业务洽谈。

⑫审核商品采购合同、促销协议,确保供应商费用等指标的完成。

⑬监督采购员的订货工作,确保分店和配送中心有充足的库存,同时保证较高的商品周转。

⑭按计划完成公司各类物资的采购任务,并在预算内尽可能减少开支。

2)能力及素质要求

①清正廉洁。

②平衡协调的合作精神。

③勇于承担责任。

④深入人心的亲和力。

⑤游刃有余的沟通力。

⑥卓越不凡的领导力。

项目2　测试题

项目 3　企业生产物流管理

知识目标

1. 能认识企业生产物流管理的重要性,熟悉生产物流的概念,能确认生产物流管理的要素,掌握不同生产物流类型的流程。
2. 能说明进行生产物流组织管理的内容、工厂布局的原则、生产计划制订的标准方法。
3. 能阐述生产物流的分析指标和不同形态生产物流管理的方法。

能力目标

1. 会结合实际情况进行初步的工厂布局。
2. 会根据工艺和产品要求进行生产流程设计和物流效率改进。
3. 会根据市场情况编制大、中、小日程计划。

素质目标

1. 培养生产物流科学严谨的管理态度。
2. 树立精益生产理念。
3. 树立效率意识、成本意识和责任意识。

【案例导入】

罗姆电子有限公司的烦恼

罗姆电子有限公司是一家民营企业,其电容生产部主要生产 MCH 系列陶瓷积层电容,共有 100 多种规格,从包装形式上可分为纸带和塑料带两大类。自 1996 年初投产以来,整个生产制造管理呈现无序状态,公司领导对此非常不满,经常对电容生产有关部门提出指责。对此,电容生产部负责人尹先生十分苦恼。这一天,他又一次召集有关部门负责人开会,研究如何解决所面临的生产问题。

会上,大家列举了最近出现的各种问题,普遍反映加班实在太辛苦,有些操作人员已十分疲乏。会议进行到一半,企业领导打来电话,对电容制造部未完成上个月的生产任务大为不满,严令这个月必须完成,否则将进一步追究各部门责任。

这个消息立即引起了与会人员的不满,设备科长李先生首先按捺不住:"这活儿真是很难办,问题不在我们部门,我们采用了设备日报表制度,设备完好率是比较高的,主要是因为制造部生产不出来。"

制造部门主管王先生听了李先生的话很不高兴,愤愤不平地说:"难道是我们部门的问题? 我们想生产,但是物料部门常常缺料,那我们也没有办法呀!"

物料部门主管张先生平静地看着王先生:"老王,不要激动! 缺料的问题我是知道的。但你到我们仓库去看看,我们仓库的库存都差不多堆满了,而且有时你要的东西很急,我们也没有办法呀! 对了,我们仓库次品和某些半成品、零部件库存很多,你们也不帮我们想想!"

王先生想站起来申辩,采购部申先生则息事宁人地说:"老王,你先坐下,别那么激动。"接着又转过头对尹先生说:"老李说的也有道理,现在,咱们部的工人加班成了家常便饭,可产量还是完不成。工人们已经尽了最大努力,产量完不成的责任看来不在我们,是不是跟总经理反映一下?"其他人也纷纷附和。会议的议题由分析车间内部问题转向议论各部门的不配合上……

在大家都为此争吵不休的时候,负责人尹先生说:"大家都不要吵了,根据刚才大家的发言,我将我们现在存在的问题总结如下:①停工待料不断;②无休止地加班;③穷于应付淡旺季销量的变化;④前后生产工序不衔接;⑤生产线严重不平衡;⑥部分物料、半成品和成品库存积压过多;⑦物件经常返工、返修;⑧部分生产计划虚有其表,没有真正实施;⑨部分产品生产过多或不足;⑩部分生产计划变更过于频繁;⑪'紧急订单和临时插单'没有具体的解决办法;⑫交货期经常延误;⑬客户抱怨不断。现在我们就上述13项问题逐一解决,不能部门间推卸责任……"

任务 1 认识企业生产物流

生产的内涵是按照预定的时间、可接受的品质及可能的最低成本,依据顾客需求制造和发运产品。生产的核心竞争力在于整个系统的通过效率,这个通过效率取决于整个系统,好比一个水管的流量和流速。生产物流决定了整个生产系统的流速,是整个企业物流系统的心脏和动力源头,其复杂性远远超越采购物流和销售物流。认识并研究生产物流的内涵,将有利于企业物流整体优化,有利于提高物流的操作效率,有利于巩固企业的核心竞争力。本项目从物流的角度看生产,为更好地理解生产物流的知识点,首先简单介绍了生产过程及生产类型,其次对生产物流的内涵、目标和类型做了详细阐述。

3.1.1 生产过程的构成

1) 生产过程的概念

所谓生产过程,是指从投料开始,经过一系列的加工和流转,直至成品生产出来的全部过程。它包括工艺过程和物流过程。工艺过程是指劳动工具或者相关化学反应作用于劳动对象,按照预定的方法和步骤,改变其几何形状和性质,使其成为产品的过程,如金属切削、锻压、干燥和时效等。物流过程是指从原材料到成品的过程中,搬运、周转、运输、储存和包装等。

2)生产过程的构成

（1）生产过程按任务划分

①生产技术准备过程。生产技术准备过程是指产品在投入生产前所进行的各种生产技术准备工作。如产品的研究、开发、设计,工艺设计、工装设计和制造,材料定额和时间定额的制订和修订,劳动组织和设备的布置与调整等。

②基本生产过程。基本生产过程是指对构成产品实体的劳动对象直接进行工艺加工的过程。这是直接产生价值增值的过程,也是整个生产过程中最主要的环节。

③辅助生产过程。辅助生产过程是指为保证基本生产过程的正常进行而从事的各种辅助性生产活动的过程。如为基本生产提供动力（电力、蒸汽、煤气、压缩空气等）、工具和维修工作等。

④生产服务过程。生产服务过程是指为保证生产活动的顺利进行而提供的各种服务性工作。如供应工作、运输工作、技术检验工作等。

（2）工艺阶段

企业的基本生产过程可以细分为若干个工艺阶段。工艺阶段是指按照使用的生产手段的不同和加工性质的差别而划分的局部生产过程。如机械加工制造企业的基本生产过程,一般可分为3个最基本的工艺阶段,即备料阶段、加工阶段和装配阶段。若干相互联系的工艺阶段组成基本生产过程和辅助生产过程。

（3）工序

每个工艺阶段可以细分成许多作业活动,称为工序。工序是指在一个工作地（或一台设备）上,一位工人（或一组工人）对劳动对象连续实施的生产作业,是生产过程最基本的组成单位。若干个工序组成工艺阶段。工序是人为划分的,可粗可细,根据生产需要制订。

按照工序的性质,可把工序分为基本工序和辅助工序。

①基本工序。基本工序是指直接使劳动对象发生物理或化学变化的工序。

②辅助工序。辅助工序是指为基本工序的生产活动创造条件的工序。

按照工序的作用,可把工序分为工艺工序、检验工序和运输工序。

A. 工艺工序。工艺工序就是使劳动对象发生物理或化学变化的工序。它的水平直接关系到工艺质量和效能。

B. 检验工序。检验工序就是对原材料、半成品和产成品的质量进行检验的工序。这类工序是否设立与本企业质量管理的模式与水平有着直接关系。在传统制造类企业中这是必不可少的工序环节,而在现代意义下的企业是否设立、设立多少和如何设立则取决于质量管理的基本模式要求。

C. 运输工序。运输工序就是在各相关工序之间负责运送待加工、已加工的工件的工序。这在有些生产类型的企业里面是必不可少的。

工序的划分是一个非常重要的工作。它直接影响到组织生产过程、制订劳动定额、配备工人、检验质量和编制生产作业计划等工作。一般划分工序主要考虑将采用相同工艺方法和机器设备的工作作为一道工序。在此基础上,还要考虑劳动分工和提高劳动效率的要求。一般来讲,大量大批生产类型的企业劳动分工比较细,工序划分也比较细化,也非常需要专业的研究分析工作的支持。而单件小批量生产方式的企业劳动分工则不宜过细,工序划分也会相对粗一些。工序再细分就是工步,这一般已经进入工作研究的主要范围了。

综上所述,生产过程的构成,就是指生产过程的各个部分之间的组成情况和相互联系,如图3.1所示。

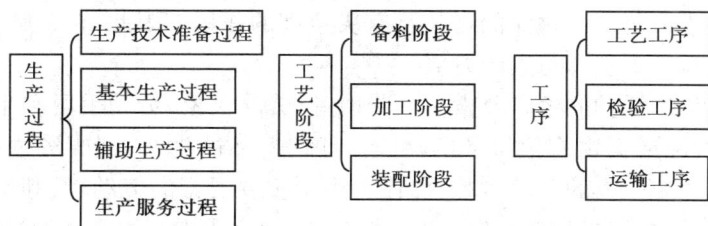

图3.1　生产过程系统构成图

3)影响生产过程构成的因素

影响生产过程构成的因素一般主要有以下4个方面。

①企业产品的特点。这是指产品用途、结构、复杂程度和制造产品所用的材料等。

②企业的规模。企业规模大,生产过程工序划分较细,专业化水平高;企业规模小,生产过程工序划分较粗,专业化水平低。

③企业生产采用的设备和工艺方法。设备及采用的工艺方法的先进性越高,生产过程相对就会简单一些;反之,生产过程就会变得相对复杂化。

④企业对外协作关系。社会专业化协作水平越高,企业内部生产过程就越趋于简化,其他属于企业辅助生产过程的产品,就可由其他专业工厂提供。

【知识链接】
生产过程的核算

在生产过程中,企业将原材料等劳动对象投入生产,经过工人的劳动加工,制造出适合社会需要的产品。生产过程从实物形态看,把材料通过加工变成产品,是产品的制造过程;从价值形态看,发生了各种各样的耗费,形成生产费用,具体来说,发生了材料费用、劳动者的工资和福利费用、固定资产折旧费用等。所以这一过程的主要经济业务是进行材料、工资、其他费用等生产费用的归集和分配,计算产品成本。生产成本由直接材料、直接人工和制造费用等构成。

企业在一定时期内发生的、用货币额表现的生产耗费,称为生产费用。这些生产费用最终都要归集、分配到一定种类的产品上,形成各种产品的成本。有些费用在发生时,就能直接确认是为生产某种产品而发生的,称为直接费用,可以直接计入某种产品的成本,如直接材料、直接工资;有些费用在发生时,不能直接确认是为生产哪种产品而发生的,称为间接费用。间接费用需要采用一定的分配方法,分配计入某种产品的成本中,如车间制造费用。因此,在产品生产过程中费用的发生、归集和分配以及产品成本的形成,就构成了产品生产过程核算的主要内容。企业在生产经营过程中，由管理和组织生产的需要而发生的期间费用，如管理费用、财务费用、营业费用，因其不能归属于某个特定产品成本，其费用额容易确定，但所归属的产品难以判断，所以，应作为当期损益处理，而不作为产品的生产成本。

3.1.2　生产类型

　　企业的生产物流是伴随着企业生产活动的进行而产生的，生产物流与企业生产的密切关系决定了企业的生产对生产物流的运作具有决定性的作用。因此，在了解企业生产物流的特点之前先来了解一下生产与生产类型。

　　生产是指投入生产活动的生产要素——劳动者、劳动对象、劳动手段和生产信息等，经过转换，产出有用产品或提供有效服务的功能。任何产品的生产，都要经过一定的生产过程。产品生产过程主要是人的劳动过程，即作为生产主要要素的劳动者，利用劳动工具，按照一定的方法和步骤，直接或间接地作用于劳动对象，使之成为有用产品的过程。可见人的劳动是生产过程得以存在的基础。随着时代的进步，产品的科技越来越发达，产品的构造越来越复杂，常见的产品生产过程具有以下特点。

　　①产品结构复杂，生产过程具有加工装配性质。产品通常都是由形状、尺寸、材质及技术要求各不相同的大量金属零件和非金属零件组成的，产品结构一般都相当复杂。产品的生产过程，一般是先制造零件，然后装配成部件、总成，最后再进行总装配，装成产品。

　　②产品的制造工艺复杂，工序多，生产周期较长。一种产品往往由几十种、几百种、几千种甚至上万种零部件所组成，各种各样的零部件又具有各自的技术要求。每种零部件从毛坯生产开始到装配成产品为止，都要经过若干个工艺阶段，每个工艺阶段内又包含多种多样的工序，需用较长的加工、装配时间才能完成。

　　③产品生产过程所需机器设备和工艺装备等技术装备的种类繁多，结构与性能的差异较大。在产品和生产规模不同的企业中，拥有机器设备和工艺装备的品种、型号、规格和数量等有很大的差异，一个大型企业拥有的机器设备一般都是几千台到上万台，工艺装备则多达一两万种。

　　④产品生产过程的组织管理复杂，要求高。产品的多零部件、多制造阶段、多工种、多工序以及成套性等特点，对产品的质量、数量、生产进度等方面的要求，决定了产品生产过程组织管理的复杂性和要求的严格性。

　　产品生产类型主要表现在以下 3 个方面：

1）流程型生产和加工装配型生产

　　按照企业生产工艺的基本特征可以将生产分为流程型生产和加工装配型生产。

　　（1）流程型生产

　　流程型生产主要通过对原材料进行混合、分离、粉碎、成型等物理、化学方法制造产品，比如说日常的汽油和一些药品就是典型的流程型生产。

　　流程型生产的两个基本特征是：工艺顺序的固定性和工艺过程的连续性。产品的生产原理决定生产中使用的设施、设备要按照工艺的固定顺序来进行布置；产品生产所需的原材料根据工艺过程在不同的阶段被连续地投入产品生产的工艺流程，既要保证产品生产的数量要求,还要保证产品生产的工艺要求,如图 3.2 所示。

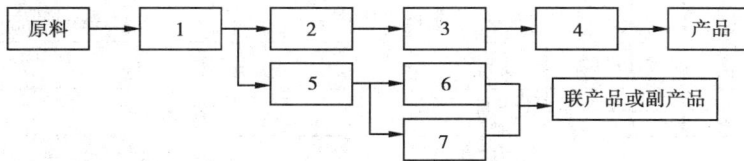

图 3.2　分解流程式制造工业生产过程示意图

　　流程型生产对原材料连续及时地供应生产环节提出比较高的要求,原材料供应不及时、工艺过程的任何机械设备出现故障等原因都会造成整个生产过程无法继续运行,导致生产的暂停,从而无法满足产品生产的连续性要求。采用流程型生产的典型企业包括化工企业、炼油企业、造纸企业、工业品生产企业等。

　　(2)加工装配型生产

　　加工装配型生产是通过大量的零件或者部件的加工组装,最终形成产品的制造方式。加工装配型生产的产品可以进行标准化生产,产品是由许多零部件构成,通过装配过程形成的最终产成品,如图 3.3 所示。生产中所需要的零部件可以由企业自身制造供应,也可以外包给其他加工企业进行制造或从其他生产企业进行外购,因此这种生产类型的生产工艺可以不具有连续性,而是离散的。木桶原则在这种生产类型的生产安排中起到重要作用,需要得到更多的关注,也就是说,要保证生产的连续性就必须保证组装的产品的各种零部件在数量、品种、质量、时间上具有配套性,任何一个条件的不满足都将对生产过程产生全局性的影响。进行加工装配型生产的典型企业包括机械设备制造企业、电子设备制造企业、家电制造企业、通信设备制造企业等。从生产活动的多个方面对两种生产类型进行比较,见表 3.1。

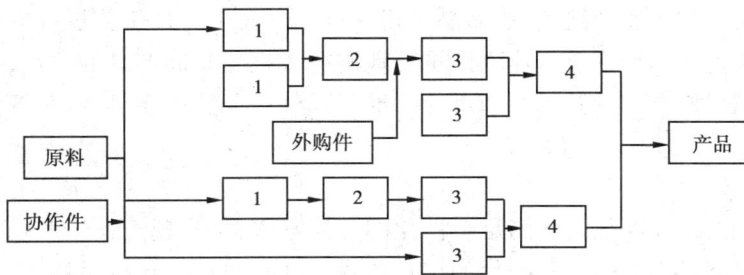

图 3.3　加工装配式制造工业生产过程示意图

表 3.1　流程型与加工装配型生产的特点比较

项　目	流程型生产	加工装配型生产
客户数量	较少	较多
产品品种	较少	较多
产品差别	有较多标准产品	有较多客户要求的产品
营销特点	依靠产品价格与可获性	依靠产品特点
密集类型	资本密集	劳动力、材料密集

续表

项　目	流程型生产	加工装配型生产
产品标准化程度	较高	较低
自动化程度	较高	较低
设备布置	流水生产	批量或流水生产
柔性	低	高
生产作业能力	可明确规定的	模糊的
扩充能力的周期	长	短
设备可靠性要求	高	较低
维修性质	停产检修	多数为局部修理
材料品种	少	多
能源消耗	高	低
在制品库存	较低	较高

［资料来源：甘华鸣.EMBA/MBA 必修核心课程：生产作业（上下册）［M］.北京：中国国际广播出版社,2002.］

2）大量生产、大规模定制和单件小批生产

按生产的稳定性和重复性可以将生产分为大量生产、大规模定制和单件小批生产 3 种类型。

（1）大量生产

大量生产类型的主要特征是：产品品种稳定；产量高；生产的工艺过程的专业化程度高且基本稳定。大量生产型制造企业可以重复地进行大批量相同产品的生产，标准化程度越高，越容易采用这种生产类型。如：轴承等标准零部件、家电、计算机、汽车等产品的生产都可以采用大量生产方式。

（2）大规模定制

大规模定制的主要特征是既满足个性化的产品需求，又实现大量生产稳定的质量和低成本。大规模定制的本质是随着现代的信息技术、互联网技术、新材料技术、柔性制造技术的发展，把产品的定制部分或者全部转化为批量生产，以大规模生产的成本和速度，为单个客户或小批量多品种市场定制任意数量的产品。如：我国的红领集团创造的红领模式，消费者在线或者到门店下单，录入量体数据，工厂就可以根据每个人的不同数据，及时生产出个性化的衣服。美国的戴尔计算机公司生产的产品可以按照客户的订货要求任意地进行零部件的配套安装，从而实现产品的个性化要求。3 种生产类型的差异，见表 3.2。

（3）单件小批生产

单件小批生产类型的主要特征是：产品品种变化很大；产量低；工艺流程呈现不稳定的变动，具有比较大的不确定性；产品生产强调个性化。采用这种生产方式的产品并不多，而且其需求量也相对较小。服装定制是典型的采用单件小批生产类型的。

表 3.2　大量生产、大规模定制和单件小批生产的特点比较

项　目	大量生产	大规模定制	单件小批生产
产品品种	少	较多	繁多
生产状态	稳定	较稳定	不稳定
产量	大量	大量	单件或少量
设备	自动化	智能化	电气化
生产周期	短	长短不一	长
成本	低	中	高
专业化程度	重复生产	定期转换	基本不重复
劳动分工	细	中	粗
员工技术	专业操作	专业操作(多工序)	多面手
生产效率	高	高	较低
适应性	差	强	强
对管理能力要求	中	高	低
追求目标	规模性	柔性	个性

［资料来源:甘华鸣.EMBA/MBA 必修核心课程:生产作业(上下册)［M］.北京:中国国际广播出版社,2002.］

3)订货生产和备货生产

按产品需求的特性可将生产分为订货生产和备货生产。

(1)订货生产

订货生产是指企业的生产流程在企业收到客户具体的订货要求以后开始,企业根据客户对产品的要求进行产品生产,这样企业可以有效地避免根据需求预测制订生产计划可能导致的产品供给大于产品需求的状况,可有效地降低企业生产的不确定性——经营风险。客户对产品的要求呈现出多样化的变化趋势,这给企业的生产经营活动带来巨大的不确定性,如果产品的生产流程可以形成模块化生产或局部的标准化生产,那么该企业可以通过采用订货生产的生产类型来降低企业生产经营的不确定性。

(2)备货生产

备货生产是指企业的生产活动按照企业事先制订的生产计划进行,而生产计划主要是依据企业对市场的产品需求调查和需求预测编制的。在这种生产方式下,企业的生产活动对产品需求变化的适应性比较差,主要通过产品库存来满足客户对产品的需求,见表3.3。

表 3.3　上述生产类型的特点比较

项　目	备货型生产	订货型生产
产品性质	标准产品	按客户需求生产
产品需求	可以预测	难以预测

续表

项　目	备货型生产	订货型生产
价格	事先确定	订货时确定
交货期	随时供货	订货时确定
设备	专用设备	多采用通用设备
人员技术	专业化人员	多种操作技能

［资料来源：甘华鸣.EMBA／MBA 必修核心课程：生产作业（上下册）［M］.北京：中国国际广播出版社，2002.］

【知识链接】
生产过程与生产流程的区别

生产过程是指从投料开始，经过一系列的加工，直至成品生产出来的全部过程。在生产过程中，主要是劳动者运用劳动工具，直接或间接地作用于劳动对象，使之按人们的预定目标变成工业产品。

按照生产过程组织的构成要素，可以将生产过程分为物流过程、信息流过程和资金流过程。

物流过程：采购过程、加工过程或服务过程、运输（搬运）过程、仓储过程等一系列过程，既是物料的转换过程和增值过程，也是一个物流过程。

信息流过程：生产过程中的信息流是指在生产活动中，将其有关的原始记录和数据，按照需要加以收集、处理并使之朝一定方向流动的数据集合。

资金流过程：生产过程的资金流是以在制品和各种原材料、辅助材料、动力、燃料设备等实物形式出现的，分为固定资金与流动资金。资金的加速流转和节约是提高生产过程经济效益的重要途径。

生产流程，又叫工艺流程或加工流程，是指在生产工艺中，从原料投入到成品产出，通过一定的设备按顺序连续地进行加工的过程，也指产品从原材料到成品的制作过程中各要素的组合。

生产流程作为一个完整的流程，基本上应具备以下要素：客户、过程、输入、输出、供应商。

3.1.3　生产物流的内涵

1）生产物流的内涵分析

（1）从生产工艺角度分析

"工艺是龙头，物流是支柱"，生产物流是指企业在生产工艺中的物流活动（即物料不断地离开上一工序，进入下一工序，不断发生搬上搬下、向前运动、暂时停滞等活动）。这种物流活动是与整个生产工艺过程伴生的，实际上已构成了生产工艺过程的一部分。其过程大体为：原材料、燃料、外构成件等物料从企业仓库或企业的"门口"开始，进入生产线的开始端，再进一步随生产加工过程并借助一定的运输装置，一个一个环节地"流"，在"流"的过程中,本身被加工,同时产生一些废料、余料,直到生产加工终结,再"流"至制成品仓库。

（2）从物流的范围分析

企业生产系统中物流的边界起于原材料、外构成件的投入,止于成品仓库。它贯穿生产全过程,横跨整个企业（车间、工段),其流经的范围是全厂性的、全过程的。物料投入生产后即形成物流,并随着时间进程不断改变自己的实物形态（如加工、装配、储存、搬运、等待状态）和场所位置（各车间、工段、工作地、仓库）。

（3）从物流属性分析

企业生产物流是指生产所需物料在空间和时间上的运动过程,是生产系统的动态表现,换言之,物料（原材料、辅助材料、零配件、在制品、成品）经历生产系统各个生产阶段或工序的全部运动过程就是生产物流。

综上所述,企业生产物流是指伴随企业内部生产过程的物流活动,即按照工厂布局、产品生产过程和工艺流程的要求,实现原材料、配件、半成品等物料在工厂内部供应库与车间、车间与车间、工序与工序、车间与成品库之间流转的物流活动。

2）生产物流的基本特征

制造企业的生产过程实质上是每一个生产加工过程"串"起来时出现的物流活动,因此,一个合理的生产物流过程应该具有以下基本特征,才能保证生产过程始终处于最佳状态。

（1）连续性和流畅性

企业生产过程主要是对原材料和零部件进行加工、组装的过程,各工序需要的物料必须在适当的时间、适当的地点以适当的质量和适当的数量进行供给,从而保证生产连续进行。物料总是处于不停地流动之中,物料连续性主要表现在空间上的连续性和时间上的流畅性。空间上的连续性要求生产过程各个环节在空间布置上合理紧凑,使物料的流程尽可能短,没有迂回往返现象。时间上的流畅性要求物料在生产过程的各个环节的运动自始至终处于连续流畅状态,没有或很少有不必要的停顿或等待现象。

（2）平行性和交叉性

平行性和交叉性是指物料在生产过程中应实行平行交叉流动。平行是指相同的在制品同时在数道相同的工作地（机床）上加工流动;交叉是指一批在制品在上道工序还未加工完时,将已完成的部分在制品转到下道工序加工。平行交叉流动可以大大减少产品的生产周期。

（3）比例性和协调性

比例性和协调性是指生产过程的各个工艺阶段之间、各工序之间在生产能力上要保持一定的比例以适应产品制造的要求。比例关系表现在各生产环节的工人数、设备数、生产面积、生产速率和开动班次等因素之间相互协调和适应,比例是相对的、动态的。生产物流的比例性主要是生产数量要求的表述,强调产品生产需要的物资在各个环节之间的分配存在着比例关系。

（4）均衡性和节奏性

均衡性和节奏性是指产品从投料到最后完工都能按预定的计划（一定的节拍、批次）均衡地进行,能够在相等的时间间隔内（如月、旬、周、日）完成大体相等的工作量或稳定递增的生产工作量,很少有时松时紧、突击加班现象。任何时间上的延迟或提前都会打乱企业的生产节奏。生产节奏意味着生产操作在生产工艺流程上具有一定的稳定性,同时生产企业在相同时间间隔内完成的工作量大体相等或稳定递增或递减。

（5）准时性

准时性是指生产的各阶段、各工序都按后续阶段和工序的需要生产,即在需要的时候,按需要的数量生产所需要的零部件。只有保证准时性,才有可能推动上述连续性、平行性、比例性、均衡性。

（6）柔性和适应性

柔性和适应性是指加工制造的灵活性、可变性和可调节性。即在短时间内以最少的资源从一种产品的生产转换为另一种产品的生产,从而适应市场的多样化、个性化要求。

3.1.4　生产物流运作目标

在企业生产过程中,物料的空间效用和时间效用在一定程度上是依靠生产物流系统来实现的,这与生产物料的流转贯穿产品加工、制造过程始终有着密不可分的关系。生产物流系统的出现,将以前分散的物料装卸、搬运活动有机地结合起来,视为一个运作系统,企业可以从产品生产系统角度来分析这一过程中所涉及的物流活动,从而提高生产过程中的物料装卸、搬运的效率,使物料的装卸和搬运能够更加协调地运作。企业在生产过程中进行生产物流的管理无非要实现生产物流运作的效率性和经济性,具体来讲包括以下3个方面。

①企业通过生产物流的运作为产品生产提供畅通无阻的物流流转,从而保证产品生产过程的连续性和高效性。生产物流的连续性决定生产物流的流动方向,与产品生产工艺流程的运行顺序要保持一致,生产物流的流动受阻意味着产品生产过程的停滞或生产速度的减缓。如果出现物料流动方向与产品生产流程顺序不一致,企业不仅要面临生产停滞的问题,而且可能面临产品生产周期延长、客户服务水平下降等一系列相关问题。因此,生产物流运作的第一目标就是要保证产品生产的连续性,体现生产物流的效率性。

②企业通过生产物流的运作,减少生产物料装卸的频率和搬运的距离,从而实现生产物流运作费用和成本的整体降低。生产物流的平行性是为物流运作提出空间上的要求,生产物流的节奏性为物流运作提出时间上的要求。企业生产物流系统需要同时从空间和时间的角度来考虑生产物料的装卸、搬运操作。搬运和装卸操作是企业生产物流流转的重要物流活动,决定着物流费用和成本的支出水平。要实现物流成本的最小化必须合理地进行装卸频率、搬运距离的统一安排。

③企业通过生产物流系统有效控制物料的损失和防止生产安全事故的出现。生产物流的比例性影响着物流的运作流量,也就是说生产物料需求量的增加将引起物料装卸、搬运量的增加,产生物料损失的概率增大。生产物流的统一协调安排可以使整个物流变得有序,降低在物流运作过程中出现安全事故的概率。

3.1.5　生产物流的类型

通常情况下,生产物流类型与决定生产类型的产品数量、品种和专业化程度有着内在的联系。因为,生产物流的类型与生产类型有着典型性联系。

1）从物料流向的角度分类

根据物料在生产工艺过程中的特点，把生产物流划分为项目型、连续型、离散型 3 种类型。

（1）项目型生产物流（固定式生产）

当生产系统需要的物料进入生产现场后，几乎处于停止的"凝固"状态，或者说在生产过程中物料流动性不强。分两种状态：一种是物料进入生产场地后就被凝固在场地中和生产场地一起形成最终产品，如住宅、厂房、公路、铁路、机场等；另一种是在物料进入生产场地后，"滞留"时间很长，形成最终产品后再流出，如大型的水电设备、冶金设备、轮船、飞机等。项目型生产物流管理的重点是按照项目的生命周期对每个阶段所需的物料在质量、费用及时间进度等方面进行严格的计划和控制。

这种生产形式针对性强，劳动技能要求高，目标柔性强，设备利用率高，但操作表现为项目唯一性，每次生产流程都要变化，生产物料的规划控制较难。

（2）连续型生产物流（流程式生产）

物料均匀、连续地进行，不能中断；生产出的产品和使用的设备、工艺流程都是固定且标准化的；工艺之间几乎没有在制品储存。连续性生产物流管理的重点是保证连续供应物料和确保每一生产环节的正常运行。由于工艺相对稳定，有条件采用自动化装置实现对生产过程的实时监控。

这种生产形式工作效率高，大批量、少品种的生产过程一般都适合采用该模式。单位可变成本低，劳动技能要求低，设备利用率高，但产品灵活性差，专业化设备要求高。

（3）离散型生产物流（加工装配式生产）

产品由许多零部件构成，各个零部件的加工过程彼此独立；制成的零件通过部件装配和总装配最后形成产品，整个产品的生产工艺是离散的，各个生产环节之间要求有一定的在制品储备。离散型生产物流管理的重点是在保证及时供料和物料质量的基础上，准确控制零部件的生产进度、缩短生产周期，既要减少在制品积压，又要保证生产的成套性。

这种生产形式表现为产品的高灵活性，设备用途广，但对工作人员的技能要求高，生产过程控制的难度大。

2）从物流流经的区域和功能角度分类

从物流流经的区域和功能角度，可以把生产过程中的物流细分为工厂间物流和工序间物流（车间物流）。

（1）工厂间物流

工厂间物流是指大型企业各专业厂间运输物流或独立工厂与材料、配件供应厂之间的物流，也包括采购物流、销售物流和长距离的车间之间的物流过程。

（2）工序间物流

工序间物流也称工位间物流、车间物流，指生产过程中车间内部和车间、仓库之间各工序、工位上的物流。其内容包括：接收原材料、零部件后的储备活动；加工过程中在制品的储存活动；成品出厂前的储存活动；仓库向生产车间运送原材料、零部件的搬运活动；各物料在车间、工序之间的搬运活动。

机械制造业相关机构统计显示,按其生产工艺过程,零件在机床上全部切削时间只占生产过程全部时间的10%左右,其余90%左右的时间都处于物流的等待、装卸、搬运、包装等环节。对此,良好的生产物流管理对缩短生产周期、提高生产效率具有非常重要的意义。

任务2　企业生产物流组织

企业生产物流组织包括生产物流的空间组织和生产物流的时间组织两大类问题。工厂布局严格意义上说属于生产物流空间布局范畴,其本身是一个生产物流的配置问题,也是一个影响和决定生产物流的关键因素。做好工厂布局是管好生产物流的前提条件。

3.2.1　工厂布局

工厂布局是指为使设备、设施、器材、人力资源和能源的效益最大化,对工厂内工艺布置、设施设备、工作区域进行规划和实际定位制订的一系列活动。良好的工厂布局,可以降低生产成本,提升产品质量,提高空间的使用效率和设施设备操作的方便性。

1)工厂布置原则

①一笔画原则。整个工厂(包含局部车间)的物流设计需要达到一笔画的状态,物料和产品的流动无交叉、迂回、倒流。

②就近原则。各辅助车间、服务部门应设在现场附近,以缩短或者消除材料、半成品的运输距离。

③最小使用原则。使用最小的面积实现功能,使厂区与生产面积能得到充分、有效的利用。

④拓展原则。厂区总体平面布置要留有余地,并能适应改建与扩建。

⑤安全环保原则。厂区总体布置应与周围环境协调,有良好的环境保护措施与三废处理措施。

2)工厂布置方法

(1)物料流向图解法

它是按照原材料、毛坯、在制品在生产过程中的流动方向和运输量进行工厂总体平面布置的一种方法。这种方法分两类:工艺导向型和产品导向型生产流程。其基本步骤为:

第一步,根据原材料、在制品在生产过程中的流向,初步布置各个生产车间和设施的相对位置,绘制初步流程图。

第二步,在此基础上统计各车间之间的物料流量,制订物流运量表。

第三步,按运量大小进行初始布置,将车间之间运输量大的安排在相邻位置,并考虑其他因素进行改进和调整。

【例3.1】 某企业现阶段工艺流程和布局统计见表3.4。统计和部门之间物料流动情况见表3.5。通过物料流向图解法改进结果,见表3.6和表 3.7。

表 3.4　零件的综合工艺路线图

机床	零件号										合 计
	1	2	3	4	5	6	7	11	12	13	
毛坯库	①	①	①	①	①	①	①	①	①	①	10
铣 床	②			④	⑥		③		②		5
车 床	③	②	②	③	③⑤⑧	②		②	②		10
钻 床	④	③	③	⑤	④	③				③	7
镗 床					②						1
磨 床					⑦⑨		⑤				3
压 床	⑤										1
内圆磨床			④								1
锯 床				②				②④			3
检 验	⑥	⑤	④	⑥	⑩	④	⑥	③	③	④	10

表 3.5　原顺序零件从至表

从	至										合计
	1 毛坯库	2 铣床	3 车床	4 钻床	5 镗床	6 磨床	7 压床	8 内圆磨床	9 锯床	10 检验台	
1 毛坯库		2	5		1				2		10
2 铣床			1	2		1			1		5
3 车床		2		5		1				2	10
4 钻床			1				1	1		4	7
5 镗床			1								1
6 磨床			1							2	3
7 压床										1	1
8 内圆磨床										1	1
9 锯床		1	1		1						3
10 检验台											
合 计		5	10	7	1	3	1	1	3	10	41 41

表 3.6　改进后的零件从至表

从	至										合计
	1毛坯库	2车床	3钻床	4检验	5铣床	6锯床	7磨床	8镗床	9压床	10内圆磨床	
1 毛坯库		5			2	2		1			10
2 车床			5	2	2		1				10
3 钻床		1		4					1	1	7
4 检验台											
5 铣床		1	2			1	1				5
6 锯床		1			1		1				3
7 磨床		1		2							3
8 镗床		1									1
9 压床				1							1
10 内圆磨床				1							1
合　计	10	7	10	5	3	3	1	1	1		41 / 41

表 3.7　改进后生产物流统计表

方案	顺向	逆向
原方案	格数×对角线上各次数之和 1×(2+1+5)=8 2×(5+2+1)=16 3×(1+1+1)=9 4×(1+1+1+2)=20 6×4=24 7×(1+2)=21 8×2=16	格数×对角线上各次数之和 1×(2+1)=3 2×1=2 3×(1+1)=6 6×1=6 7×1=7
	小　计　　114	小　计　　24
	零件移动总距离=114+24=138(单位距离)	
改进后方案	1×(5+5+4+1+1)=16 2×(2+1)=6 3×2=6 4×2=8 5×(2+1)=15 6×1=6 7×(1+1)=14	1×(1+1)=2 2×2=4 3×(1+2)=9 4×1=4 5×(1+1)=10 6×(1+1)=12
	小　计　　71	小　计　　41
	零件移动总距离=71+41=112(单位距离)	

从表 3.7 比较可知,改进后的设备排列方案比初始排列方案减少 26 个单位距离。

(2)作业相关图法

这是一种根据企业各部门之间的活动关系的密切程度来布置其相对位置的有效方法。

由于车间之间的流量实际上不可能完全得到,而某些定性因素却对布置起了决定性作用,因此需要根据业务活动关系密切程度来布置各部门之间的位置。通过图解判别工厂各组成部分之间的关系,然后根据关系密切程度配置各组成部分,得出最优的总体布置方案。其基本步骤为:

第一步,确定部门之间的活动关系密切程度,绘制作业相关图,再列出导致不同程度关系的原因。活动关系有 6 个等级及相应的得分标准,见表 3.8 和表 3.9。

第二步,根据作业相关图编制主联系簇。原则是从关系"A"出现最多的部门开始。

表 3.8　作业相关图法等级标准

代　号	关系密切程度
A	绝对必要
E	特别重要
I	重要
O	普通
U	不重要
X	不予考虑

表 3.9　作业相关图法等级标准

代　号	关系密切程度原因	代　号	关系密切程度原因
1	使用共同的记录	6	工作流程的连续性
2	共用人员	7	做类似工作
3	共用地方	8	使用共同设备
4	人员接触密切	9	可能的不良秩序
5	文件接触密切		

第三步,依次考虑其他"A"关系到"X"关系,加到主联系簇中去。

第四步,根据连续簇图和可供使用的区域,用实验法安置所有部门。

【例 3.2】 某工厂有 8 个组成部分,其作业相关图如图 3.4 所示。

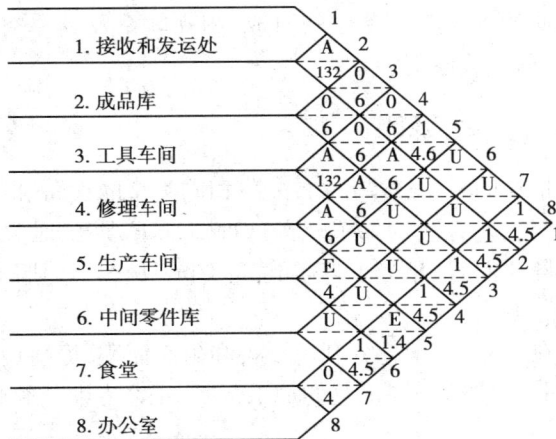

图 3.4　作业关联图

通过整理,可得作业关联图统计表,见表3.10。

表3.10　作业关联图统计表

1. 接收与发送	2. 成品库	3. 工具车间	4. 修理车间
A——2 I——5,8 O——3,4 U——6,7	A——1,5 I——8 O——3,4 U——6,7	A——4,5 I——8 O——1,2 U——6,7	A——3,5 I——8 O——1,2 U——6,7
5. 生产车间	6. 中间零件库	7. 食堂	8. 办公室
A——2,3,4 E——6,8 I——1 U——7	E——5 I——8 U——1,2,3, 　　4,7	O——8 U——1,2,3, 　　4,5,6	E——5 I——1, 2, 3, 　　4,5 O——7

根据关系密切程度配置各组成部分区域位置,得出最优的总体布置方案,如图3.5所示。

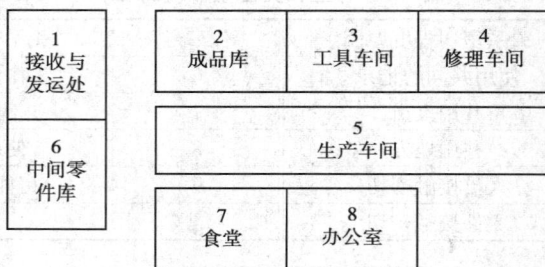

图3.5　平面布置草图

3.2.2　生产过程的空间组织

空间组织就是指企业的各个生产单位的组成、相互联系及其在空间上的分布情况。一般来说,主要有以下4种形式或原则。

1)工艺专业化形式(工艺原则)

工艺专业化形式是指在同一生产单位内,配备相同类型的设备和同工种的工人,对企业生产的各种产品进行相同工艺方法的加工。在这种情况下,加工对象需要在各生产单位之间来回移动运输。就服务业而言,相当于各职能部门坐等顾客上门服务。

(1)工艺专业化的优点

①相同的设备集中在一起,便于充分利用设备和生产面积,提高负荷系数。

②在同一车间(部门)里进行相同工艺的加工,便于工艺专业化管理,有助于工人技术水平的提高。

③加工对象改变,不必重新布置设备和调整工艺装备,产品品种变换有较强的市场适应

能力。

④工人完成工艺相同的加工任务,操作容易熟练,可以缩短操作时间。

(2)工艺专业化的缺点

①产品要在不同工艺的生产单位之间进行转移,运输工作量和运输费用增加。

②产品在生产过程中停顿和等待时间多,生产周期长,占用流动资金较多。

③车间之间联系和协作关系复杂,使车间内部管理工作复杂化。

2)对象专业化形式(对象原则)

对象专业化形式是指在同一生产单位里,配备着制造该种产品所需要的各种设备和各工种工人,对产品实行封闭式生产,各基本车间独立完成产品、零件、部件的全部或大部分工艺过程。在这种情况下,加工对象不需要在各生产单位之间来回移动运输。就服务业而言,相当于各职能部门打破部门界限,上门为顾客服务。

在按对象专业化原则建立的生产单位里,配备了为加工某种产品(零件)所需要的全套设备、工艺装备和各有关工种的工人,从而使该产品(零件)的全部(或大部分)工艺过程可以在该生产单位内完成。

(1)对象专业化的优点

①可以大大缩短产品在加工过程中的运输距离,节省运输的人力、设备和费用,减少仓库和生产面积的占用。

②可以减少产品在加工过程中的停放、等待时间,缩短生产周期,减少加工过程中的在制品库存,节约资金。

③有利于按期、按量、成套地生产出完工产品。

④便于采用先进的生产组织形式,如流水生产、生产线、成组加工单元等。

⑤减少了生产单位之间的协作联系,从而可以简化生产作业计划工作和生产控制工作。

⑥有利于强化质量责任和成本责任。由于每一个按对象原则组织的生产单位基本上独立完成某种产品或零件的加工任务,故应当承担该产品或零件的质量责任和成本责任。

(2)对象专业化的缺点

①对产品品种变化的应变能力比较差。

②由于生产单位内配置了许多不同加工工艺的岗位,工人之间的技术交流比较困难,因此工人技术水平的提高受到一定限制,不便于进行工艺管理。

③不同生产单位要配备同样的生产设备,会导致设备重复配置,利用率较低。

3)成组加工形式

成组加工形式是指在一个生产单元内,配备某些不同类型的加工设备,完成一组或几组零件的全部加工任务,且加工顺序在组内可以灵活安排。成组加工形式符合对象原则,也可以看作对象原则的进一步发展。

4)柔性加工形式

柔性加工是成组技术与数控技术相结合的产物。在柔性生产单元中,产品、零部件或加工工艺变化时,不必对设备或生产线进行大的变更,而只要变更某些控制程序就可以适应新的产品、零部件和新的工艺加工方法的需要。柔性加工形式与成组加工形式的不同点有以下4点。

①加工机床为数控机床或数控加工中心。

②传递装置为自动传送系统或自动抓握装置。

③工件和刀具自动传递装卸。

④采用集中数控或计算机控制。

3.2.3 生产过程的时间组织

生产过程的时间组织主要是研究劳动对象在车间之间、工段之间及工作地之间的运动，在时间上如何配合与衔接，以最大限度地提高生产过程的连续性和节奏性，达到提高生产率、降低成本、缩短生产周期的目的。

1)生产过程的时间组织形式

生产过程的时间组织形式主要有顺序移动方式、平行移动方式和平行顺序移动方式。

(1)顺序移动方式

顺序移动方式是指一批零件在某一工序全部加工完毕之后，才整批地转入下一道工序。

【例3.3】 一批工件(为方便表示，以4件为一批)在相邻4道工序顺序加工，各工序单件时间分别为10,5,15,5分钟，以甘特图表示，如图3.6所示。

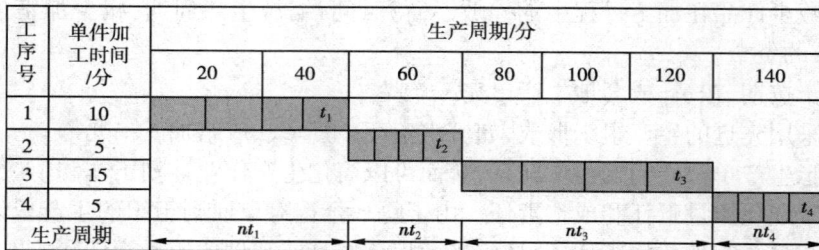

工序号	单件加工时间/分	生产周期/分						
		20	40	60	80	100	120	140
1	10	t_1						
2	5			t_2				
3	15						t_3	
4	5							t_4
生产周期		nt_1		nt_2		nt_3		nt_4

图3.6 顺序移动方式示意图

顺序移动方式生产周期的计算公式为：

$$T=批量×各工序单件时间总和$$

本例中，生产周期 $T=4×(10+5+15+5)=140$（分钟）

顺序移动方式的特点是：组织和生产计划工作简单；零部件集中加工，集中运输，减少了设备调整时间和运输工作量；设备连续加工不停顿，提高了工作效率。但大多数产品有等待加工和等待运输的现象，生产周期长；资金周转慢，经济效益较差。所以适合顺序移动法的条件是批量不大，单件加工时间短，生产按工艺专业化组成，运输搬运距离较远的情况。

(2)平行移动方式

平行移动方式是指一批零件中的每个零件在前一道工序完工后，立即传送到下一道工序继续加工的移动方式，零件在工作地之间是一个一个移动的。

【例3.4】 一批工件(为方便表示，以4件为一批)在相邻4道工序顺序加工，各工序单件时间分别为10,5,15,5分钟。以甘特图表示，如图3.7所示。

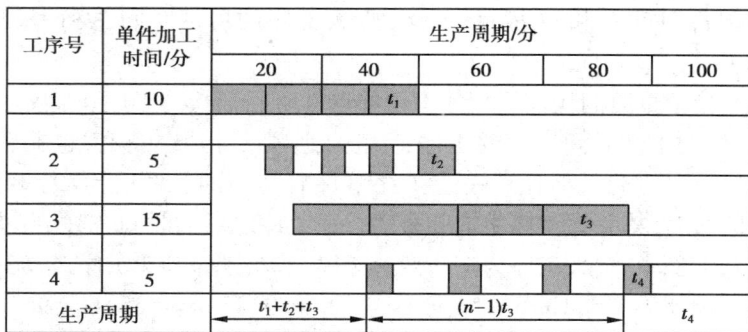

图 3.7　平行移动方式示意图

平行移动方式生产周期的计算公式为：

$$T=各工序单件时间总和+（批量-1）×最长工序的单件时间$$

本例中,生产周期为 $T=（10+5+15+5）+（4-1）×15=80（分钟）$

平行移动方式的特点是:加工周期短,在制品占用量少;但运输搬运次数多,当前后工序时间不相等时,设备的利用和人力的利用不够充分,存在设备中断和在制品等待的情况,有间歇性停顿和等待时间。

（3）平行顺序移动方式

平行顺序移动方式是指顺序移动方式和平行移动方式两种方式的结合使用,是指一批零件在一道工序上尚未全部加工完毕,就将已加工好的一部分零件转入下道工序加工,以恰好能使下道工序连续地全部加工完该批零件为条件的移动方式。之所以会提出这种方式,是因为前两种移动方式各有缺点。顺序移动方式虽然加工过程连续,但生产周期长;而平行移动方式虽然生产周期短,却又存在加工过程时断时续的情况。如何保证生产既连续又平行呢?采取一种特殊的方式,即在每相邻工序之间要先做判断。

假设 t_1 为前道工序单件加工时间, t_2 为紧邻后道工序单件加工时间。

如果 $t_1>t_2$,则零件工序逐个移动（平行移动原则）。

如果 $t_1<t_2$,则等待零件在前一道工序生产足够数量,能够保证下一道工序连续,即在适当的时候才传送到下一道工序（顺序移动原则）。

【例3.5】　一批工件（为方便表示,以4件为一批）在相邻4道工序顺序加工,各工序单件时间分别为10,5,15,5分钟。以甘特图表示,如图3.8所示。

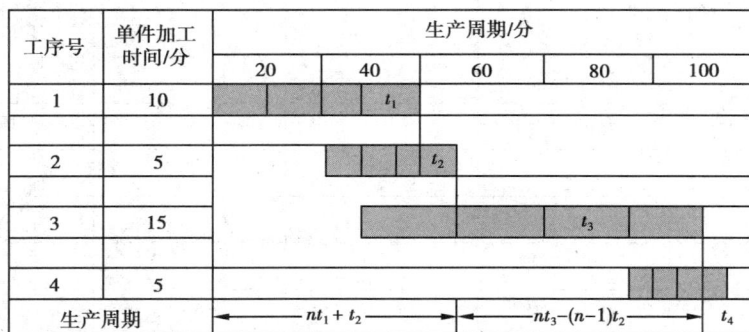

图3.8　平行顺序移动方式示意图

平行顺序移动方式生产周期的计算公式为:

T＝各工序单件时间总和＋（批量－1）×（较大工序的单件时间总和－较小工序单件时间总和）

其中，较大工序是指单件时间比前后相邻工序的单件时间都长的工序；较小工序是指单件时间比前后相邻工序的单件时间都短的工序；一般工序则是指既非较大也非较小的工序，比如，比前一道工序单件时间长但比后一道工序单件时间短的工序，计算时不必考虑一般工序。此外，判断大小时，第一道工序之前和最后一道工序之后的时间，都以零考虑。

这样规定后，上例中，较大工序为1,3两道工序，较小工序为2工序，4为一般工序。

本例中，生产周期为 T＝（10＋5＋15＋5）＋（4－1）×（10＋15－5）＝35＋60＝95（分钟）

这种方式吸取了前两种移动方式的优点，在劳动过程中中断时间比顺序移动方式的少，零件生产周期较短，在一定程度上消除了工人与设备的空间时间，消除了间歇停顿现象，能使工作充分负荷，使工人和设备的空间时间集中起来，便于用来做其他工作，但组织管理比较复杂。

2) 选择移动方式考虑的因素

3种移动方式各有利弊，在安排物流进度计划时，需要考虑物料的大小、物料加工时间的长短、批量的大小以及生产物流的空间组织形式。一般来讲，批量小、物料小或重量轻而加工时间短的物料，适宜采用顺序移动方式；对生产中的缺件、急件，可以采用平行或平行顺序移动方式。

对于不同类型的企业，生产物流的时间组织形式是灵活多变的。对于固定式生产企业（项目型生产物流，如船舶、房屋等建设物资流动），由于加工对象（物料）固定，因而生产物流的加工工序在时间上的组织方式主要表现在工人的顺序移动上。针对流程式生产企业（连续型生产物流，如流水线上的物资流动），通常都是把整批的物料投入加工后，整批地按加工顺序进行工序间的移动，同一批物料不可能同时在多道工序上加工，因而生产物流是按顺序移动方式进行的。针对加工装配型企业（离散型生产物流），一批要加工的物料（零件或部件）在各工序之间加工的过程难免有成批等待现象，所以，生产物流的时间组织目标在于：在保证设备充分负荷的前提下加速物料在各个工序的流通速度，通常采用平行顺序移动方式。3种时间组织的影响因素见表3.11。

表3.11 3种时间组织的影响因素

考虑因素		移动方式		
		顺 序	平 行	平行顺序
生产类型	单件小批	√		
	大量大批		√	√
生产任务	缓	√		
	稳		√	
专业化形式	工艺原则	√		
	对象原则		√	√
调整设备时间	短		√	√
	长	√		

考虑因素		移动方式		
		顺　序	平　行	平行顺序
零件加工时间	短	√		
	长		√	√

任务3　企业生产物流计划与控制

　　生产物流计划为生产计划的顺利实施提供物料保证,生产物流计划是根据生产计划的具体内容编制的,生产计划确定了产品的生产时间、地点、进度安排和物料需要,据此编制切实可行的物料需求计划并付诸采购实施。所以,生产物流计划是企业生产计划体系的延续,要更好地制订和实施生产物流计划,前提是需要清楚地了解企业生产计划,为制订生产物流计划和顺利实施生产物流控制提供基础。

3.3.1　生产计划概述

　　生产计划是企业在计划期内完成生产目标的行动纲领,根据企业的销售计划和利润计划进行编制。生产计划规定了企业在计划期内产品生产的品种、数量、质量、投入产出日期等计划指标。这些指标又成为编制企业其他计划的主要依据。因此,生产计划既是生产管理的重要组成部分,又是经营计划的重要组成部分。它对充分利用生产能力,缩短产品的生产周期,全面完成生产任务,提高企业经济效益都具有十分重要的意义。

　　企业生产计划的主要任务是编制生产计划表、负荷计划、日程计划、作业排程计划及物料计划等工作。这些工作又因企业的生产类型、生产规模、管理重点等不同而各具特点;编制顺序、编制方法及详略程度也存在着某些差异。通常的做法是首先将生产计划按计划期的长短划分为期间生产计划、月度生产计划和日程生产计划3种,并按此顺序逐一进行编制。上述3种计划又被称为大日程计划、中日程计划和小日程计划。3种计划的特征见表3.12。

表3.12　生产计划划分种类表

划分种类		对　象	期　间	期　别
大日程计划	长期生产计划	产品群	5年	季
	年度生产计划	产品群、产品别	1年	月
中日程计划	3—6月生产计划	产品别	季、半年	周、月
	月份生产计划	产品别、零件别	月	日
小日程计划	周生产计划	产品别、零件别	周	日
	日生产计划	产品别、零件别	日	小时

1）大日程生产计划

大日程生产计划是与利润计划、销售计划相对应的产品生产计划。计划内容与计划期间长短有关，一般时间刻度为年，故又称为年度生产计划。大日程生产计划原则上由经营者或高级主管拟订。

（1）大日程生产计划的特点

①计划编制前首先要明确企业的经营方针和目标，以此为依据推算或制订计划中的各个指标。

②就生产过程来讲，为达到上述推算值或目标值，需要预测现有生产能力与负荷的平衡状况，而无须编制生产过程的具体计划。

（2）大日程生产计划的目的

①确保经营计划中目标利润和销售计划的实现，明确计划期间应从事的生产活动。

②充分利用生产能力。

③明确计划期内原材料、零部件及其他物资的大概需用数量。

④明确所需人员数量。

⑤明确机械设备、工艺装备等方面是否需要补充或者更新。

⑥向财务部门提供计划期内生产费用的预算方案。

（3）大日程生产计划的内容

①计划期内各品种的销售计划。

②计划期内的利润目标。

③计划期内的生产规模计划。

④计划期内的物资供应计划。

⑤计划期内的库存计划。

⑥计划期内的外协计划。

⑦计划期内的人员计划。

⑧计划期内的设备计划。

⑨计划期内的资金计划。

2）中日程生产计划

中日程生产计划是依据大日程生产计划编制的，它是大日程生产计划的子计划模块。中日程生产计划，一般时间刻度为季度或月份。大日程生产计划以市场预测需求或者销售计划为基础进行编制，中日程生产计划则是以大日程生产计划为基础编制，将计划目标值具体分解到各个季度或月份，保证大日程生产计划的顺利实施。中日程生产计划原则上由生产部门主管拟订。

（1）编制中日程生产计划的目的

①具体确定生产产品品种、数量和生产进度。

②实现各生产车间生产能力最佳的利用效果。

③计划各生产车间的负荷，将余力通知营业部门，作为今后接受订单订货的依据，以维持目标生产量。

④决定所需材料和零部件的品种、规格、数量和时间。

⑤决定所需机械设备、工艺装备的数量和时间。

⑥决定所需人员的数量和时间。

⑦决定所需外协件的品种、规格、数量及时间。

（2）编制中日程生产计划的必要资料和措施

①制造命令书、规格书及有关图纸。

②各工厂和车间的工序能力表。

③各工厂、车间及工序的负荷余量及余力表。

④各种标准资料。

⑤按周定期进行产销协调。

（3）基于中日程生产计划的其他计划

①工序计划。

②物资供应和零部件生产的计划。

③机械设备和工装卡具的计划。

④人员配置计划。

⑤外协计划。

3）小日程计划与生产排程

小日程生产计划是以中日程生产计划为基础，进一步明确各种已经确定的产品品种或订货合同任务应该在哪一作业场所，何时开始和结束作业所编制的作业实施计划，其时间刻度为天或者小时。小日程生产计划的执行主体是基层作业单位或作业者，原则上由制造单位主管拟订。编制日程计划应注意以下事项。

①编制小日程生产计划要求按照基准日程原则，应尽可能缩短从下达指令开始到加工完毕的时间。

②不能打乱中日程生产计划或订货合同所规定的交货期，以确保各种产品按期交货。

③平衡各个工序和作业者的作业负荷，减少无效时间。

④进行良好的生产计划排程优化。

3.3.2　生产计划标准

生产活动必须在生产计划指导下，有效运用企业相关的部门人员、设备及其他资源进行操作，否则生产过程就不可能顺畅。生产计划是生产活动的基础，是各相关部门人员工作的依据。生产计划的内容必须明确生产产品类别、零部件名称、数量、部门或单位、交货期。生产计划须避免只由某一个部门独自拟订，要综合考虑各个部门的资源情况。对此，为更好配合相关部门制订出可操作性的生产计划，对生产计划进行标准化要求是非常必要的。

1）拟订大日程生产计划的资料

①市场部门明确市场相关数据的操作资料。

②设计部门明确市场部门掌握市场需求的产品范式要求资料。

③生产部门明确产品范式要求的加工技术标准资料。

2）拟订中日程生产计划的资料

①成本部门明确加工作业及作业场所相关规范资料。
②设计部门制订详细的作业加工品质规范资料。

3）拟订小日程生产计划的资料

①生产部门拟订详细的基准日程表资料。
②生产部门拟订详细的计划排程标准和加工流程规范资料。

4）拟订制程计划和余力计划的资料

①生产部门明确加工作业制程基准，包括加工单位、加工步骤、标准工时和物料定额标准。
②生产部门拟订明确的作业加工制程负荷基准资料。

5）拟订材料及零部件计划的资料

①设计部门拟订详细的零部件构成标准资料。
②供应部门明确零部件合格率标准资料。

【知识链接】

企业生产计划接单流程和安排流程

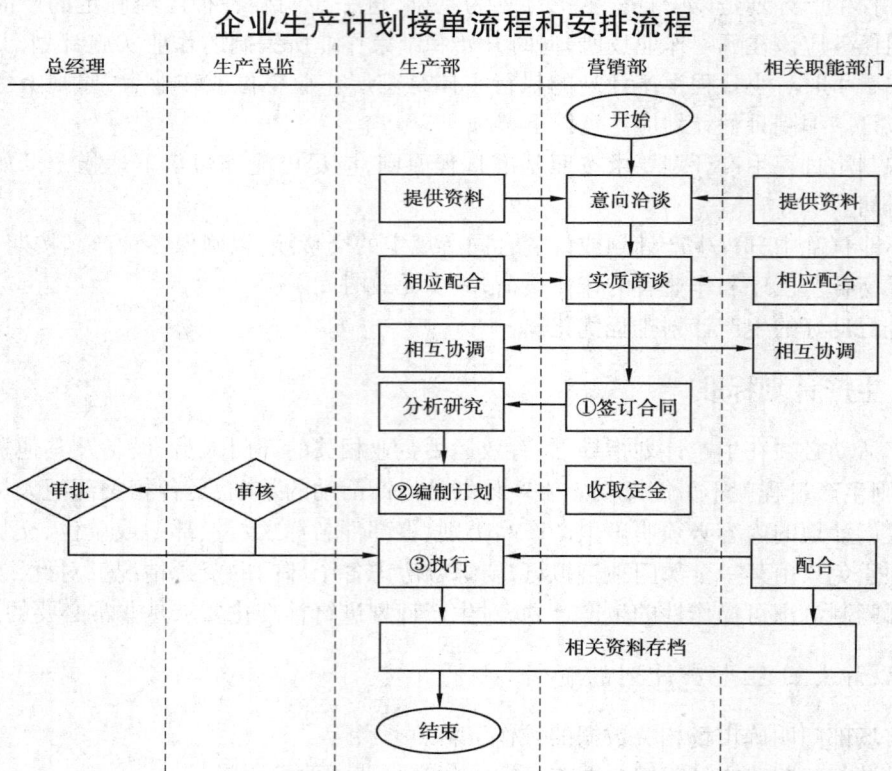

图3.9 生产计划接单流程

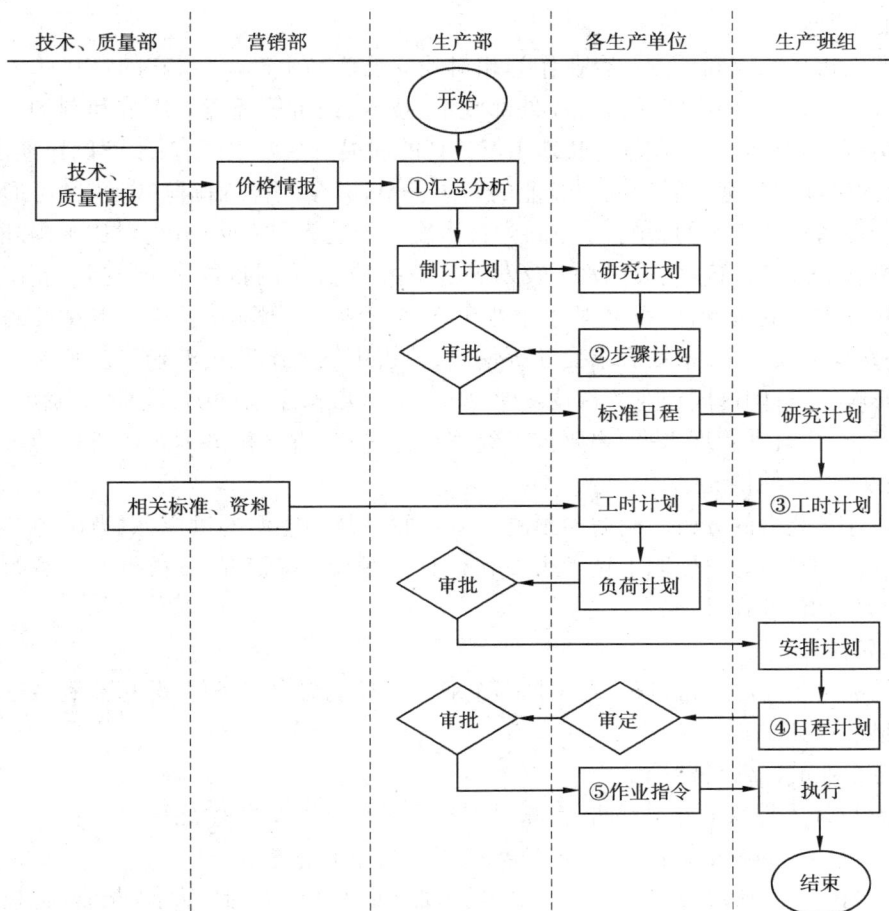

图 3.10　生产计划安排流程

3.3.3　大日程生产计划

大日程生产计划是企业经营活动的基本计划,按时间划分标准分为长期生产计划和年度生产计划。

1)长期生产计划

长期生产计划以年度为计划标准,计划期为 1 年或 5 年。长期生产计划的计划期限较长,受许多难以确定因素的影响,企业的长期生产计划要适应多变的环境要求存在一定难度,在实施的过程中,长期生产计划需要不断修正。长期生产计划有利于鼓舞和调动职工的积极性,为实现企业的经营目标而努力工作,有利于合理安排年度计划,统筹安排,综合平衡。企业作为自主经营、自负盈亏的相对独立的商品生产者的地位得到加强,企业长期计划编制已成为一项十分必要的工作。编制长期经营计划,一般分为 3 个阶段,即准备阶段、决策阶段和计划编制阶段。

（1）准备阶段

①企业的市场调查和预测。企业作为相对独立的商品生产单位，它的存在并不是孤立的，它在生产经营过程中必然受到企业外部政治、技术、经济等环境的影响和制约。进行企业外部环境调查和预测是企业制订长期生产计划的前提。主要内容有：了解国民经济方针、政策；了解国民经济长远发展规划对企业的要求；分析并预测国内国际政治、经济形势变化对企业生产经营活动产生的影响；了解科学技术发展的趋势和方向；分析对比国内外同类产品结构、技术标准、产品价格、成本水平及发展趋势；分析并预测新技术、新材料、新工艺和新设备的应用和推广的可能性，以及对本企业生产经营活动的影响；了解基本建设的投资规模，个人消费构成及水平，市场需求变动等情况；分析市场概况和发展趋势及其对本企业生产经营的影响；了解国内同行业的科技发展、技术进步状况；了解同类企业产品发展方向、生产发展规模、现代科学管理水平、主要技术经济指标等；分析并预测本企业所处的市场地位及其主要竞争对手的情况。

②企业经营能力的分析。调查和预测本企业原材料和能源的供应、财力资源及劳动力等情况；分析企业技术力量、职工技术水平和企业管理水平等情况；分析企业产品的获利能力、竞争能力和市场需求情况。

（2）决策阶段

主要是确定企业的经营目标，它是根据企业外部环境与内部条件，分析有利条件和不利因素，做出战略性决策。

①确定企业的经营目标。

A. 贡献目标。提供的产品品种、产量、质量、上缴税金以及自然资源的情况。

B. 市场目标。提高市场占有率、出口额和客户服务水平等。

C. 发展目标。企业技术改造，人、财、物的增加，如生产能力的扩大，人员素质、技术水平的提升及专业化目标等。

D. 利益目标。实现利润值和目标利润率等。

②确定企业的经营方针。经营方针是实现长期经营目标、贯彻经营目标的总的对策。

（3）计划编制阶段

依时间先后由综合计划部门编制企业长期经营计划草案，经厂长审定，并报上级主管部门审批备案。编制长期生产计划，通常采用滚动计划法。就是把计划划分为若干阶段，前一阶段为详细的执行计划，后几个阶段为比较粗略的预期计划。采取近细远粗的原则和边执行边调整的方式，逐阶段向后推移，连续滚动，以保证计划的严肃性、灵活性、连续性和适应性，使企业始终有一个较长时期的经营计划做指导。滚动计划的形式如图 3.11 所示。

2）年度生产计划

年度生产计划是长期生产计划的细分，计划期限为一年，也称年度生产计划。年度生产计划规定企业在计划年度内生产产品品种、数量、质量和生产进度，生产能力的利用程度和与其他企业的协作关系等。它的任务是合理组织生产，保证按品种、质量、数量、成本和交货期实现销售计划所规定的生产任务。它是编制物资供应计划、人员工资计划等项目计划的主要依据，也是编制辅助生产计划和作业计划的依据，如图 3.12 所示。

上期五年计划				
年　度	2006	2007	2008	2009	2010
产量/件	2 300	2 500	2 800	3 200	3 700
说　明	计划执行数量	基本执行数量		大概执行数量	

```
        本年实际完成
              ↓
        计划与实际差异 → 差异分析   经营调整
```

新一期五年计划				
年　度	2007	2008	2009	2010	2011
产量/件	2 450	2 600	2 900	3 350	3 700
说　明	计划执行数量	基本执行数量		大概执行数量	

图 3.11　滚动计划图

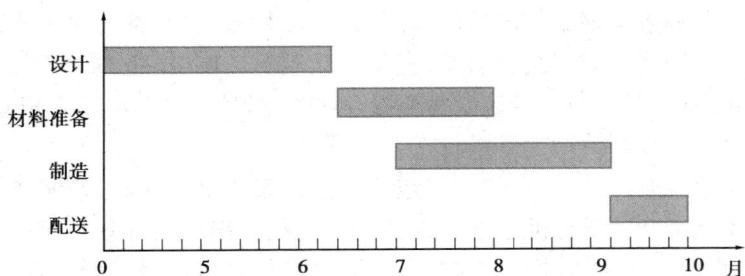

图 3.12　某种零件大日程计划甘特图

（1）年度生产计划的编制程序

企业根据长期生产计划的要求、国家的宏观指导、市场调查和预测情况、订货合同等进行编制,然后报厂级主管部门备案,调动企业生产经营的积极性。年度经营计划的编制,大致分为以下 3 个阶段。

①计划准备阶段。主要是资料收集、整理和分析工作,为编制计划提供依据。主要包括以下内容。

A. 研究国家的方针政策和主管部门下达的各项指标或计划指标。

B. 分析计划规定年度经营方针和目标。

C. 长期生产计划中上年度计划指标和定额执行情况的综合分析。

D. 对市场调查和订货合同进行分析、研究和预测,了解市场需求情况。

E. 收集并分析原始数据和统计资料,审定和完备各种技术经济定额。

F. 对基本生产过程各环节生产能力及其比例进行分析,对企业人力、物力、财力等资源保证程度进行分析和测算。

G. 收集行业先进经验、本企业合理化建议和技术革新措施等。

②编制计划草案阶段。主要有以下 3 项工作。

A. 提出全年生产计划目标,主要是根据准备阶段的工作结果,由主管部门会同企业计划部门组织各有关职能科室,讨论并提出编制计划的基本指导思想和原则性要求,初步确定企业计划的生产目标,经试算平衡后下达各车间、处室进行讨论,提出自己的分目标及实现目标的措施。

B.确定实现目标的计划方案,根据各项具体目标,由计划部门组织各有关部门、车间编写项目的计划草案。

C.综合平衡。各项目计划由厂级计划部门汇总,综合平衡后,拟订全厂年度经营计划草案。

③计划审定下达阶段。计划草案经由厂长批准并提交相关部门审议后,报主管部门审批备案,作为正式计划下达。编制过程就是反复试算、分析平衡的过程。

④年度生产计划的执行。计划工作中最重要的工作就是贯彻执行计划,积极地、努力地组织计划的实现,全面地、均衡地完成计划。具体地说要做好以下工作:要建立健全经营管理工作保证体系,如营销工作体系、生产指挥体系、质量保证体系、信息管理系统等,从组织上、制度上保证计划的执行和完成。搞好作业计划和调度工作。作业计划是年度经营计划的具体化和补充,调度工作是保证作业计划完成的有力工具。企业通过作业计划和日常调度工作,落实并经常检查计划的完成情况,保证计划均衡地完成;推行目标管理和各种形式的经济责任制,并与经济核算制结合起来,坚持物质利益原则,把企业的目标变为职工的自觉行动;加强思想政治工作,组织劳动竞赛和提合理化建议活动,调动职工积极性,增强职工的主人翁责任感,不断提高劳动生产率。

⑤年度生产计划的控制。计划的控制包括事前控制和事后控制,控制的主要依据有各种定额限额、技术标准和期量标准以及各部门、各单位、各岗位的计划指标等。事前控制就是严格按标准从事生产经营活动;事后控制就是搞好日常调度工作,经常检查,及时发现和纠正偏差;对执行结果进行分析和反馈,并对所出现的偏差追究责任,及时采取措施加以处理。计划的认真执行和有效控制是计划完成的保障。

⑥年度经营计划的综合平衡。综合平衡也是编制年度生产计划的基本原则和方法。年度生产计划是由各项专业计划组成的综合性计划,它们各自从不同的方面反映了生产经营活动的内在联系和客观比例,因此,相互间的协调、配合和平衡是企业协调发展的保证。综合平衡,就是要从实际出发,正确地确定计划指标体系,正确地处理和安排企业生产经营各方面的比例关系,有效地利用企业人力、财力和物力。平衡的重点应抓住利润、销售额和成本等指标,使其他计划保证利润、销售和生产计划的完成。要尽力消除计划中的缺口,将计划指标层层落实,并留有余地。

(2)年度生产计划也可以采用滚动计划法进行编制和修正

根据上年度生产计划的执行情况,考虑企业内外环境条件的变化,调整和修订本年度及以后的年度生产计划安排。在年度生产计划编制过程中,为了能准确地预测影响计划执行的各种因素,可以采取近细远粗的办法,近期年度生产计划制订得较细、较具体,远期年度生产计划制订得较粗、较概略。在一个计划期终了时,根据上年度生产计划执行的结果和产生条件及市场需求的变化,对原定年度生产计划进行必要的调整和修订,并将计划期顺序向前推进一期,如此不断滚动、不断延伸。例如,某企业在2000年底制订了2001—2005年的5年计划,如采用滚动计划法,到2001年年底,根据当年计划期内任务完成的实际情况和客观条件的变化,对原定的五年计划进行必要的调整,在此基础上再编制2002—2006年的五年计划。其后以此类推。

3.3.4 中日程计划

中日程计划是为了满足生产指令或生产要求,按加工工艺顺序,确定产品在各工序上的开工日期和完工日期。其目的在于按不同产品、不同零件,对不同生产阶段(车间)和不同工序,指定从零件加工到组装,直至产成品检验这一系列过程的预定生产期。同时,根据生产需要指定生产设计、工装制作、材料、零部件和外协件等生产准备作业的预定日期。中日程计划在生产中指定每种产品在各道工序上的开工日期和完工日期。假设某产品 W 由 Z,F,Y 组成,Z 由 A 和 X 组成,Y 由 D 和 E 组成,X 由 B 和 C 组成,按照生产日程安排,可以编制出该产品具体的日程计划甘特图,如图 3.13 所示。通过日程计划甘特图,可以监督作业进度的完成情况,保证生产计划的落实,实现生产能力与负荷相平衡。

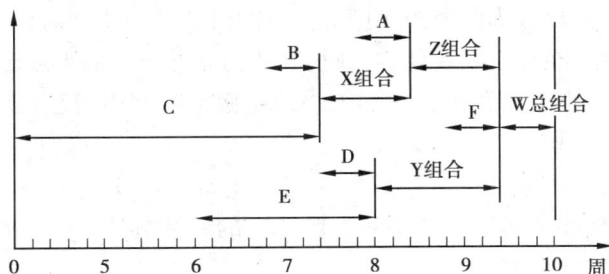

图 3.13 某种零件日程计划甘特图

订货生产方式是以满足订货要求的产品数量及交货期为前提编制的日程计划,编制时应防止在制品数量过大及产品的不合格率所带来的影响。

1)基准日程

(1)基准日程的含义

所谓基准日程,指的是一种完成产品、零部件所需要的标准生产时间。图 3.13 中各个工序双向箭头的长度就代表基础日程量。根据这个基准日程,从最终工序的完成日期起按逆时针方向推算,确定各个工序的开工期和完成期,在调整工作量之后编制工作日程计划。基准日程是编制生产日程计划时的一个重要管理指标,基准日程的构成如图 3.14 所示。

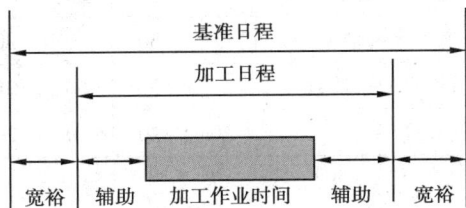

图 3.14 基准日程

从时间的角度看,基准日程的构成包括:主体作业时间,即加工作业时间;辅助作业时间,即生产加工辅助时间;宽裕作业时间(包括检验时间、搬运时间和停工等待时间等)。从

作业类型的角度看,基准日程的构成包括:

$$加工作业时间=准备时间+数量×单件工作时间$$

检验时间:如检验时间较短,可以包含在加工时间内;若检验时间较长,则要专门规定检验时间。

搬运时间:通常已经包含在加工时间内。尤其是在加工过程中依靠专职搬运工搬运时,没有必要规定搬运时间。不过,如果是批量搬运到另一个相隔一定距离的车间中去,需要花费较长搬运时间的话,则应该表示出搬运时间。

停工等待时间:停工等待包括工序等待和批量等待。所谓工序等待,指的是整个批量在等待着下道工序加工、检验和搬运等情况时出现的停工等待状态。通常它是由订货的变更、机械故障、工作人员缺勤以及出现不合格品等现象引起的工作量暂时不均衡,上下道工序的批量数与工作时间不一致,工序之间配合不协调等因素造成的。通常,在基准日程中这种工序等待时间最长,因此缩短工序等待时间就是缩短生产时间。所谓批量等待,指的是在批量生产过程中,在加工某单件物品时,其他物品处于未加工或已经加工状态的一种停工等待。批量等待原则上已经包含在加工、检验、搬运时间内,没有必要再提出批量等待时间。

(2)基准日程的计算方法

①调查法。调查法即是通过调查实际生产情况的计算方法,具体分为流水线生产和非流水线生产两种情况。

基于过去的实际生产情况的计算方法:这种方法是通过调查过去填写在施工单或工作日程计划表上的各工序投产日期、完工日期和工作时间等,排出日程并做系统的整理,据此算出基准日程。该方法适宜于计算每天以非流水线形式、间断地生产的基准日程。

基于调查生产累计数进行计算的方法:这种方法是计算每天在同一个工序上以流水线形式生产的基准日程。根据过去的实际生产情况,编制成表3.13所示的生产累计数调查表,然后再进行计算。

表3.13 生产累计数调查表

项　目	月　份					
	1	2	3	4	5	总　计
接受上道工序转送来的数量	30	20	30	40	30	150
接受上道工序转送来的累计数		50	80	120	150	
完成后转送到下道工序的数量	0	30	30	40	20	120
完成后转送到下道工序的累计数		30	60	100	120	
累计余额数量	30	20	20	20	30	120

即某一生产工序的平均停工等待天数按以下公式计算:

生产工序的平均停工等待天数＝该生产工序某一时期中的累计余额/该生产工序某一时期中完成后转送到下道工序的数量累计$=\dfrac{120}{120}=1$ 天

尽管希望根据过去的生产情况来计算基准日程,但出于资料、人手和时间等原因,其结果往往不能完全反映生产的实际情况。

②应注意事项。必须分别按各种工作(生产工序)进行计算。即大多数情况下的停工等待时间是因冲压、车床、钻床、精加工等工作(生产工序)的种类不同而异,必须分别按各种工作进行计算。要求做到以积极的态度尽量缩短停工等待时间。鉴于动辄就出现许多停工等待时间的倾向,因此必须研究尽量缩短停工等待时间的办法。

③工作日程基准数。确定基准日程,由此编制工作日程计划。为便于编制工作日程计划,可以配备采用工作日程基准数的基准日程表。工作日程基准数,指的是一种从交货日起按逆时方向推算出在某日前可以开始生产的基准天数。即规定以完成日期为零基准点的逆方向推算天数,确定出该产品或者零部件的开工时间,保证客户的交货期。工作日程基准数的单位跟基准日程的单位相同,通常是以一天为一个基准数,但是也有根据不同的车间,规定1/4天、1/2天、2天、5天等为一个基准数的,故最好采用适合车间实际的单位。

④实际使用基准日程时的注意事项。基准日程对编制工作日程计划是极其有效的。但若不做具体分析地去使用,其结果将会造成工作量不均衡、作业率降低,并且不能灵活地满足向用户供货的要求。特别是客户订货情况变动剧烈,在既要满足用户要求又要提高本企业工作效率的多品种少量生产形式的工厂中,千篇一律地使用基准日程反而会带来弊病。

⑤基准日程与生产时间组织。对某种产品或零部件制订了与各种生产工序相应的基准日程之后,在确定连接各个生产工序的总基准日程时,应根据物品的流水作业方法,即工作方式来确定总基准日程的日期长短。作为多品种小批量生产形式的工作方式,可以采用顺序移动工作方式与平行移动工作方式两种。

A.顺序移动工作方式。这是一种某个生产工序的生产批量数全部完成之后,一并转运到下道生产工序的方式。

B.平行移动工作方式。这是一种在某个生产工序的生产批量数没有完成之前,将批量拆开,陆续传送到下道工序的方式。流水作业方式相当于这种工作方式。

综上所述,对两种工作方式进行比较后发现,平行移动工作方式的基准日程,即生产期较短。通常,每个单件加工时间较短。这时,平行移动工作方式的生产期只是顺序移动工作方式生产期的几分之一。因此,为了实现缩短生产期限和减少在制品库存量,必须尽最大努力去采用流水作业型的平行移动工作方式。

2)中日程计划的编制方法

(1)多品种批量生产形式的日程计划

批量生产主要通过市场预测下达生产任务。下面将分别阐述按照装配工艺和零部件加工工艺,设计多品种批量生产形式的日程计划和调度体制的方法。

①装配工作日程计划和调度方法。月度(下个月)的装配工作日程计划是由生产工序管理部门将月度(下个月)生产量计划按日程编排后编制而成的(编制装配工作日程计划表)。编排日程时的优先顺序,是在考虑产品库存状况、营业中获得的最新销售情报(关于今后销售的产品、滞销产品等)、营业中发现对生产的依附性、改变工序的难易程度等因素之后再做

出决定的。关于工作量计划,最好是在计算工作量之后再与生产能力进行比较。若手续烦琐,即使不进行比较,而只规定出各种产品的单位时间(每天)标准生产量,并在编制工作日程计划之际,同时制订工作量计划,也是能够核实能否进行生产的。编制出的月度装配工作日程计划,由于后来受到各种变动因素的影响而被打乱,为了实现以旬或周的形式周期地修订计划,则必须编制旬或周的装配工作日程计划。关于调度作业指示,要求做到将这种装配工作日程计划表下达给现场监督人员,现场监督人员根据这种计划表去执行。不过,随着后来每天订货的变更等变动因素的出现,会引起日程和数量的变化,因此必须由生产工序管理部门做出决定,随时跟现场监督人员取得联系,下达指示。

②零部件加工日程计划和调度方法。关于超前时间较长的零部件,应根据6个月、3个月的生产计划分解到零部件阶段,考虑零部件库存状况以及改变工序的难易程度等后,编制月度零部件加工日程计划。而对超前时间较短的零部件,将下个月的装配日程计划分解到零部件阶段,以基准日程为准,进行工作量调整,编制月度零部件加工日程计划表。在现实生产活动中,多数月度零部件日程计划由于受到各种变动因素的影响而被打乱,因此要跟装配日程计划一样,以修订月度工作日程计划的形式,编制旬或周的零部件加工日程计划。关于工作量计划,要求做到重点计算关键性生产工序的工作量,在比较和研究生产能力后,制订对策措施。

关于调度方法,一种是将生产工序管理部门编制出来的周或旬的零部件加工日程计划交给现场监督人员,现场监督人员根据这些计划表,对作业人员下达指示;另一种是生产工序管理部门根据各个品种和生产工艺发放施工单,交给现场监督人员,现场监督人员对工作人员下达指示。在变动较少的工厂中,宜采用第一种方法。在变动剧烈的工厂中,鉴于周或旬的计划经常发生变化,因此宜采用后面的方法,即生产工序管理部门发放1~3天工作量的施工单,委托现场监督人员安排生产,或者是写在现场的工作日程管理牌上。关于零部件库存,也要同产品库存一样处理,必须以尽量不保持库存作为努力的方向,编制一个能够适应装配工序的工作日程计划,采取小批量生产。在不适宜采取同等比例生产的条件下,要求做到批量比例生产,即把过去每个月集中一次的生产,划分成几批进行生产。这样既可减少库存,又能缩短生产时间。

(2)多品种小批量订货生产形式的工作日程计划

①装配工作日程计划和调度方法。根据月度(下个月)接受订货的计划,编制月度(下个月)的装配工作日程计划表。要求编制出接受订货计划表中所规定的交货期的前一天。对于某一个要求每天交货的品种,必须避免将这类品种集中进行生产,应尽最大的努力做到每天生产相同数量,即进行同等比例生产,或者进行相应于交货量的批量比例生产。

编制出一种尽量使每天工作量安排得均衡的工作日程。对此,应确定各种产品的单位时间(每天)的标准生产量,同时确定工作量计划以及编制工作日程计划。鉴于这种生产形式的订货变动剧烈,虽然编制了月度工作日程计划,但是在使用过程中也经常会发生混乱。因此,为了实现以旬或周的形式周期地修订计划,必须编制旬或周的装配工作日程计划。另外,根据接受订货单位的实际情况,有时会每旬周期性地送来交货指导书,这时也会出现只编制旬作业日程计划的情况。在现实生产过程中,出于发生突然性补充订货以及交货期变更等原因,也会出现不能如期交货的情况。因此,对用户订购的交货期要求特别严格,交货误期会造成用户流水线停产的产品,为了适应变动,不得不把缓冲库存量保持到最低极限。

②零部件加工日程计划和调度。超前时间较长的零部件,应根据把6个月、3个月的生产计划分解到零部件阶段的原则,考虑零部件库存状况以及改变工序的难易程度,编制月度零部件加工日程计划表。对于超前时间较短的零部件,应将下个月的装配日程计划分解到零部件阶段,并根据标准生产批量和基准日程,编制月度零部件加工日程计划表。工作量计划特别要求计算关键性生产工序的工作量,在比较和研究生产能力后制订对策措施。生产过程中因后订单变动因素的影响,月度零部件加工日程计划往往被打乱。因此以修订月度日程计划的形式,编制旬或周的零部件加工日程计划。特别对于直接提供给装配生产工序的超前时间和准备时间较短的零部件,应根据旬或周的装配日程计划使生产批量尽量做到相等之后,再编制零部件加工日程计划,尽最大努力去实现同步化生产。另外,关于超前时间较长的零部件,则通过缩短准备时间、缩小生产批量,来实现缩短超前时间,努力做到从装配日程计划开始,就根据基准日程编制零部件加工日程计划。

调度方法是由生产工序管理部门每天发放施工单,按工作的先后顺序交给现场监督人员,要求现场监督人员做到一边调整工作量,一边通过调度牌对各工作人员和各种机械进行调度。在这种情况下,交给现场监督人员的施工单规定了1～3天的工作量,但是对工作人员只下达当天预定的生产任务。此外,每天举行短时间的生产会议,召集有关人员核实生产进度状况、零部件交货状况以及工作量等,确认和决定明天预定的生产任务。在这种生产形式的工厂中,这是一种有效的方法。

【知识链接】

生产日程计划表

表3.14　生产日程计划表

_____年_____月　修订:第_____次　_____年_____月至_____年_____月　共_____页第_____页

No.	品名	批号	批量	计划量	未完成量	交期	日　期									
							1	2	3	4	…	26	27	28	29	30

审核_____　编制_____

编制日期:_____年_____月_____日

3.3.5　小日程计划与排序

在现实生活中,人们经常会遇到排队等待的情况。当你去银行柜台存钱、取钱的时候,或许你需要排队等上一阵子,如果你细心的话,你会发现,在休息日去银行存钱、取钱的顾客很多,营业窗口前排着几条长长的队伍,而银行的其他窗口会挂着"暂停"的牌子。当你去超市购物时,你会发现,有时候每个收银台后面都会排着一条长长的队伍。这种排队等待的现象处处都有,如医院、理发店、火车站等。如果你在工厂工作或有机会去工厂参观的话,或许你会发现车间里有些工段积压了大量的工作,许多在制品在该工段需要等待加工,而其他一些工段则常常处于闲置状态。以上这些现象可以归结到作业排序问题。有效的作业排序计划,可以缩短客户排队等待的时间,缩短交货提前期,降低在制品库存,加速库存周转,更重要的是能够提高客户满意度,从而吸引和保留更多的客户,获取更多的利润。对作业排序的优化,是企业生产计划有效实施的保障。

1)作业排序的概念

作业排序是指为每台设备、每位员工具体确定每天的工作任务和工作顺序的过程。也就是说,作业排序要解决不同工件在同一设备上的加工顺序问题,不同工件在整个生产过程中的加工顺序问题,以及设备和员工等资源的分配问题。作业排序与作业计划是有区别的。一般来说,作业排序只是确定工件在机器设备上的加工顺序,而作业计划则不仅要确定工件的加工顺序,还要确定机器设备加工每个工件的开始时间和完成时间。因此,在实际生产中,指导工人的生产活动的是作业计划。但由于作业计划的主要问题在于确定工件在各工作地的加工顺序,一般情况下,作业计划都是以最早可能开工时间和完工时间来编制的,因此,一旦工件的作业排序确定之后,作业计划自然也就确定了。所以,在大多数生产与运营管理教科书中,一般对"排序"和"作业计划"是不加以严格区分的。

作业排序需要解决"设备"与"工作"之间的关系,归纳起来,也就是"服务者"与"服务对象"之间的关系。作业排序对于提高整个加工过程或服务过程的效率,缩短工件或客户的等待时间是至关重要的。不同的作业排序,结果可能差别很大。

生产排程的效益和作用有以下4点。

①经由排程可以明确取得各待产料品的用料数量和需求日期,采购部门可以轻松且更经济(可汇集各待产料品的需求量,以大批量来压低采购价格)地安排采购事宜。

②经由排程可以明确取得各待产料品、各制程的开工时间,如需委外产制,将有充裕的时间接洽安排委外产制事宜。

③排程之后可执行生产计划排程和分析产能利用率,了解产能的供需状况,先期发觉产能瓶颈并筹谋对策;另可提供业务接单时交期和价格的明确参考,使公司获得最大收益。

④排程之后可参考生产计划排程,分析甘特图(制程)、甘特图(制站)的数据,预先妥善安排人力需求。

2）作业排序的优先规则

（1）作业排序规则

在生产过程中常常可能会出现两种情况：工件等待和机器空闲。工件的某道工序完成后，下道工序的机器正在加工其他工件，这时要等待一段时间才能开始加工，这种情形称为工件等待。机器已完成对某个工件的加工，下一个加工工件还未到，这种情形称为机器空闲。

良好的排序就是要使工件等待和机器空闲最小化，最常见的排序规则如下。

①先到先服务。先到先服务（First Come First Served, FCFS），即加工的下一项作业是所有等待加工的订单中最早承接的。这一排序规则显得比较公平，所以是一个常见的排序规则。

②最短加工时间。最短加工时间（Shortest Processing Time, SPT），即加工的下一项作业是所有等待加工的订单中加工时间最短的作业。这一排序规则的结果是平均流程时间最短，在制品库存减少。

③最早交货日期。最早交货日期（Earliest Due Date, EDD），在这一规则下，优先选择所有等待加工的订单中工期最紧、交货时间最早的作业。

④关键率。关键率（Critical Rate, CR），可以用交货日期的时间与剩余加工所需的时间来表示。其中，关键率＝（交货期－当前期）/余下的加工时间。

CR>1.0，意味着作业进度较计划提前。

CR<1.0，意味着作业进度晚于计划。

CR＝1.0，意味着作业进度与计划同步。

在这一规则下，加工的下一项作业是在所有等待加工的作业中关键率最低的作业，即优先选择临界化（关键率）最小的工件。

（2）评估排序规则的准则

实际中的排序规则很多，常见的准则有：平均流程时间最短；系统中的平均任务数波动最小；平均延迟时间最小；调整成本最低。

3）作业排序的操作方法

我们以制造业中的作业排序问题为例，许多项工件要在一个或几个工作地进行加工，每一个工作地都安置有不同的机器设备和工人，每个工件的加工路线都一致。一般来说，对于作业排序问题，工件在不同机器上的加工顺序不一定完全一致，但本节只讨论所有工件在各个工作地的加工顺序都相同的情况。为了便于说明，我们将 n 种工件在 m 台设备上加工的排序问题表示为 n/m。

（1）$n/1$ 排序问题

$n/1$ 排序问题即指 n 种工件在单台设备上加工的排序问题。这是一种简单的排序问题。一般来说，排序问题的难度随着工作地（或机器设备）的数量的增加而增大，而并非随着需加工的工件种类数的增加而增大。

前文已提出了几种排序的优先规则，例如 FCFS, SPT, EDD, CR 等，我们通过以下算例分析比较各种优先规则。首先给出作业排序的 4 个绩效评价指标。

①工件流程时间。工件流程时间是指工件在整个加工过程中所花费的时间长度,即指从工件到达第一个工作地到完工为止的时间,不仅包括在各工作地的实际加工时间,还包括工件在各个工作地之间的运送时间、等待加工的排队时间,以及由机器设备出故障和意外事故等原因引起的延期。总流程时间是指各工件的流程时间之和。平均流程时间则是指每个工件的平均流程时间。

②工件延期交货天数。工件延期交货天数是指工件实际完工日期超出预期的工件完工日期或顾客要求的交付日期的天数。

③时间跨度。时间跨度是指完成一组工件所需的全部时间,是从第一个工件在第一台设备上开始加工到最后一个工件在最后一台设备上加工结束为止的时间长度。

④平均工件库存数。平均工件库存数被认为是在制品存货的工件数,反映在制品库存情况。

下面我们通过不同的排序规则的排序情况来进行比较。

【例3.6】 某公司陆续接到 6 个用户提出的交货要求,订货批量为 100 件,见表 3.15。

表 3.15 某公司产品的作业时间及预定交货时间

任 务	作业时间/天	交货时间/天
A	3	7
B	8	15
C	4	4
D	9	16
E	5	15
F	12	18

现在,面临着如何安排这 6 项不同任务的先后生产顺序的决策问题。采用了 FCFS,SPT,EDD 和 CR 4 种规则,对该排序问题分别进行了研究,旨在找出最佳的排序方案。

方案 1:遵循 FCFS 规则排序。FCFS 的排序是按照任务的先后顺序来确定的,见表3.16。根据 FCFS 规则,选择 A-B-C-D-E-F 的作业顺序。

表 3.16 FCFS 规则的排序结果

生产顺序	作业时间/天	流程时间/天	交货时间/天	延期交货时间/天
A	3	3	7	0
B	8	11	15	0
C	4	15	4	11
D	9	24	16	8
E	5	29	15	14
F	12	41	18	23
合计	41	123	75	56

总流程时间 = 123(天)

$$平均流程时间 = \frac{总流程时间}{任务数} = \frac{123}{6} = 20.5(天)$$

这意味着每项任务闲置的平均时间为 20.5 天。

$$平均延期交货天数 = \frac{延期交货总天数}{任务数} = \frac{56}{6} = 9.3(天)$$

时间跨度 = 41(天)

$$平均在制品库存数 = \frac{总流程时间}{时间跨度} \times 批量 = \frac{123}{41} \times 100 = 300(台)$$

方案 2：采用 SPT 规则。SPT 规则为优先选择加工时间最短的型号，见表 3.17。根据 SPT 规则，这 6 项任务的产品在作业工序的顺序为 A-C-E-B-D-F。

表 3.17　SPT 规则的排序结果

生产顺序	作业时间/天	流程时间/天	交货时间/天	延期交货时间/天
A	3	3	7	0
C	4	7	4	3
E	5	12	15	0
B	8	20	15	5
D	9	29	16	13
F	12	41	18	23
合计	41	112	75	44

总流程时间 = 112(天)

$$平均流程时间 = \frac{112}{6} = 18.7(天)$$

这意味着每项任务闲置的平均时间为 18.7 天。

$$平均延期交货天数 = \frac{44}{6} = 7.3(天)$$

时间跨度 = 41(天)

$$平均在制品库存数 = \frac{112 \times 100}{41} = 273(台)$$

方案 3：采用 EDD 规则。EDD 规则将最早预定交货期限作为优先选择标准，见表 3.18。根据 EDD 规则，这 6 项任务的产品在作业工序的顺序为 C-A-E-B-D-F 或 C-A-B-E-D-F。在这里，在采用 EDD 规则的前提下，再采用 SPT 规则，因此，选择 C-A-E-B-D-F 的作业顺序。

表 3.18　EDD 规则的排序结果

生产顺序	作业时间/天	流程时间/天	交货时间/天	延期交货时间/天
C	4	4	4	0
A	3	7	7	0

续表

生产顺序	作业时间/天	流程时间/天	交货时间/天	延期交货时间/天
E	5	12	15	0
B	8	20	15	5
D	9	29	16	13
F	12	41	18	23
合计	41	113	75	41

总流程时间=113(天)

平均流程时间=$\frac{113}{6}$=18.8(天)

这意味着每项任务闲置的平均时间为18.8天。

平均延期交货天数=$\frac{41}{6}$=6.8(天)

时间跨度=41(天)

平均在制品库存数=$\frac{113 \times 100}{41}$=276(台)

方案4:采用CR规则,见表3.19。关键率=(交货时间−当前日期)/作业时间,根据CR规则,这6项任务的产品在作业工序的顺序为C-F-D-B-A-E。

表3.19 CR规则的排序结果

生产顺序	CR	作业时间/天	流程时间/天	交货时间/天	延期交货时间/天
C	1.0	4	4	4	0
F	1.5	12	16	18	0
D	1.8	9	25	16	9
B	1.9	8	33	15	18
A	2.3	3	36	7	29
E	3.0	5	41	15	26
合计		41	155	75	82

总流程时间=155(天)

平均流程时间=$\frac{155}{6}$=25.8(天)

这意味着每项任务闲置的平均时间为25.8天。

平均延期交货天数=$\frac{82}{6}$=13.7(天)

时间跨度=41(天)

$$平均在制品库存数 = \frac{155 \times 100}{41} = 378(台)$$

表 3.20　4 种规则的排序结果比较

规　　则	平均流程时间/天	平均延期交货时间/天	平均在制品库存数
FCFS	20.5	9.3	300
SPT	18.7	7.3	273
EDD	18.8	6.8	276
CR	25.8	13.7	378

通过表 3.20 的比较,根据公司客户第一的宗旨,为了尽量及时满足客户的需要,选择了 C-A-E-B-D-F 的检验顺序。

从以上例子可知,FCFS 和 CR 两种规则的效率较低,既导致较高的平均流程时间,又造成较多的在制品库存。一般而言,SPT 和 EDD 是两种较优的排序规则,是企业排序时常用的优先规则。SPT 规则可使工件的平均流程时间最短,从而减少在制品的库存数量,减少企业的资金占用,降低成本。EDD 规则可使工件延期交付时间最小,能够获得较高的客户满意水平。

（2）$n/2$ 排序问题

$n/2$ 排序问题是指 n 种工件在两台机器设备（工作地）上进行加工的排序问题。假设有 n 个工件的加工要经过两台设备,并且所有工件的加工路线都相同。在这种情况下,全部完工时间是一个关键的评价标准。从上述案例中得知,在 $n/1$ 排序问题中,在各种排序优先规则下,全部完工时间都是相同的,也就是说机器设备保持连续加工的状态。但在 $n/2$ 或 n/m（$n>2$）的排序问题中,该结论不再成立。在 $n/2$ 的排序问题中,第一台设备是连续使用的,直到最后一个工件加工完成为止,而第二台设备则是根据具体情况会出现闲置状态,当在两台设备上流水加工一组工件所用的完工时间最小时,第二台设备的闲置时间也达到最小化。因此,在 $n/2$ 排序问题中,排序的目标是使全部完工时间最短。

对 $n/2$ 的排序问题,S. M. Johnson 于 1954 年提出了一个有效算法,用于解决多种工件在两台设备上加工的流水车间排序问题,这就是著名的 Johnson 算法。Johnson 算法的适用条件是:

①排序的目标函数是使全部完工时间最小。

②工件在两台设备上的加工顺序完全相同。

③所有工件同时到达第一台设备等待加工。

④每种工件在每台设备上的加工时间均已知。

两台不同设备加工多种零件,它们的工艺顺序相同。用约翰逊—贝尔曼方法求解排序,可使总加工时间最短。安排加工顺序的步骤如下。

第一,找出表中工序工时定额最小值所对应的零件（若两个最小值相等,任取一个）。

第二,工时定额最小值凡属前道工序的排在最前加工,属后道工序的则排在最后加工。

第三,将已安排加工顺序的零件剔除,再依次排序,直到排出全部零件的加工顺序。

【例 3.7】　现假设有 5 种零件均要经过先冲后铣两道工序,这些零件的工时定额见表 3.21。如何安排零件加工顺序才能使所需的加工时间最短?

表 3.21　某 5 种零件加工工序及加工时间表

零　件	铣床加工/天	冲床加工/天
A	4	5
B	4	1
C	10	4
D	6	10
E	2	3

　　这些零件加工可以按照任意的顺序进行排列，但是铣床加工工序必须放在第一步。这个与流程车间的情形很相似，每个工作都必须按照先铣床加工再冲床加工的顺序进行。

　　假设这些工作按照编号规则进行排序，则顺序应该是 A-B-C-D-E。这可以用一个简单的甘特图来表示每项工作在每台机器上的安排，图的横轴代表时间，如图 3.15 所示。例如，图 3.15 说明零件 A 在铣床加工工序上花费 4 天的时间，4 天以后零件 B 开始铣床加工工序工作，以此类推。我们对已经完成排序的工作绘制甘特图，当第一道工序完成以后马上进行第二道工序，假设在此过程中没有其他的工序。在第一道工序时每项工作都紧密衔接。因为处理时间的不同，第二道冲床工序中各项工作之间存在闲置的等待时间。总完工时间是 37 天，各项工作的流程时间，如表 3.22 所示。

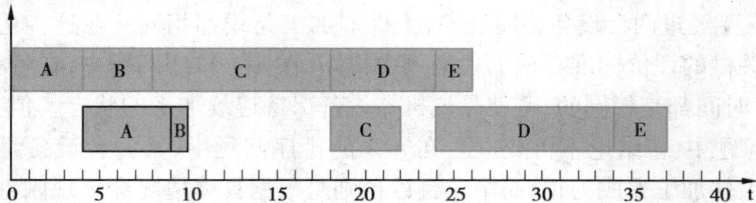

图 3.15　某 5 种零件加工顺序为 A-B-C-D-E 的甘特图

表 3.22　某 5 种零件加工流程时间表

零　件	A	B	C	D	E
流程时间/天	9	10	22	34	37

　　应用 Johnson 规则，在图 3.15 中，我们可找到零件 B 在第 2 道工序冲床工序的最短处理时间，所以需要 1 天处理时间的零件 B 被安排在最后，并剔除零件 B。

　　接下来我们找到次短处理时间，即零件 E 在第 1 道工序铣床加工上花费 2 天时间。所以把零件 E 排在第一位，并剔除零件 E。

　　在下面的步骤中，零件 A 在第 1 道工序铣床加工上花费 4 天时间处理。当出现平局（此处指相同的处理时间）时，任何工作都可以选择。如果我们选择零件 A，所以把零件 A 排在余下的第一位，并剔除零件 A。

　　继续应用 Johnson 规则，完成最后两步得到完整的排序为：E-A-D-C-B。这可以用一个简单的甘特图来表示每项工作在每台机器上的安排，图的横轴代表时间，如图 3.16 所示。

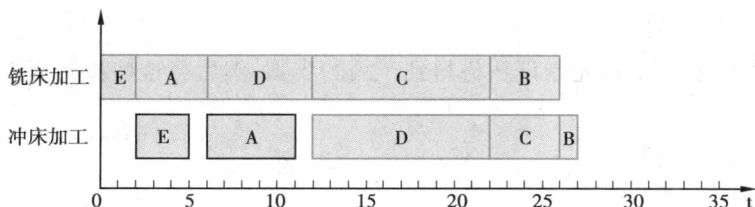

图 3.16 某 5 种零件加工顺序为 E-A-D-C-B 的甘特图

（3）$n/m(m\geqslant3)$ 排序问题

对于 3 台机器的流水车间排序问题，只有几种特殊类型的问题找到了有效算法。而对于一般的流水车间排序问题（$n/m/P/F\cdots$ 问题），用分支定界法可以得到最优解。但对于实际生产中规模较大的问题，计算量特别大，是无效算法。如果考虑经济性，寻求最优解的代价超过了最优解带来的好处，也是不值得的。为此，人们提出了各种启发式算法，如 Palmer 算法和关键零件法。这些启发式算法因计算过程复杂，一般情况下采用计算机分析处理。

3.3.6 途程计划

1）途程计划的含义

途程计划是依据产品设计图及施工说明而决定的加工作业顺序。由于一般产品的设计图只标示产品的最终尺寸、公差、形状及使用材料等信息，并没有说明加工的方法、使用的机器及加工的步骤等，另外，对同一产品设计图，不同的操作人员可能会有不同的加工方法及途径，因此，必须事先制订出最经济有效的加工方法及顺序，以供所有操作人员遵循。途程计划是规划自原料开始至加工及至产品完成期间，所经过的最经济有效的加工途径，使成本最低（消耗材料及加工成本）、效率最高、质量最适当的一项计划。对一项新产品，途程规划人员或技术人员必须规划出此产品的途程计划，此计划可作为生产排程的依据。

途程计划将作业方法、作业条件以及作业动作等具体明确地加以规范，可让任何人看了都明白作业如何进行。因为无论何种生产形态，产品都具有反复性，能拟订一个适当、经济的途程计划，只要没有变更设计、作业方法，便一直是计划、作业等活动的准则、依据。不管是何种生产形态，实际作业中，作业步骤是主要条件，生产活动是否有效率，与途程计划有很大的关系。总而言之，途程计划须达到以下目的。

①缩短产品生产周期（单位产品投入、产出时间）。

②使产品流程最适当，以降低成本。

③可以节省原料及半成品的搬运工作，提高生产效率。

④加工程序有条不紊，提高人员与设备使用的效率。

⑤可使作业进度与方法标准化。

⑥作为日程计划、工作分配、进度控制的依据。

2）途程计划的制订方法

途程计划要求选择最经济有效的途径，使原料自开始加工直到产品完成期间，所经工作路线最短，消耗最少，效率最高。途程计划的范围，除了作业途径外，还包括人员和机器设备的使用。因此必须包括以下项目。

①作业工序的步骤。首先制订从材料到产品的步骤,然后将这些步骤归纳为"工序计划图"等形式。

②各工序的作业内容。

③标准批量数。

④各工序所需的工具。

⑤各工序所需的机械设备、各技能等级的人数。

⑥机械的开工条件:旋转数、移动间距、温湿度、清洁度及其他。

⑦各工序的标准时间:确定 1 个单位的标准时间后,算出标准批量的标准时间。

⑧所需材料的规格、尺寸等。

⑨筹备天数:与基准日程相关联。

3)途程计划的影响因素

(1)企业生产类型、途程计划随企业型态不同而不同

在连续生产企业,操作程序沿生产线向前推进,途程计划因此也较为简单。对于多品种小批量生产,由于时间紧迫而且员工少、设备简单,往往依赖于熟悉现场的负责人,靠口头或简图形式,凭经验执行途程计划。通常途程计划对重复生产及订货生产企业而言,其设备配置方式以制程布置(Process Layout)为宜。

(2)机器设备性能

依据工厂的惯例,企业挑选设备常为在性能相同情况下制造费用较少的一种。但设备性能往往与成本并不一致,所以要借助成本分析,考虑制造数量以决定使用何种设备最为适当。

(3)现有设备的能力

在途程计划中,若干制造费用较低的设备,往往因为负荷达到饱和点,无法再承受其他工作,或因机件损坏无法继续工作,所以设备能力的考虑也很重要,有时可采用外包的形式,额外增加生产力。

(4)员工的安排

在途程计划中,高度精细的工作,应当指派富有经验的工作人员担任,简单工作可分配给经验少的工作人员。

(5)工作标准化

决定合理工作顺序,力求作业简化,以期能降低成本。有效利用工具或采用适当加工方式,使加工方法机械化。

4)途程计划的制订程序

途程计划设计程序,实际上即施工程序的意思。当工厂接受订单后,汇集各种有关资料,拟订产品施工程序,即拟订制造途径。首先,应依产品数量,决定所需原料及零件的种类与数量,选择加工方法,拟订工作途程。其次,决定所需工具、机器设备等,同时对机器设备能力应加以分析。此后即可规定各段制造工作应施工的操作步骤及其所需完成时间(包括

机器设置时间、加工时间、物料搬运时间),决定员工选择,将作业进行详细分析,使员工与机器设备充分配合,并据此拟订产品或零件途程表,连同必需的工作蓝图及其他资料,送交有关部门,作为制订途程计划的依据。

途程计划表按详尽程度分为两种。

(1)主要途程计划

主要途程计划以拟订较粗的途程计划为目的,其主要作业如下。

①材料零件种类与数量的决定。

②零件自制或外购的决定。

③总的制造流程决定后,完成其装配的程序。

(2)详细的途程计划

详细的途程计划是对制造和作业途径的详细设计,应决定以下各项内容。

①作业方法包括加工、场所、批量以及所需时间等。

②机器设备包括机械设备以及检查工具等。

③工作人员包括职别、人员及其他。

④材料说明尺寸、规格及其他。

⑤成本资料包括成本工时、废品率及间接材料与人工等。

【知识链接】

表 3.23　某零件途程计划表

___年___月　　　　　　修订:第___次　　　　　　共___页第___页

简　图			工　号	产　品	区　分
			CP-16		外盖
			图　号	名　称	一台人数
			FA-188		2 人

序　号	工　序	作业内容	机械、工具	分　值		作业人员
				准　备	主　体	
01	画线		石笔、直尺	10分	1分	A1
02	切断		切断机	10分	1分	A1　C1
03	切角	将角切下(45°)	发角机靠模	10分	5分	A1　C1
04	弯曲	曲率 R8	游标尺、弯曲机	5分	4分	A1
05	折弯	预备折弯	游标尺、弯曲机	10分	6分	A1
06						
07						
08						

缓急顺序		材　质	原料尺寸	需用数量	工程分类	工事分类
开　始	完　成					
18	15	角钢	3 m×3.5 m	2	机械	专用

审核_____　　　编制_____

编制日期:___年___月___日

3.3.7 产能负荷分析

1)生产能力

生产能力(产能)对于所有企业以及企业所有层级来说,都是一个重要的问题。生产能力是指一个作业单元满负荷生产所能处理的最大限度。这里的作业单元可以是一个工厂、部门、机器或单个工人。在计算生产能力时要把握以下内容。

(1)成批加工企业的生产能力

这种类型的企业,生产部门采用工艺专业化原则,产品的投料与产出有较长的间隔期及明显的周期性。它们的生产能力与工艺专业化原则对划分车间和班组有密切关系。

①单台设备产能。由于加工的零件不是单一品种,数量可达上百上千种,所有零件的形状大小不同,加工的工艺步骤也不同,而且加工的时间长短不一,这时不能用产出量计算,而只能采用设备能提供的有效加工时间来计算,称为机时。计算公式如下:

$$H_e = H_o \times \eta = H_o(1-\theta) = F_o - S$$

其中,H_o 为年制度工作时间;η 为设备制度工作时间计划利用率;θ 为设备计划修理停工率;S 为设备计划修理停工时间。

②班组产能。车间班组是最小生产单位,每个班组配备一定数量的加工工艺相同的设备,但它们的性能不一定相同。所以计算班组生产能力是从单台设备开始,再将这些设备的生产能力整合计算。

如果班组内全部设备的加工技术参数差异不大,则全部设备的时间之和就是班组的生产能力。如果技术参数相差很大,这时要分别统计不同参数设备的机时,着重查看某些大工件的设备加工能力能否满足生产要求。

③车间产能。由于班组的加工对象是零件,它们的能力应以机时计量,而车间的生产对象往往是产品或零部件配套数,因此,它的生产能力应该以产量计量。工时与产量之间的换算是比较简单的。

④工厂产能。工厂生产能力可以根据主要生产车间的能力来确定,能力不足的车间,可以用调整措施解决。

(2)流水线企业的生产能力

①流水线的生产能力。流水线的生产能力取决于每道工序设备的生产能力,所以从单台设备开始计算。计算公式如下:

$$M_{单} = \frac{H_e}{t_i}$$

式中,$M_{单}$ 为单台设备生产能力;H_e 为单台设备计划期(年)有效工作时间(小时);t_i 为单件产品在该设备上加工的时间定额(小时/件)。

当工序由一台设备承担时,单台设备的生产能力即为该工序的能力。当工序由 N 台设备承担时,工序生产能力为 $M_{单} \times N$。

②确定车间的生产能力。如果是制造车间,它既有零件加工流水线,又有部件装配流水线,这时它的生产能力应由装配流水线的能力决定。即使有个别的零件加工能力低于装配流水线能力,也应按照这个原则确定。如果是零件加工车间,每个零件有一条专用生产线,

而所有零件又都是为本企业的产品配套,那么该车间的生产能力应取决于生产能力最小的那条生产线的能力。

③确定企业的生产能力。由于各车间之间加工对象和加工工艺差别较大,选用的设备性能差别很大,生产能力不一致,因此,基本生产车间的生产能力通常按主导生产环节来确定。而当基本生产车间和辅助生产部门的生产能力不一致时,企业应由基本生产车间的生产能力决定。

计算生产能力是做好生产能力规划工作所必需的步骤,也是企业必须重视的问题。通过计算企业的生产能力,不仅可以认识自己的实际能力,做到心中有数,还可以发现生产过程中的瓶颈部分和过剩环节,为科学合理地规划生产能力提供基础资料。

2)负荷计划

负荷计划又称为工时计划(以工时作为负荷与能力的测定基准),在生产计划里只是基本的机能。此计划为追求工作量(负荷)与能力(人、机)的平衡而拟订。为使生产计划尤其是日程计划切实可行,有一可靠的负荷计划是必不可少的。

(1)负荷计划的目的和标准

①负荷计划的目的。通过对日程计划中产品进行负荷计划,可以做到负荷、能力的实态把握,掌握完成日程计划中负荷和能力的实际情况;可以确保生产量与交期的对策与警报,是完成日程计划的基础;负荷计划维持生产的适当作业率,保证标准化作业和设备管理,是提升管理能力的重要保证。

②负荷计划标准。基准负荷是指每个产品别、工序别的平均工时(基准负荷工时)。基准能力是指对人员与机械所具有的生产能力基准值的设定及测定。

(2)负荷计划的实施步骤

①对日程计划产品分析,根据途程计划将日程计划中产品的生产数量依产品别、制程别计算出负荷。

②在①的基础上,将负荷依机械(人员)别、制程别做合计。

③进行负荷、能力的比较与分析。

④对负荷、能力进行调整,使之一致。

(3)负荷计划的要点

①负荷与能力必须取得平衡。调整负荷使之不集中于某一时段/工序。

②追求作业率的提高。工作量的分配不至于发生人或机械有等待的情形,尤其是重要的工序。

③使日程别(间)的负荷变动小。在实际作业中,每日的负荷都会发生变动,为因应日程计划,须考虑可能出现的负荷量的误差。

【例3.8】 企业生产A,B,C 3 种类型的产品,某月初收到客户下单,经相关部门评估后确认接受,订单具体情况见表3.24。

表3.24 订单明细表

产　品	A	B	C
数　量	300	500	200
交　期	30 天		

该 A,B,C 3 种类型产品的制程、使用机械和标准工时见表 3.25。

表 3.25　制程、使用机械和标准工时表

产品	制程	使用机械	标准工时/小时
A	①	甲	0.32
	②	乙	0.24
	③	甲	0.18
	④	丙	0.15
B	①	乙	0.34
	②	丙	0.08
	③	甲	0.25
C	①	甲	0.43
	②	丙	0.25

该企业的生产机械甲、乙、丙数量分别为 3 台、1 台、2 台,设备的利用率为 90%。该公司采用单班制,每月工作时间为 25 天,每天正常工作时间为 8 小时。

对此,产品别、机械别负荷分析见表 3.26。

表 3.26　产品别、机械别负荷分析表

产品	制程	使用机械	标准工时/小时	负荷/小时
A(300)	①	甲	0.32	0.32×300＝96
	②	乙	0.24	0.24×300＝72
	③	甲	0.18	0.18×300＝54
	④	丙	0.15	0.15×300＝45
B(500)	①	乙	0.34	0.34×500＝170
	②	丙	0.08	0.08×500＝40
	③	甲	0.25	0.25×500＝125
C(200)	①	甲	0.43	0.43×200＝86
	②	丙	0.25	0.25×200＝50

机械别、制程别负荷见表 3.27。

表 3.27　机械别、制程别负荷统计表

机械	产品	制程	负荷/小时	负荷合计/小时
甲(300)	A	①	96	361
	A	③	54	
	B	③	125	
	C	①	86	

机 械	产 品	制 程	负荷/小时	负荷合计/小时
乙(300)	A	②	72	287
	B	①	170	
	A	④	45	
丙(300)	B	②	40	90
	C	②	50	

机械甲、乙、丙产能分析为：

机械能力(单机) = 25×8×90% = 180(小时)

基准能力：

甲机械 = 3×180 = 540(小时)

乙机械 = 1×180 = 180(小时)

丙机械 = 2×180 = 360(小时)

通过分析得出,乙负荷超过乙正常能力(287 - 180 = 107 小时);为保证订货期,必须安排乙加班 107 小时。

【知识链接】

年度生产计划编制流程

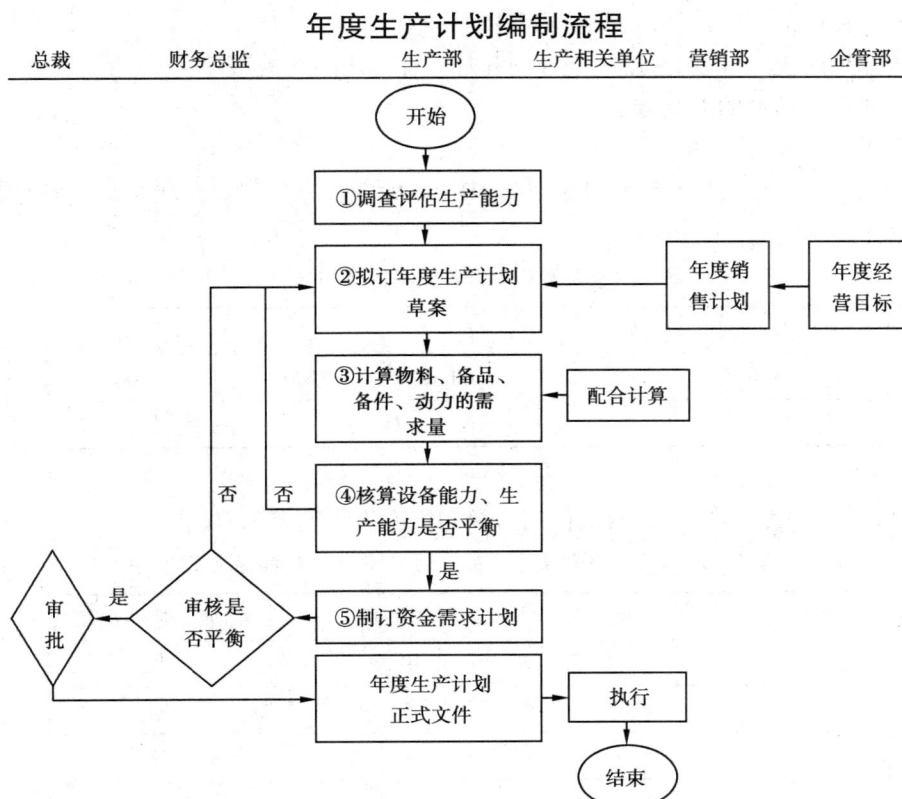

图 3.17　年度生产计划编制流程

任务4　能力训练

1. 实训题

绘制生产计划环节主要流程图并填写所需要的表单(情景设计、背景资料、表单填写),见表3.28。

表3.28　实训要求

训练内容	答案设计	认识体会
训练1:构建一套企业生产物流计划体系。		
训练2:怎样克服"插单"或"急单"对生产计划的干扰?		
训练3:如何构建生产计划使生产资源得到最大利用?		

2. 思考题

(1)什么是生产计划? 生产计划在生产活动中的地位和作用有哪些?

(2)如何认识企业生产计划体系?

(3)制订良好的生产计划需要哪些资料?

(4)简述期间生产计划、月度生产计划和日程计划之间的关系。

(5)简述生产计划的编制方法。

3. 计算题

某企业生产 A,B,C,D 4 种类型的产品,某月初收到客户下单,经相关部门评估后确认接受,订单具体情况见表3.29。

表3.29　订单具体情况

产　品	A	B	C	D
数　量	200	400	200	200
交　期	30 天			

该 A,B,C 3 种类型产品的制程、使用机械和标准工时见表3.30。

表3.30　A,B,C 3 种类型产品的制程、使用机械和标准工时

产品	制　程	使用机械	标准工时/小时
A	①	甲	0.32
	②	乙	0.24
	③	甲	0.18
	④	丙	0.15

产　品	制　　程	使用机械	标准工时/小时
B	①	乙	0.34
	②	丙	0.08
	③	甲	0.25
C	①	甲	0.43
	②	丙	0.25
B	①	乙	0.34
	②	丙	0.08
	③	乙	0.25

该企业的生产机械甲、乙、丙数量分别为 3 台、1 台、2 台,设备的利用率为 90%。该公司采用单班制,每天正常工作时间为 8 小时,每月工作时间为 25 天。

试分析甲、乙、丙设备的负荷情况。

任务 5　教学反馈与测评

1. 教学反馈表

项目名称:_____　　姓名:_____　　学号:_____　　班级:_____

(1)本项目学到哪些知识	
(2)本项目掌握哪些技能	
(3)本项目有哪些内容没有学懂	
(4)本项目最有价值的内容	
(5)对本项目教学的建议	

2. 能力测评表

项目名称:_____　　姓名:_____　　学号:_____　　班级:_____

职业核心能力	评价指标	自评结果	备　注
自我学习能力	课前收集过与本项目内容相关的资料 能够管理自己的时间 课后查找过资料,深入学习本项目感兴趣的内容	□ A　□ B　□ C □ A　□ B　□ C □ A　□ B　□ C	

续表

职业核心能力	评价指标	自评结果	备　注
与人合作能力	与人合作完成任务 知道如何尊重他人的观点 主动帮助别人	□ A　□ B　□ C □ A　□ B　□ C □ A　□ B　□ C	
与人交流能力	能与他人有效沟通 能及时反馈学习信息 能主动回答老师提问	□ A　□ B　□ C □ A　□ B　□ C □ A　□ B　□ C	
信息处理能力	能够有效使用信息资源 能归纳总结本项目的重难点 能够回答老师提出的问题	□ A　□ B　□ C □ A　□ B　□ C □ A　□ B　□ C	
解决问题能力	能提出有价值的观点 能发现并解决常规问题 能提出并实施解决问题的方案	□ A　□ B　□ C □ A　□ B　□ C □ A　□ B　□ C	
专业能力	评价指标	自评结果	备　注
认识企业 生产物流	生产物流的概念 企业生产物流的特征 生产物流的主要环节 生产物流模式的选择 生产物流管理的过程 生产物流管理的内容	□ A　□ B　□ C □ A　□ B　□ C □ A　□ B　□ C □ A　□ B　□ C □ A　□ B　□ C □ A　□ B　□ C	
生产物流管理	生产物流管理的目标 生产物流管理的构成要素 生产物流管理水平的评价	□ A　□ B　□ C □ A　□ B　□ C □ A　□ B　□ C	
生产物流 组织与控制	生产物流的组织过程 生产物流的效率控制 生产物流的成本控制 生产物流的绩效控制	□ A　□ B　□ C □ A　□ B　□ C □ A　□ B　□ C □ A　□ B　□ C	
生产物流管理 人员岗位职责	计划员岗位职责 物料员岗位职责 计划主管岗位职责	□ A　□ B　□ C □ A　□ B　□ C □ A　□ B　□ C	
学生签名			
教师评语			

（在□中打"√"，A 为通过，B 为基本通过，C 为未通过）

附录　生产物流管理典型岗位职责及能力素质要求

1. 生产计划员的职责及能力素质要求

（1）生产计划员的职责要求

①负责企业生产计划、物料计划的编制与汇总。

②负责生产任务的编制与下达。

③负责产品零件生产计划、下料计划和工作协调，确保生产顺利进行。

④负责生产所需物料的跟催工作，确保生产顺利进行。

⑤协调、督促生产车间零部件的流转及转工序工作。

⑥协调解决生产过程中出现的问题。

⑦负责各车间生产计划执行情况的检查及落实工作。

⑧负责周、月生产数据的统计、分析工作，改进生产计划。

（2）生产计划员的能力素质要求

①良好的 ERP 软件计划的制订能力。

②良好的沟通能力与团队协作能力。

③工作细心、责任心强。

④良好的执行能力。

2. 计划主管的职责及能力素质要求

（1）计划主管的职责要求

①及时了解本部门大中修、技改情况和新产品情况，并根据产品需求计划制订年度及月度生产计划。

②负责制订生产物资的需求计划。

③下达生产指令，进行跟踪和指导，根据需求计划的变更及时调整生产计划。

④受理订单，进行生产安排，并加以跟踪和指导。

⑤紧急订单的安排和调度。

⑥采购、生产、销售等环节的协调，保证生产所需物料的供应。

⑦协调各车间的生产能力，以保证均衡生产。

⑧分析、报告生产计划的执行结果，不断提高生产计划的合理性和准确性。

⑨完成生产部经理交办的其他任务。

（2）计划主管的能力素质要求

①良好的 ERP 软件计划的制订能力。

②良好的沟通能力与团队协作能力。

③工作细心、责任心强。

④良好的执行能力。

⑤良好的决策能力。

⑥良好的危机处理能力。

⑦良好的组织能力。

项目 3　测试题

项目4　企业销售物流管理

知识目标

1. 理解企业销售物流的概念、地位和作用。
2. 掌握销售物流的基本要素和流程。
3. 理解销售订单处理的基本内容。
4. 理解企业销售物流服务的重要性及评价要素。
5. 理解销售物流服务的目标、内容与原则。
6. 基本理解客户服务水平的选择要领。
7. 掌握企业销售物流中的运输方式、承运人选择方法和运输策略。
8. 理解企业进行产品配送的模式选择和作业流程。

能力目标

1. 能根据客户订单和市场预测模型,进行需求预测。
2. 能进行销售渠道的设计和选择。
3. 会制订配送计划。
4. 会制订分销需求计划。
5. 能准确填写相关的窗体。

素质目标

1. 养成客户至上的职业素质。
2. 树立市场意识和成本效率意识。
3. 提升诚信经营职业道德品质。

【案例导入】

某药品和杂货零售商的销售物流战略

某药品和杂货零售商成功实现其并购计划之后销售额急剧上升,需要扩大分拨系统以满足需要。一种设计是利用6个仓库供应全美1 000家分店。公司以往的物流战略是全部使用自有的仓库和车辆为各分店提供高水平的服务,因而此次公司计划700万美元新建一个仓库,用来缓和仓储不足的问题。新仓库主要供应匹兹堡附近的市场,通过配置最先进的搬运、存储设备和进行流程控制降低成本。

管理层已经同意了这一战略,且已经开始寻找修建新仓库的地点。此时,公司又进行了一项网络设计研究,结果表明新仓库并没有完全解决仓储能力不足的问题。

经过详细调研及物流成本的预算,该公司提出混合战略。所谓混合战略,即除使用自建仓库外,部分地利用营业型仓库,这样做的总成本比全部使用自建仓库的总成本要低。于是企业将部分产品转移至营业型仓库,然后安装新设备,腾出足够的自有空间以满足可预见的需求。新设备的成本为 20 万美元。这样,企业成功地通过混合战略避免了单一仓储模式下可能导致的 700 万美元的巨额投资。

任务 1　认识企业销售物流

销售物流(Distribution Logistics)是指企业在出售商品过程中所发生的物流活动。销售物流是企业在销售过程中,将产品的所有权转给用户的物流活动,是产品从生产地到用户的时间和空间的转移,是以实现企业的销售利润为目的的。销售物流是包装、运输、储存等诸环节的统一。销售物流是企业物流与社会物流的又一个衔接点。它与企业销售系统相互配合,共同完成产成品的销售任务。销售物流活动在本质上是对企业产品销售工作的支持活动,是保证企业实现经济效益而进行的物流活动,通过实现产品的时间效用和空间效用促使产品的货币价值得以体现。销售物流的开展离不开企业的销售工作和销售渠道。

4.1.1　企业的销售工作

1)销售工作的性质

销售工作是企业为满足市场需要,实现自身经营目标而开展的商务活动过程。其工作性质是企业生产过程在流通过程中的延续。销售工作是以顾客作为企业再生产过程的起点,又以顾客作为再生产过程的终点,即以顾客的需求为导向,按顾客的实际需要开发和生产适销对路的产品,并有的放矢地推销到市场,通过销售而满足顾客需要。销售工作是涉及企业生产经营全过程的一项重要工作。

2)销售工作的地位

在买方市场条件下,企业的销售工作处在生产经营活动的第一线,属于先行性工作,处于“龙头”的地位。销售工作是属于开辟市场、占领市场和扩大市场的工作,企业的开发和生产活动都要为市场的开拓工作服务,即以市场为依托并最终服务于市场。

3)销售工作的作用

销售工作的基本作用在于解决生产与消费的矛盾,满足顾客生活消费和生产消费的需要。企业的销售工作使生产者各种不同的供给与顾客各种不同的需求相适应,实现生产与消费的统一。企业的销售工作意义重大,其具体作用表现在以下4个方面。

(1)销售工作是实现企业生产目的的必要条件,对企业再生产过程的正常进行起着保障作用

企业的再生产过程是生产过程和流通过程的统一,产品销售正是通过流通过程这个中间环节,把商品卖给消费者,以换回货币,再购买生产原料,才能进入下一个生产过程。销售工作不仅满足消费者需要,实现商品的使用价值,而且也使生产过程中创造的商品价值得以实现。销售工作使商品转化为货币,企业便能以收抵支,取得利润。

(2)销售工作是联系生产和消费的纽带,是开拓市场的先锋,起着桥梁作用

企业通过销售工作,一方面把自己生产的产品和信息输送给消费者,帮助消费者选择商品;另一方面又把消费者对商品的意见和新的需求反馈给企业,促进企业不断开发新产品,满足消费者不断发展的需要。销售工作通过商品交换和信息沟通,发现和开拓新的市场,起着联系企业和用户的桥梁作用。

(3)销售工作为企业各项经营决策提供客观依据,起着指导作用

销售工作是企业的"耳目",不是单纯地推销产品,销售人员在推销商品的同时还要进行市场调查,了解供需动态,了解用户的需求及其变化趋势,掌握商品供给情况及其竞争趋势,为企业进行产品决策、生产安排、销售决策、财务决策,以及其他决策提供有关信息,保证企业经营决策的科学性。

(4)销售工作对企业改进各方面工作,提高经济效益,起着促进作用

商品在市场上的销售,可以发现本企业的长处和短处,从而促进其提高经营管理水平,努力降低成本、减少物耗、节约能源、提高产品质量、增加花色品种,加速新产品的开发和老产品的更新换代,生产出价廉物美、适销对路的产品,增强企业的适应能力和竞争能力,提高经济效益。

4)销售工作的内容

随着我国社会主义市场经济体制的确立,企业成为市场竞争的主体,企业销售工作的内容也在丰富和扩大,主要包括以下工作。

(1)市场调研工作

进行市场调查和预测,掌握市场需求状况及其变化趋势、发展动向;了解市场供给情况,掌握竞争对手动向和竞争的变化趋势;搞好销售统计,积累基础资料;根据市场信息和历史统计资料进行预测。

(2)目标市场选择工作

在市场调研的基础上,进行市场态势的分析;细分市场,确定目标市场和重点市场;制订开辟、占领和扩大市场的战略和策略。

(3)产品开发工作

根据市场调研取得的需求信息,及时向技术开发部门和生产制造部门提出开发和生产适销对路的新产品的建议;参与商标和包装的设计工作,制订有关商标和包装的战略与策略。

(4)产品定价工作

配合财务部门做好产品或劳务的定价工作,提出定价战略和策略的建议;给用户报价;

决定浮动价格;同用户协商定价。

（5）销售渠道选择工作

根据企业销售队伍情况和产品特点,正确地选择销售方式和销售渠道,制订正确的渠道战略和策略。

（6）产品促销工作

根据企业产品特点和经营实力,做好产品的广告和宣传工作;做好公共关系工作、人员推销工作和营业推广工作;并制订相应的广告战略与策略、公关战略与策略。

（7）产品储存和运输工作

组织好产品的入库、保管、出库和发运工作,有些产品需要在销售地点适当储备,也需要做好储存和保管工作,调节好各地产品的供需平衡。

（8）承接订货和销售服务工作

承接客户订货,签订各种合同,加强对合同的管理,认真履行合同;做好售前、售中和售后各项服务工作;制订有效的服务战略和策略。

此外,还必须协调好与流通部门各个环节的关系,正确处理好产销矛盾。

4.1.2 销售物流的流程

企业销售物流是企业物流的一个重要环节,它与企业的销售系统相结合,共同完成产品的销售任务。一般的企业销售物流流程如图4.1所示。

销售物流归根到底是由客户订单驱动的,而物流的终点又是客户。因此,在销售物流之前,企业要进行售前的各种市场活动,包括确定客户(潜在客户、目标客户)、与客户联系、产品展示、客户询价、报价、报价跟踪等。所以,从企业方面来看,销售物流的第一个环节应该是订单管理,即在客户接受报价后就开始处理销售订单,订单记录了客户群的需求、订货的价格,还要检查客户信用度和可用的物料。然后,根据销售订单实施其他物流业务。若有库存,则生成产品提货通知单,物流配送部门根据提货通知单生成物流配送单,进行销售运输,组织配送等;若没有库存,生成产品需求单(包括采购单),再把信息传递给生产物流管理系统或供应物流管理系统。对于由损坏或其他原因而被退回的货物,企业还应该实施退货处理。退货在销售活动中会经常发生。销售退还的商品也需要登记和管理,也会有费用产生。

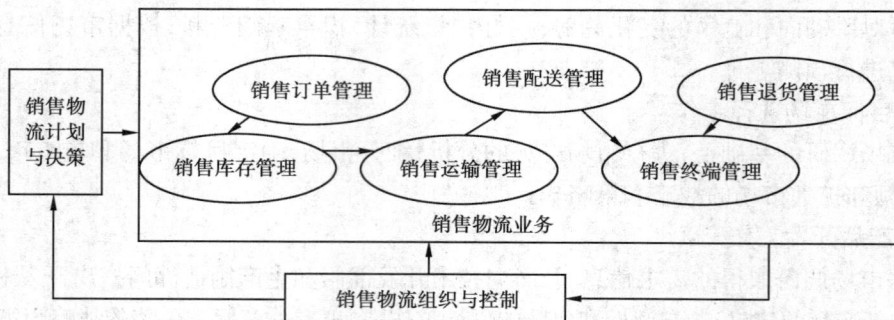

图 4.1 销售物流流程图

【知识链接】

物流与营销的关系

物流代表了一个企业巨大的战略潜力,它是企业获得持续竞争优势的一个关键因素。企业只有首先了解物流活动与营销活动的关系,明确客户需求,才能切实提供相应的物流服务,以支持客户的营销活动。也就是说,物流服务最终还是以满足营销活动为目标的。

1.营销产品策略与物流是交织在一起的

从产品策略的角度来看,企业物流活动中的采购、推销、顾客服务与物流的关系最为密切。产品的生命周期一般要经过导入期、成长期、成熟期和衰退期。进入成熟期后,从表面来看,产品的规模不断扩大,是销售的旺季,但实际上,产品生产者和销售者的利润都在逐步下降。从营销的角度来看,这时,庞大的销售额同时意味着市场对该产品的需求已达到饱和,如果只生产该产品,生产者将开始逐步退出市场。此时,企业必须立即向市场推出新的产品,或加宽、加深原有产品的系列,以抵消该产品销量下降引起的利润减少,成功的企业莫不如此。物流系统的销售人员对成熟期的到来最为敏感,能及时将这一信息反馈给营销策划部门。在策划开发研制新产品时,由于销售人员经常与顾客接触,最了解顾客的需求是什么,对开发何种新产品、系列产品应达到怎样的广度及深度才最有市场潜力,新产品应具备哪些功能等问题,销售人员能为开发人员提供最有价值的信息。

2.营销价格策略与促销活动对物流的影响

价格策略对物流及其所提供的服务也具有影响作用。价格策略的正确与否将影响物流活动的广度、深度及其顺畅性。价格策略中对顾客的数量折扣将影响顾客的订货规模。适宜的折扣优惠将吸引顾客加大订货量,仓库的作业将趋向于处理大宗货物,搬运和运输作业都将变得简单而高效,在实行配送制时尤为突出。因此,只有从营销和物流两个角度综合考虑,才能制订出一个满足营销和物流综合需求的定价策略。促销活动也影响着物流活动。对广告、公共宣传等促销活动的大量投资是对推销人员提高销售量的一种支持。但是,如果物流系统不能及时把产品供应到顾客手中,销售量将得不到如期的扩大。所以,需要在物流部门与营销部门之间建立便于信息快速传递的信息系统,不断沟通并协调促销活动的规模与库存、运输、顾客服务等物流环节。

3.物流是营销的大动脉

物流作为营销的大动脉,在实施中,所有物流活动都与客户企业的营销目标、方案、市场活动、广告宣传、分销零售、售后服务等息息相关。所以,企业的物流战略计划定位应处于整个物流系统的最上端,它规定了企业的物流服务定位。而营销系统处于中间层,这个层次具体体现了客户企业物流与运作的表现能力,与顾客有着直观互动和接触。这一阶段中,物流与营销的关系表现得最为显著和全面,营销强调在适当的地点和适当的时间,以适当的价格将适当的商品或服务提供给目标市场,满足顾客的需要。营销能否取得满意的效果,能否吸引和满足顾客,在很大程度上受企业物流管理能力和决策能力的制约。物流能力直接影响着企业的销售业绩。企业的增值服务则是与营销密切联系的个性化服务,它具有差异性和不确定性,因而对企业的物流服务要求更高。

物流过程中向顾客提供的服务水平是影响顾客购买和连续购买企业产品的关键因素。为顾客服务的水平越高,预期的销售量水平也就越高。服务水平的提高同时意味着产生费用的上升,客户企业应在较低的费用与顾客满意的服务之间进行抉择。物流是响应市场需求、改善营销绩效的极富潜力的工具。企业要求物流部门通过改善物流管理,提高服务质量,降低价格,吸引新的顾客,提高企业竞争力和营销效果。反之,如果不能及时将产品送达顾客手中,就必然失去顾客,丧失市场份额。物流管理是企业营销管理的重要组成部分。

4.1.3　企业销售物流的基本模式

销售物流有 3 种主要的运作模式,即生产企业自己组织销售物流,外包给第三方物流企业组织销售物流,用户自己提货模式。

1)生产企业自己组织销售物流

这是在买方市场环境下主要的销售物流模式之一,也是我国当前绝大部分企业采用的物流形式。

生产企业自己组织销售物流,实际上把销售物流作为企业生产的一个延伸或者看成是生产的继续。生产企业销售物流成了生产企业经营的一个环节,而且,这个经营环节是和用户直接联系、直接面向用户提供服务的一个环节。在企业从"以生产为中心"转向以"市场为中心"的情况下,这个环节逐渐变成了企业的核心竞争环节,已经逐渐不再是生产过程的继续,而是企业经营的中心,生产过程变成了这个环节的支撑力量。

生产企业自己组织销售物流的好处在于,可以将自己的生产经营和用户直接联系起来,信息回馈速度快、准确程度高,信息对于生产经营的指导作用和目的性强。企业往往把销售物流环节看成开拓市场、进行市场竞争的一个环节,尤其在买方市场前提下,格外看重这个环节。生产企业自己组织销售物流,可以对销售物流的成本进行大幅度的调节,充分发挥它的"成本中心"作用,同时能够从整个生产企业的经营系统角度,合理安排和分配销售物流环节的力量。

在生产企业规模可以达到销售物流的规模效益的前提下,采取生产企业自己组织销售物流的办法是可行的,但不一定是最好的选择。主要原因,一是生产企业的核心竞争力的培育和发展问题,如果生产企业的核心竞争力在于产品的开发,销售物流可能占用过多的资源和管理力量,对核心竞争力造成影响;二是生产企业销售物流专业化程度有限,自己组织销售物流缺乏优势;三是一个生产企业的规模终归有限,即便是分销物流的规模达到经济规模,延伸到配送物流之后,就很难再达到经济规模,因此可能反过来影响市场更广泛、更深入地开拓。

2)第三方物流企业组织销售物流

生产企业委托专门的物流服务企业组织企业的销售物流,实际上是将销售物流外包,使销售物流社会化。

由第三方物流企业承担生产企业的销售物流,其最大优点在于,第三方物流企业是社会化的物流企业,它向很多生产企业提供物流服务,因此可以将企业的销售物流和企业的供应物流一体化,可以将很多企业的物流需求一体化,采取统一的解决方案。这样可以做到两点:第一是专业化;第二是规模化。这两者可以从技术方面和组织方面强化成本的降低和服务水平的提高。在网络经济时代,这种模式是一个发展趋势。

3)用户自己提货模式

这种形式实际上是将生产企业的销售物流转嫁给用户,变成了用户自己组织供应物流的形式。对销售方来讲,已经没有了销售物流的职能。这是在计划经济时期广泛采用的模式,将来除非在十分特殊的情况下,这种模式不再具有生命力。

4.1.4 企业销售物流的合理化

销售物流活动受企业销售政策制约,由于它是具体化的事物,因此,单单从物流效率的角度是不能找出评价的尺度的。销售物流合理化应该做到:在适当的交货期,准确地向顾客发送商品;对于顾客的订单,尽量减少商品缺货或脱销;合理设置仓库和配送中心;保持合理的商品库存;使运输、装卸、保管和包装等操作省力化;维持合理的物流费用;使订单到发货的情报流动畅通无阻;将销售额等信息迅速提供给采购部门、生产部门和销售部门等。目前,销售物流合理化的形式有大量化、计划化、商物分离化、标准化、共同化等类型,但一种物流并不仅仅与一种类型相对应。

1)批量(大量)化模式

随着信息技术的发展和预测手段及工具的更新,企业可以对货物的流量和流向进行有效的预测,增加货物流动的批量,减少批次。该模式适用的行业可以是家用电器、玻璃、洗涤剂、饮料等。该模式常见问题包括需求预测不准导致销售竞争力下降,交易对象的商品保管面积增加。批量(大量)化模式的优点在于:①可通过装卸机械化,大大提高货物的装卸效率;②批量的增大,可以大大降低单件货物的流动成本;③可以克服需求、运输和生产的波动性,简化事物处理。

2)商物分离化模式

商物分离,是指流通中两个组成部分,即商业流通和实物流通各自按照自己的规律和渠道独立运动。使用该模式需解决销售活动的方式问题、配送距离增大的问题以及企业之间关系需进行调整的问题。该模式适用的行业可以是纤维、家用电器、玻璃等。商物分离化模式的优点在于:①固定开支减少,压缩流通库存,排除交叉运输;②整个流通渠道的效率化和流通系列化得到加强。

3)共同化模式

物流共同化包括物流配送共同化、物流资源利用共同化、物流设施与设备利用共同化以及物流管理共同化。物流资源是指人、财、物、时间和信息;物流的设施及设备包括运输车辆、装卸机械、搬运设备、托盘和集装箱、仓储设备及场地等;物流管理是指商品管理、在库管理等。该模式的管理要求比较高,采用该模式需要解决的问题包括调整企业之间的关系;对本企业物流状况信息不能公开化,加强对企业物流状况的保密措施。该模式适用的行业可以是照相胶片、家用电器、食品、药品等。共同化模式的优点在于:①物流管理社会化;②装载效率提高;③压缩投资成本。

4)标准化模式

物流标准化是按照物流合理化的目的和要求,制订各类技术标准、工作标准,并形成全国乃至国际物流系统标准化体系的活动过程。其主要内容包括:物流系统的各类固定设施、移动设备、专用工具的技术标准;物流过程各个环节内部及之间的工作标准;物流系统各类技术标准之间、技术标准与工作标准之间的配合要求,以及物流系统与其他相关系统的配合要求。物流标准化需要解决的问题包括交易条件的调整、组合商品的设定和更新。该模式适用的行业可以是食品、文具、化妆品等。该模式的优点是:①拣选、配货等节省人力;②订货处理、库存管理、拣选、配货等比较方便。

任务 2 销售物流服务

4.2.1 销售物流服务的重要性

销售物流服务是围绕市场需求,在最有效和最经济的成本前提下,为客户提供满意的产品和服务的活动。销售物流服务在提高客户的满意度、改善经营绩效、降低物流成本等方面发挥出了重要的作用。

销售物流服务已成为企业经营差别化的重要一环,销售物流服务中的外部服务物流主要考虑如何为客户和消费者提供更好的服务;而内部服务物流则主要考虑如何对内部客户,如门店、生产部门等提供快速、及时和准确的物流配送服务。销售物流服务水平的确立对经营绩效产生重大影响。销售物流服务方式的选择对降低物流成本产生重要影响。销售物流服务起着连接厂家、批发商、零售商和消费者的纽带作用。

4.2.2 销售物流服务的目标

销售物流服务是指企业向客户提供及时而准确的产品输送服务,是一个广泛满足客户的时间和空间效用需求的过程。

销售物流服务的目标主要表现在以下 4 个方面。

1)提高销售收入

销售物流服务通常是企业物流的要素,销售物流活动能提供时间和空间效用来满足客户需求,是企业物流功能的产出或最终产品。所以,提高客户服务水平,可以增加企业销售收入,提高市场占有率。

2）提高客户的满意度

客户服务是由企业向购买其产品或服务的人提供的一系列活动。一般来说，客户关心的是购买全部产品，即不仅包括产品的实体，还包括产品的附加价值。销售物流服务就是提供这些附加价值的重要活动。良好的销售物流服务能提高产品的价值和附加价值，更能提高客户的满意程度。

3）留住老客户，争取新客户

贝恩咨询公司的研究显示，服务质量、留住客户和公司利润率之间有着非常高的相关性。物流领域高水平的顾客服务能吸引客户并留住客户，对于客户来说，频繁地改变供应来源会增加其物流成本及其风险性。

4）降低销售物流成本

物流管理要求以最小的总物流成本产生最大的时间和空间效用。企业非常重视采取各种创新性的方法来降低物流成本。因此，从管理的角度来看，客户服务水平对物流系统起着制约作用，运输、仓储、订单处理等各项物流成本的增加或减少都依赖于客户所期望的服务水平。

综上所述，提高销售物流的客户服务水平是提高企业竞争优势的重要途径，企业的销售物流服务与产品质量、质量管理具有同等重要的作用，需要引起企业管理者的高度重视。

4.2.3　销售物流服务的构成要素

为顾客提供快速、满意的销售物流服务，需要从交易前要素、交易中要素和交易后要素3个方面进行考虑。

1）交易前要素

①库存可得性。及时满足客户需求的能力，当需求超过库存可得率时就会发生缺货。
②目标交付时间（OTD）。计划或承诺交付的时间。
③信息能力。满足交易前客户咨询、运价谈判、培训等需求的能力。

2）交易中要素

①下订单的方便性。客户通过多种方式进行订货的可能性和每种方式的方便程度。
②订单满足率。一定时期内满足订单的数量与订单总数的比率。
③订货周期一致性。订货周期的波动情况。
④订货周期时间。客户从下订单到接收货物完成货款结算的实际时间。
⑤订单处理正确率。一定时期内无差错的订单总数与订单总数的比率。
⑥订单跟踪。对订单货物所处状态进行跟踪的能力。
⑦送货及时率。一定时期内准时到货的次数与总送货次数的比率。
⑧灵活性。满足客户加急发货或延迟发货的可能性及企业应对突发事件的能力。

⑨货损率。在物流服务过程中发生损坏或灭失的货物金额数与货物金额总数的比率。

3）交易后要素

①票据的及时性。回单、发票等票据的正确性和及时性。

②退货与换货率。一定时期内退货或换货的货物总量与发送货物的总量的比率。

③客户投诉率。客户投诉的次数与总服务次数的比率。

④客户投诉处理时间。企业对客户投诉进行调查、采取补救措施，达到客户要求的总时间。

总的来说，企业的产品只有经过销售才能实现其价值，从而创造出利润，实现企业的价值。因此提供优质的销售物流服务，和供货商相互配合与合作，才能真正达到双赢。

【知识链接】
国外销售物流的发展趋势

随着社会的不断进步，在国外一些发达国家，现代销售物流也呈现出多种发展趋势。

1）信息化

现代社会是信息社会，物流的信息化是整个社会信息化的一部分。销售物流的信息化包括物流信息的商品化、物流信息收集数据化和代码化、物流信息的电子化和计算机化、物流信息传递的标准化和实时化、物流信息存储与交换的数字化。诸如条形码技术、数据库技术、电子订货系统、电子数据交换系统及有效的顾客反应等技术与观念，有的刚开始采用，有的已经得到广泛应用。从中不难发现，信息化是现代物流的基础，没有物流信息化，先进的技术装备无法应用于物流领域。

2）自动化

自动化的基础也来源于信息化，其核心是机电一体化。实现自动化可以达到省时、省力，扩大物流作业能力，提高劳动生产率，降低物流作业的事故率的目的。例如，在自动化立体仓库（又称自动化存取系统）中（这是起源于美国，传到欧洲又在日本发展最快的现代化仓库），主要包括货架、巷道机、周边搬运系统和控制系统，在单元格组成的货架里，一个单元格内存放一个托盘的货物，由管理人员通过计算机发出入库或出库的指令，巷道机、自动分拣设备及其他周边设备按指令启动，共同完成入库或出库作业，做到了大量储存、自动存取，提高了工作效率。

3）即时化

即时化是日本丰田汽车公司在20世纪60年代实行的一种生产方式，它要求将必要的零部件以必要的数量在必要的时间送到生产线，做到恰到好处。而JIT应用到现代物流领域，就是要将正确的商品以正确的数量在正确的时间送到正确的地点，这种生产方式的运用是推动销售物流发展的原动力。

4）供应链管理一体化

供应链管理是在以最终客户为中心的现代营销观念取代传统的以生产和产品为中心的观念的基础上产生的。供应链是指从最终用户到初始供应商的市场需求信息逆向而上传导的过程，又是从初始供应商向最终用户的产品和服务的传递过程。它将供应链管理中所涉及的众多供应商,包括供应商的供应商和众多的客户,包括客户的客户直至最终端客户,组成了一个"供应网络",通过这个网络中各有关方面的协作配合,以最低成本为客户提供销售和物流服务。供应链管理一体化促进了现代销售物流的发展。

5)共同配送

共同配送是销售物流的崭新模式。配送是现代物流系统的终端,是由集货、配货和送货3个环节结合而成的。它直接面对服务对象,配送的水平和质量可以直观而具体地反映销售物流的功能发挥程度。配送可以分为集团或企业内自营配送、单项服务外包型配送、中介型配送和共同配送。例如,德国卡期乌尔姆配送中心,有一座7 000平方米的仓库,库内货架高5层,有近9 000个货位,配送中心有自己的车队,承担70%的货运量,在中心信息管理系统指挥下每天向80家商店供货,每家店的订单在30小时内即可收到所需商品。而共同配送更可发挥资源共享、管理共用的优势,使销售物流达到物尽其用、货畅其流的效果。这是我国普遍存在的仓储式运输型的物流企业所不能企及的。

任务3 销售物流组织与控制

4.3.1 企业销售物流的组织

1)产成品包装

包装是企业生产物流系统的终点,也是销售物流系统的起点。产品的包装通常分为内包装和外包装,也就是销售包装和运输包装。销售包装是与产品直接接触的包装,是企业销售工作的辅助手段,许多生产企业都通过销售包装来进行新产品的推销工作或企业形象的宣传工作。产品的运输包装主要是在产品的运输过程中起到保护作用,避免运输、搬运活动中产生产品的碰撞、雨淋等毁损现象。产品包装,尤其是产成品的运输包装在销售物流过程中将要起到便于保护、仓储、运输、装卸搬运的作用。因此,在包装材料、包装形式上,既要考虑储存、运输等环节的方便,又要考虑材料及工艺的成本费用。

2)产成品储存

为保证客户需求能够得到及时、足量的满足,将客户服务维持在一个比较高的水平上,无论是生产企业还是服务企业,都必须保持一定的产品库存。这是因为任何企业的生产经营活动都存在着一系列的不确定因素和需求的波动,这些不确定因素和需求的波动影响着企业经营活动的稳定性和持续性,因此绝大多数企业都是通过保留一定数量的产品库存来避免这些不确定因素所带来的经营风险。如果消费者对企业产品的消费需求是明显的周期性或季节性的变化,企业要保证生产的持续性和产品供给的稳定性,产品库存的重要性和必要性就更加突出了。

3）订单管理

订单管理是指从接到客户订单开始一直到着手准备拣选货品之间的工作，通常包括有关用户和订单的数据、单据处理等内容。

为使库存保持最低水平，客户会在考虑批量折扣、订货费用和存货成本的基础上，合理地频繁订货。企业为客户提供的订货方式越方便、越经济，越能影响客户，如免费电话服务、预先打印好的订货表，甚至为客户提供远程通信设备。客户非常关心交货日期，希望供货方能够将订单处理与货物装运的进程及时通知客户，特别是当与预期的服务水平已经或将要发生偏差时，更是如此。随着计算机和现代化通信设备的广泛应用，计算机订货方式被广泛采纳，企业跟踪订货状态的能力也大大提高，使得客户与供应商的联系更加密切。对于购买生产线产品的工业客户来说，了解订货与装运状态虽然重要，但他们最关心的还是保持生产原料的可靠的连续供应，因此他们更关心交货日期的可靠性。

订单管理流程包含订单周期中诸多活动，包括订单准备、订单传输、订单录入、订单履行、订单处理原则、订单状况报告等。

（1）订单准备

企业库存管理人员根据订单预测及相应的促销、季节等影响因素调整，并考虑供应商规定的最小订单量的限制，即批量订货的价格折扣，确定最终的订货数量，一般考虑多货品的整体订单。

有些企业为了控制库存，对订货人员的订货数量进行权限的限制，一旦某一单品订货数量超出其权限范围，将由上一级审批，以此控制盲目的订货。

企业由于促销要求，有可能对某一单品需要大批量的存货，但是需要考虑供货商的存货能力和生产能力是否能够支撑。一般供货商通过大订单流程来应对这种情况，即客户需要提前通知。

（2）订单传输

订单传输信息是第二道工序，涉及订货请求从出发地点到订单录入地点的传输过程。基本方式包括人工、电子、传真机方式、网络订单和 EDI 订单。

人工方式包括邮寄订单或由销售人员亲自将订单送到录入地点，现已基本不再使用。

电子方式包括免费电话、数据电话。由于此种方式在控制环节容易出现问题，也基本不再使用。

传真机方式很多企业还在使用，但存在传输订单不清晰的情况，供货商需要专门的系统录入人员，差错率高。

网络订单是通过上游企业的网络直接下订单，一般网络上都设有固定的订单格式。也有下游企业在自己的网络上设定订单，与供货商约定订单发布时间，供货商人员定期定时在网络上寻找客户订单，并下载到自己的系统中进行处理。

EDI 订单是利用互联网将供需双方的系统连接在一起，需方发出电子订单，供方直接将订单转入订单处理系统，既保证准确率又可以节省人力，但在具体环节上需要考虑双方的商品编码的转换。

（3）订单录入

订单录入指在订单实际履行前所进行的各项工作，主要包括以下6个方面。

①核对订货信息的准确性。

②检查所需商品是否可得。

③如有必要，准备补交订货单或取消订单的文件。

④审核客户信息。

⑤必要时，转录订单信息。

⑥开具账单。

随着信息系统的发展，订单录入中的许多核对环节，均由系统承担。在 EDI 订单中，系统还可以直接将订单满足情况回馈给客户。

（4）订单履行

订单履行是由与实物有关的活动组成的，主要包括以下5个方面。

①提取存货、生产或购进满足客户所需货物。

②对货物进行运输包装。

③安排送货。

④准备运输单据。

⑤发票的准备和邮寄。

订单录入后，由系统进行处理，并将信息传输至相应的配送中心，经配送中心系统处理后，进行一系列的配送商品准备活动，并配送至客户，与之交接后回馈，开具发票，完成整个订单流程。

发票是随货同行还是客户确认后再邮寄，不同的企业可以综合平衡确定。随货同行的发票在客户完全签收的情况下，发票流程结束。一旦不能完全签收，发票将作废重开，在流程上时间延长。随着快递业务的普及和速度的提高，越来越多的企业选择客户签收确认后，按实际发生情况开具发票并邮寄。

每一个企业都可以根据自身情况确定订单处理的原则，这由企业对客户服务的策略决定。

对客户订单的处理优先权有以下6种。

①先收到，先处理。

②使处理时间最短。

③预先确定顺序号。

④优先处理订货量小、相对简单的订单。

⑤优先处理承诺交货日期最早的订单。

⑥优先处理距约定交货日最近的订单。

4）销售物流渠道的选择

（1）销售物流渠道的概念

销售物流渠道又称分销渠道，是指产品从生产企业运送到消费者或客户手中所经过的路线及经营机构。其起点是生产厂家，终点是用户或消费者。走完这些路线，需要经过一些中间环节，或叫中间商。中间商是联系生产和消费的桥梁，在现代经济活动中占有重要的地位。

物流系统与分销渠道密切关联。从物流的角度,营销渠道就是在节省成本的前提下,怎样以最快的速度、有效率地把产品送到客户手中。没有分销渠道的一体化,高效的物流系统就不能建立。

企业的销售物流渠道对销售物流系统的设计和运作有着决定性的影响;同时,销售策略也是企业物流成本变动的直接诱因。因此,企业销售物流渠道的建设和选择与企业销售物流运作息息相关,通常企业的销售物流活动会根据不同的销售物流渠道而采取不同的运作方式。

(2)销售物流渠道的类型

销售物流渠道包括以下3种类型。

①直接销售物流渠道。由生产商直接将产品销售到最终消费者(包括工业用户)的方式。如戴尔计算机、林德叉车等。直接销售物流渠道可以缩短运输时间,保证产品的质量和售后服务的稳定性。

②间接销售物流渠道。中间商作为桥梁纽带,具有集中、平衡、扩散、分担风险等功能,但由于流通环节增加,会使物流运作费用增加。

③代销渠道。与生产者不是商品买卖关系,只是接受客户委托,办理代购、代销、代运及代存等业务,以佣金或手续费的方式赚取报酬,没有商品的所有权。

对于生活(消费)资料商品的销售物流渠道,一般可分为5种形态,如图 4.2 所示。

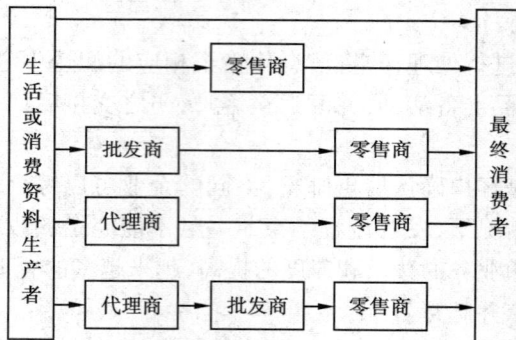

图4.2 消费资料销售物流渠道图

对于生产资料商品的销售渠道,一般有下列4种类型,如图4.3所示。

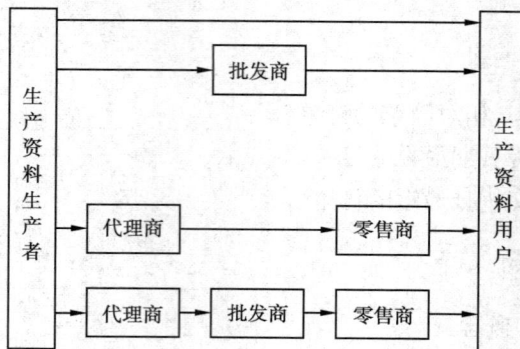

图4.3 生产资料销售物流渠道图

正确运用分销渠道,可使企业迅速及时地将产品传送到用户手中,达到扩大商品销售、加速资金周转、降低流通费用的目的。

（3）销售物流渠道的功能

①集中和分散的功能。销售渠道的中间环节，能够调节生产与消费之间在商品数量上的差异，把商品化零为整，即中间商从各生产厂家购进不同用户和消费者所需要的各种商品，集中起来，然后化整为零，分散卖给各零售店（商），或直接分散卖给最终的消费者。

②产销平衡的功能。销售渠道的中间环节能调节生产与消费之间在商品的花色、品种和档级方面的差异。中间商把商品分成不同的档级，销售给不同的市场；同时根据市场习惯，在商品花色品种上加以搭配，便于顾客购买。

③简化和节约的功能。销售渠道的中间环节，简化了销售手续，节约了销售费用，扩大了销售半径，提高了销售效率。

（4）销售物流渠道的策略

根据销售渠道路径的长短和中间商数量的多少，有以下4种基本策略。

①宽渠道策略。生产厂家尽可能通过许多批发商、零售商，推销其商品，扩大市场覆盖面和快速进入新市场，使众多的消费者或用户能随时随地买到本企业生产的产品。

②窄渠道策略。生产厂家在某一地区只通过一家中间商，独家经营和推销本企业的产品，以利于控制目标市场，减少多渠道各批发商、零售商相互争夺市场的矛盾。

③长渠道策略。生产厂家生产的商品面对千家万户的消费者，且市场面广、地域宽阔，不可能直接销售给各个消费者，只能通过较多的中间环节，最终到达消费者手里。

④短渠道策略。这由生产厂家生产产品的特点所决定，或者易腐、易碎，或者大型、重型、精密，需尽可能减少中间环节，直接销售给最终用户，或只经过一个环节就能到达最终用户手里。

（5）销售物流渠道的选择和维护

每一个企业需要根据自身的实际情况选择合适的销售物流渠道。不同的行业、不同的产品及不同的客户定位，决定了选择何种销售物流渠道。

企业选择产品销售渠道时受许多因素影响，同时经营战略对销售渠道的选择也有一定的影响。

企业进行销售渠道的决策时考虑的主要因素有：政策性因素、产品因素、市场因素、企业自身的因素等。政策性因素，表现为政府为维护市场竞争的正常秩序，或者为了支持某些关系到国计民生或国家安全的产业的发展，所制定的法律法规、政策条文。企业在进行销售渠道决策时首先必须将这些因素考虑进去。就市场因素而言，消费者的需求及消费特性、竞争对手的渠道策略、市场资源条件及背景等对渠道的选择起着直接的作用与影响，因为渠道的选择决定了企业的产品到达消费者手上的速度和满意程度。因此，企业对影响销售渠道选择的因素要进行相互联系的、系统的研究分析，并结合企业自身的特点和要求，从定性与定量上对各种销售渠道进行比较，从中选择相对满意的、有利于发挥本企业优势的销售渠道。

社会产品通常有两类：工业品和消费品。工业品是用来生产其他产品或服务的产品，不直接进入最终消费市场，其消费对象都是企业；生产工业品的企业主要选择直接销售渠道，因为工业品的需求者范围有限，直接销售可以增强企业之间的联系。消费品是直接供应到最终消费市场的产品。而消费品制造企业既有选择直接销售渠道的，又有选择间接销售渠道的，也有采用混合销售渠道的。

消费品按照产品的需求特性通常分为便利品、选购品和特殊产品 3 种。便利品是一些替代性很强的产品,要求企业的销售渠道具有广泛性,尽可能多地选择中间商来销售企业产品,使消费者比较容易获得产品,如日常生活用品。选购品是指消费者愿意进行一定程度的比较后再进行购买活动的产品,因此,其销售渠道相对便利品的销售渠道可以缩小,只在地区主要的商场、专卖店进行产品销售,如时装、家具、汽车等产品。特殊产品,消费者对其要求更严,需要更多的比较,甚至愿意接受定做,因此,其销售渠道可以进一步缩小,减少中间商,仅在专卖店进行产品销售;有的特殊产品可以采用直接销售模式。

随着供应链管理思想的深入发展以及经济全球化、市场竞争的日趋激烈等外部环境的变化,众多企业已开始注意到产销战略联盟所能带来的竞争优势。生产企业与下游销售渠道的各环节——批发商、零售商、代理商之间通过战略联盟或合作经营等形式而形成纵向一体化的紧密型销售渠道。上、下游企业一体化以后通过信息共享、决策共议,可以避免各环节的孤立决策所带来的供应链整体成本的上升和效率的降低。

目前较多的是间接销售物流渠道,特别是分销商模式。选择经销商时必须考虑以下两个方面。

①硬件。

A.经销商的市场范围。要考虑所选分销商的经营范围所包括的地区与企业产品的预期销售地区是否一致。

B.经销商的产品组合。在选择时,一要看经销商有多少"产品线"(即供应来源),二要看其各种经销产品的组合关系。

C.经销商的地理位置。

D.经销商的二级网点。

②软件。

A.经销商的产品销售经验。

B.经销商的财务状况及管理水平。

C.经销商的人员素质和能力。

D.经销商的促销政策和技术。

E.经销商的综合服务能力。

F.经销商的商业道德和管理服务人员的综合素质。

(6)销售物流渠道的评价

良好的渠道管理包含业务伙伴的合作、市场营销的组织、高效的物流配送、优质的客户服务等内容。销售物流渠道绩效评估也主要从以下两个方面进行。

①定性方法。

A.渠道成员协作的程度。

B.渠道成员矛盾冲突的程度。

C.所需信息的可获取程度。

②定量方法。

A.每单位的分销成本。

B.履行订单的出错率。

C. 商品的破损率。

表 4.1 列举了相关的一些销售物流渠道评价的 KPI 指标(关键绩效指标),但每个企业需要根据自身情况设定适合的 KPI。

表 4.1　销售物流渠道评价的 KPI 指标

客户服务	劳动生产率	库存周转
库存补充速度	物流成本与销售额的占比	每单位的仓储成本
订单完成率	运输成本率	库存破损率
进货提前期	累计库存成本	单位运输成本
订单、进货单、票据错误率	定期补充的库存量	回程空载率

5)产品配送

配送是在经济合理区域范围内,根据客户的要求,对物品进行拣选、加工、包装、分割、组配等作业,并按时送达指定地点的物流活动。

销售物流的主要职能是将货物进行短暂储存并进行处理配送,其主要涉及以下任务:包装、装卸搬运、运输、仓储保管、流通加工、配送与配送中心的管理。

(1)配送的类型

①按配送物品的种类和数量分类。

A. 大批量配送。品种较少,可使用整车配送,多直送至客户。

B. 小批量、多批次配送。品种较多,每次配送量不大,配送频次较高。一般销售流通企业、电子商城、家电等属于这种形式。

②按配送时间和数量分类。

A. 定时配送。按日配送、准点配送、快递方式。

B. 定量配送。

C. 定时定量配送。

D. 定时定线路配送,又称班车制。

E. 加急订单配送。

(2)配送流程

销售物流的配送流程通常分为:一般配送流程和有加工功能的配送流程。

某些物资受性能、状态制约,不适宜与其他物资混运、混放;某些物资品种配送批量很大,不需要配装就可以达到满载,这类物资配送的流程没有理货、配货、配装等作业环节,只有直接装车送货,如煤炭、燃油,大批量的钢材、木材、水泥等物资配送。

有些物资不设库存,实行“四就”配送,即就厂、就港(站)、就车(船)、就库直接配送,其流程没有储存、理货、配货、配装环节。这种配送方式减少了装卸转运次数和环节,提高了物资周转速度和效率,减少了物资损耗,对大批到站、到港物资,凡用户明确,一般采用就址、就港直接装车发送,对本地生产的大批量物资、危险品物资一般采用优先装车配送。

无论是一般的配送流程,还是有加工功能的配送流程,都应结合供销关系、物资形态特征、仓储和配送条件灵活进行设计,以满足用户的多方面需要,便于操作和管理,提高配送效率。

（3）配送策略

对配送的管理就是在满足一定的客户服务水平与配送成本之间寻求平衡,即在一定的配送成本下尽量提高客户服务水平,或在一定的客户服务水平下使配送成本最小。基于在一定服务水平下成本最小的配送策略主要有以下5种。

①混合策略。混合策略指配送业务由企业自营和外包相结合。全部企业自营或完全外包易形成一定的规模经济,并使管理简化,但由于产品品种多变、规格不一、销量不等等诸多情况,这种配送方式超出一定程度不仅不能取得规模效益,反而还会造成规模不经济。而采用混合策略,合理安排企业自身完成的配送和外包给第三方物流完成的配送,能使配送成本最低。

②差异化策略。产品特征不同,客户服务水平也不同。当企业拥有多种产品线时,应按产品的特点、销售水平来设置不同的库存、不同的运输方式以及不同的储存地点,忽视产品的差异性会增加不必要的配送成本。

③合并策略。合并策略包含两个层次。一是配送方法上的合并,即企业在安排车辆完成配送任务时,充分利用车辆的容积和载重量,做到满载,是降低成本的重要途径。二是共同配送,是一种产权层次上的共享,也称集中协作配送。即几个企业联合共同利用同一配送设施的配送方式。其标准运作形式是:在中心机构的统一指挥和协调下,各配送主体以经营活动(或以资产)为纽带联合行动,在较大的地域内协调运作,共同对某一个或某几个客户提供系列化的配送服务。

④延迟策略。延迟策略的基本思想就是对产品的外观、形状及其生产、组装、配送应尽可能推迟到接到客户订单后再确定。一旦接到订单就要快速反应,因此采用延迟策略的一个基本前提是信息传递要非常快。

实施延迟策略的企业应具备以下3个基本条件。

A. 产品特征。生产技术非常成熟,模块化程度高,产品价值密度大,有特定外形,产品特征易于表述,定制后可改变产品的容积或质量。

B. 生产技术特征。模块化产品设计、设备智能化程度高、定制工艺与基本工艺差别不大。

C. 市场特征。产品生命周期短、销售波动性大、价格竞争激烈、市场变化大、产品的提前期短。

延迟策略常采用两种实施方式:生产延迟(或称形成延迟)和物流延迟(或称时间延迟),而配送中心往往存在着加工活动,所以实施延迟策略既可采用生产延迟方式,也可采用物流延迟方式。具体操作时,常常发生在诸如贴标(生产延迟)、包装(生产延迟)、装配(生产延迟)和发送(物流延迟)等领域。

⑤标准化策略。就是尽量减少由品种多变而导致的附加配送成本,尽可能多地采用标准零部件、模块化产品。采用标准化策略要求厂家从产品设计开始就要站在消费者的立场去考虑怎样节省配送成本,而不要等到产品定型生产出来了才考虑采用什么技巧降低配送成本。如服装制造商按统一规格生产服装,直到客户购买时才按客户的身材调整尺寸大小。

6）装卸搬运

在物料搬运设备方面,客户往往希望投资最小化,且方便高效。例如,客户要求供货商以其使用尺寸的托盘交货,也有可能要求将特殊货物集中在一起装车,这样他们就可以直接再装运,而不需要重新分类。

随着供应链一体化的不断推进和发展,越来越需要供应链上的各单位和各部门进行紧密的合作,包括物流装载设备的流通使用。配送装载设备的流通主要有以下3种形式。

(1)托盘的流通

从生产企业的配送中心开始使用托盘配送,到客户的配送中心,再到终端,既可以减少商品的接触和损耗,又可以提高装卸效率。专门进行托盘租赁的公司,可以负责流通过程中的托盘管理和回收。合适的订单规模和托盘的标准化决定了托盘的流通性。

(2)周转筐的流通

零售企业在内部的配送,特别是果菜配送,从采购地就可以使用周转筐,直到店铺进行上架展示销售。这涉及周转筐在流通过程中的管理。可借助信息管理系统,将周转筐作为商品进行跟踪管理。

(3)物流笼车的流通

物流笼车的使用在国外已非常普遍,适用于品种多、小批量的配送。在配送中心使用笼车作为分拣装载工具,直接装车配送到目的地,将笼车和货物一起交接到客户处,同时拉走已经空置的笼车,这样会大大节约装卸时间,同时减少商品的损耗。

4.3.2 销售物流控制

1)销售物流效率控制

物流效率是物流要素投入与产出之比。依投入要素涵盖的范围,物流效率评价基本上可分为:单要素投入的效率评价,如衡量劳动、资本或技术投入在物流行为改善中所起作用的评估;多要素投入的效率评价,包括所需全部物资、设备、能量与其他投入。

单因素投入法一般用来考察个别的物流要素,如运输、先进物流设备采用后对物流行为的影响。而对于整个销售物流过程的效率的考察需采用多因素投入评价。

在销售物流的效率控制过程中,首先应以销售物流作业为基础,通过对销售物流作业成本的确认,从而计算销售物流作业的总成本。产品或服务的形成是由一系列作业引起的,因此要以销售物流作业为核心,实施全过程的成本计算和控制。

企业可以通过指针树法和层次分析法来评价销售物流效率。

(1)指针树法

指针树法是指通过设计一系列指针构成的指针体系来全面反映销售物流的效率。总的销售物流效率可用各子指标的加权求和来表示。具体来说可以分别设定销售订单管理、库存管理、运输、配送、终端管理、退货管理效率衡量指标。这些指标一来可以反映销售物流环节中各项工作的效率情况,将这些指标进行加总之后还可以反映整个销售物流工作的效率。这有利于全面地反映销售物流的工作情况,并且易于发现销售物流的各环节的工作情况,易于发现问题,加以改进。由于物流的系统特征,在设计指针时应遵守以下4条原则。

①系统性原则。

②实用性和可行性原则。

③动态性原则。

④可比性原则。

（2）层次分析法

层次分析法是对指针树法的改进。销售物流可以体现在顾客服务、运输、配送等诸多环节和诸多要素上，是众多要素共同作用的综合结果。

2）销售物流成本控制

销售物流成本指产品空间位移（包括静止）过程中所耗费的各种资源的货币表现，是物品在实物流动过程中，如包装、装卸搬运、运输、储存、流通加工、物流信息等各个环节所支出的人力、财力、物力的总和。

（1）销售物流成本构成

销售物流成本具体由以下 8 个部分构成。

①物流活动中的人力成本。包括职工工资、奖金、津贴及福利等。

②运输成本。主要包括人工费用，如运输人员工资、福利费等；营运费用，如营运车辆燃料费、折旧费、公路运输管理费等；其他如差旅费等。如果是委托第三方则包括付给第三方的运输费用。

③仓储成本。主要包括建造、购买或租赁仓库设施设备的成本和各类仓储带来的成本。

④流通加工成本。主要有流通加工设备费用、流通加工材料费用、流通加工劳务费用及其他费用。

⑤包装成本。主要包括包装材料费用、包装机械费用、包装技术费用、包装人工费用等。

⑥装卸与搬运成本。主要包括人工费用、资产折旧费、维修费、能源消耗费以及其他相关费用。

⑦物流信息和管理费用。主要包括企业为物流管理所发生的差旅费、会议费、交际费、信息系统管理费以及其他杂费，销售物流过程的研究设计、重构和优化等费用。

⑧用于保证销售物流顺畅的资金成本，如支付银行贷款的利息等。

（2）销售物流成本的管理和控制

①销售物流成本管理的原则。

A. 从流通全过程角度管理销售物流成本。控制物流成本不是单一企业或单一物流部门的事情，而需要考虑从产品制成到最终用户整个供应链过程的物流成本效率化。比如，物流设施的投资或扩建要根据整个流通渠道的发展和要求而定。

B. 从营销策略角度管理销售物流成本。提高对客户的物流服务是企业确保市场营销目标实现的重要手段，但超过必要量的物流服务将有碍于物流效益的实现。因此，企业需要在考虑用户的产业特点和运送商品的特性的基础上，与客户充分沟通协调，共同降低物流成本，并利益分享，从而使物流成本的管理直接为市场营销目标服务。

C. 从信息系统角度管理销售物流成本。借助现代信息系统的构筑，提高物流作业的准确度和信息的迅速分享，从而从整体上控制物流成本的发生。

D. 从效率化配送角度管理销售物流成本。高效的信息系统，使配送计划和生产计划、订货计划联系起来，有效地提高了车辆的装载率和周转率，从而降低了配送成本。

E.从物流外包角度管理销售物流成本。物流外包在一定程度上可以减少管理成本和管理风险,同时降低投资成本。

②销售物流成本控制的方法。物流成本控制是指对物流各环节发生的成本进行有计划、有步骤的管理,以达到预期设定的目标。

A.绝对成本控制。绝对成本控制是指把成本支出控制在一个绝对金额以内的控制方法。标准成本和预算控制是主要方法。标准成本是指在一定假设条件下应该发生的成本。

a.理想标准。在现有最理想、最有利的作业情况下,达到最优水平的成本指标。

b.正常标准。在目前条件下,为提高效率,避免损失、耗费的情况下所应达到的水平,这一标准广泛应用于企业的标准成本控制中。

c.过去业绩标准。依据前期实际水平制定的标准。

B.相对成本控制。企业通过对成本与产值、利润与服务等指标进行对比分析,寻求在一定制约因素下取得最有经济效益的一种控制技术。

③物流成本控制的策略。在考虑压缩物流成本的同时,必须平衡物流服务水平,依靠降低物流服务水平而降低物流成本的做法是不可取的。

一般有以下4种途径压缩销售物流成本。

A.降低运输成本。通过商流和物流的分离使物流途径简短,扩大工厂直送,减少运输次数,提高车辆满载率,设定最低订货量(MOQ),实行计划运输,开展共同运输,选择最佳运输手段等。

B.降低储存成本。减少库存点,维持合理的库存量,提高仓库利用率等。

C.降低包装成本。降低包装材料的价格,包装简易化,包装作业机械化等。

D.降低装卸成本。减少装卸次数,引进集装箱和托盘,机械化等。

销售物流成本的控制既可以进行局部控制,也可以进行综合控制。销售物流成本的综合控制,包括事前、事中和事后对销售物流成本进行预测、计划、计算、分析、回馈、决策等的全过程的系统控制,以达到预期目标。

任务4　销售物流绩效评价

对销售物流整体绩效的评价,应当以整体物流成本最小化、顾客服务最优化、企业利益最大化为目标,将物流绩效评价的重点放在不断降低成本上。

4.4.1　销售物流绩效评价的原则

要对销售物流系统进行综合评价就必须建立一整套销售物流评价体系。尽管各个企业的实际情况千差万别,制定评价体系的时候也会有所不同,但在设计考核体系的过程中,有一些基本的原则是一致的。

1)整体性原则

销售物流的评价体系不仅仅要考察局部的工作职能,还应当从整体上对销售物流的绩效进行考核、控制。

2）可比性原则

在设计评价体系时，不仅要考虑本企业在纵向的可比性，还应当考虑本企业的绩效与其他同行业企业在横向的可比性。

3）经济性原则

在评价企业销售物流绩效时，要考虑评价过程中的成本收益。如果指标收集过于庞大，不仅操作困难而且费时费力，得不偿失。但是指标确定得太小，又很可能遗漏有关的信息，掩盖存在的问题。所以，在设计评价体系时应当在二者之间寻求一个均衡点。

4）定量与定性相结合的原则

由于销售物流的评价涉及风险和顾客满意度等难以量化的问题，因此，企业在考核销售物流的绩效问题时，除了采用定量的指标之外，还应当辅以一些定性的指标进行修正。

4.4.2　销售物流服务水平的评价

销售物流服务水平是指销售物流服务的基本水平，也是客户服务最基本的方面，包括可得性、作业绩效和可靠性。

1）可得性评价

可得性评价是指当客户需要货物时，物流企业拥有的存货能够不断地满足其需要。可得性可以通过各种方式来实现，最基本的方法是按照预期的客户订货进行存货储备。

可得性一般可用缺货频率、供应比率、订货完成率3个绩效指标来衡量。

（1）缺货频率

缺货频率是指缺货发生的概率。当需求超过产品可得性时，就会发生缺货。缺货频率是用来衡量一种特定的产品需求超过其可得性的次数。将全部产品所有的缺货次数汇总起来，可以反映企业实现其基本服务承诺的状况。因此，可以说缺货频率是衡量存货可得性的起点。

（2）供应比率

供应比率是用于衡量缺货的程度或影响大小的比率。供应比率通常是按照客户服务目标予以区分的，于是对缺货程度的衡量就可以形成企业在满足客户需求方面的跟踪记录。如一位客户订货50个单位产品，只有47个单位产品可得，那么订货供应比率为94%。要能够有效地衡量供应比率，一般在评估程序中还要包括在一段特定时间内对多位客户订货的完成情况进行衡量。同时，供应比率还可用来衡量按特定产品提供的服务水平。一般说来，供应比率高，客户会感到满意；反之，则不满意。

（3）订货完成率

订货完成率用于衡量物流企业完成客户所预订的全部产品的时间。它把存货的充分可得性看成是一种可接受的完成标准。可以说，缺货频率、供应比率均为零缺陷，则订货完成率就为客户享受完美订货的服务提供了潜在时间。

将以上 3 个衡量指标结合在一起,就可以判断、识别一个物流企业满足客户期望的程度,成为评估适当可得性水平的基础。

2)作业绩效评价

作业表现是指物流企业从客户订货到产品交付使用的全部运作过程。作业一般通过速度、一致性、灵活性、故障恢复能力等来衡量所期望的绩效。

(1)速度

速度是指从客户订货开始到货物实际到达的时间。

(2)一致性

一致性是指物流企业必须随时按照递送承诺加以履行的物流处理能力。

(3)灵活性

灵活性是指处理异常(一次性改变装运交付地点、供给中断等)的客户服务需求的能力。

(4)故障恢复能力

故障恢复能力是指物流企业要有能力预测服务过程中可能出现的故障或服务中断,并有适当的应急计划来完成恢复服务。当实际的服务故障发生时,应启动应急计划。应急计划还应包括客户期望恢复标准的确认和衡量服务一致性的方法。

3)时效性评价

销售物流服务活动还包括能否迅速提供有关物流作业和客户订货状况的精确信息。

另外,客户服务能力的一个重要组成部分是持续改善。物流管理人员应关心如何尽可能少地发生故障,以完成作业目标。而完成作业目标的一个重要方法就是从发生的故障中吸取教训,改善操作系统,以防止故障再次发生。理想的销售物流服务水平要求达到:适当的质量、适当的数量、适当的时间、适当的地点、适当的价格、良好的印象。

4.4.3 销售物流绩效评价

销售物流绩效评价主要包含销售物流效率评价、销售物流风险评价、销售物流客户满意度评价。

1)销售物流效率评价

销售物流的效率可以用以下 5 个指标来反映。

$$销售物流的合理率=\frac{物流总完成量-不合理的物流量}{物流总完成量}$$

$$及时率=\frac{迅速及时完成的销售物流量}{销售物流总完成量}$$

$$准确完成率=\frac{准确无误完成的销售物流量}{销售物流总完成量}$$

$$耗损率=\frac{耗损量}{销售物流总完成量}$$

$$经济效率=\frac{销售物流实现利税}{销售物流资金占用量}$$

评价的资料部分来自前一阶段对物流成本的评价结果,部分来自实际工作统计中的信息。

2)销售物流风险评价

由于销售物流的整个流程由运输装卸、仓储、配送、包装和流通加工等阶段构成,各阶段之间的衔接必然存在风险,因此在日常的物流管理中销售物流顺畅面临着种种风险。

3)销售物流客户满意度评价

物流和资金流、信息流渗透在企业运作的各个方面。特别是销售物流直接与顾客相连,销售物流的管理水平直接关系到顾客的满意程度。因此在对销售物流管理绩效进行评价时,不能不考虑销售物流对顾客满意度的影响。可以用以下指标来反映。

$$货物到达客户手中的及时率 = 1 - \frac{货物没有及时送达客户的次数}{送货总次数}$$

$$货物发送的正确率 = \frac{货物正确送达客户手中的次数}{送货总次数}$$

$$货物出现损伤的频率 = 1 - 货物发送的完好率$$

$$完成一次销售的周期和时间 = 订购周期 + 运输周期 + 仓储周期$$

$$客户的抱怨率 = \frac{抱怨的客户数量}{客户的总数}$$

$$问题的处理率 = \frac{问题得到解决的顾客的数量}{出现抱怨的顾客的总数}$$

任务5 能力训练

1. 实训题

(1)绘制手机销售物流环节的主要流程图。

(2)以鲜花销售物流为例,分析销售物流渠道构建时应考虑哪些因素。

(3)列举5种需求淡旺季比较明显的产品,思考怎样克服产品消费的淡旺季给销售物流带来的影响。

2. 案例分析

杭州奥普电器有限公司把700只光暖彩色浴霸运到上海市场,这些供应2006年春节市场的浴霸在当地售价为每只350元,其中的物流成本平均为5元,占售价的1.4%,主要包括运输保险费、汽油和人工费用等直接成本。奥普电器副总经理孙立军说,这个百分比是比较稳定的。无论在四川、北京还是新疆,运价提升后,总的售价也有相应提升。从全国各地市场计算,每只物流成本在5~7元。

通常情况下,商品成本中约有80%以上是流通成本,而流通成本中又有80%是物流成本,物流成本占商品成本的64%以上。商品从开始生产到最终到达用户手中所需的时间中,加工仅需5%,而其余95%均用于物流环节。

从5年前起,企业开始引进物流管理,从自身合理调配,至第三方物流企业的兴起,奥普电器的平均物流成本从10元降至5元。考虑到物流成本主要由库存费用、运输费用和管理费用3部分组成,而运输保险费、油价等支出逐年上涨,企业省钱只能从库存和管理上腾出空间。

"以前起码要两天以上,仅找车就要一天时间,而现在一两个小时就搞定了。"杭州共速达物流公司行政高级主管王存良说,"以前从杭州去厦门一趟,一辆5吨车固定费用达3 300元,现在只要1 500元,省了一大半,原因在于调度和管理水平提高了。"

举个明显的例子。奥普公司把700只电器运送到上海市场,杭州当地的仓储费用大约为每天1 000元,如果产品下午下线不需耽搁就能直接上路,即使油价和人工支出涨价500元,企业还是节约了500元的物流成本。由此可见,利润的源泉更集中在降低库存、加速资金周转方面。由于周围有康桥等物流基地,包括奥普电器在内,位于九堡镇、祥符桥的企业原材料、产品进出的速度明显加快。要知道,现在从物流基地出发,运送一车5.5吨的进口棉布到南京,从托运方下单子到货物运抵目的地,总共不到32个小时,这在以前是不可想象的。

思考:

(1)奥普电器有限公司为降低销售物流成本采取了哪些有效措施?

(2)降低销售物流成本对企业销售目标的实现有何重要意义?

任务6　教学反馈与测评

1. 教学反馈表

项目名称:_____　姓名:_____　学号:_____　班级:_____

(1)本项目学到哪些知识	
(2)本项目掌握哪些技能	
(3)本项目有哪些内容没有学懂	
(4)本项目最有价值的内容	
(5)对本项目教学的建议	

2. 能力测评表

项目名称:_____　姓名:_____　学号:_____　班级:_____

职业核心能力	评价指标	自评结果	备　注
自我学习能力	课前收集过与本项目内容相关的资料	□ A　□ B　□ C	
	能够管理自己的时间	□ A　□ B　□ C	
	课后查找过资料,深入学习对本项目感兴趣的内容	□ A　□ B　□ C	

续表

职业核心能力	评价指标	自评结果	备　注
与人合作能力	与人合作完成任务 知道如何尊重他人的观点 主动帮助别人	□ A　□ B　□ C □ A　□ B　□ C □ A　□ B　□ C	
与人交流能力	能与他人有效沟通 能及时反馈学习信息 能主动回答老师提问	□ A　□ B　□ C □ A　□ B　□ C □ A　□ B　□ C	
信息处理能力	能有效使用信息资源 能归纳总结本项目的重难点 能回答老师提出的问题	□ A　□ B　□ C □ A　□ B　□ C □ A　□ B　□ C	
解决问题能力	能提出有价值的观点 能发现并解决常规问题 能提出并实施解决问题的方案	□ A　□ B　□ C □ A　□ B　□ C □ A　□ B　□ C	
专业能力	评价指标	自评结果	备　注
认识企业 销售物流	销售物流的概念 企业销售物流的特征 销售物流的主要环节 销售物流模式的选择 销售物流的过程 销售物流的内容	□ A　□ B　□ C □ A　□ B　□ C □ A　□ B　□ C □ A　□ B　□ C □ A　□ B　□ C □ A　□ B　□ C	
销售物流 服务管理	销售物流服务的目标 销售物流服务的构成要素 销售物流服务水平的评价	□ A　□ B　□ C □ A　□ B　□ C □ A　□ B　□ C	
销售物流 组织与控制	企业销售物流的组织过程 企业销售物流的效率控制 企业销售物流的成本控制 企业销售物流的绩效控制	□ A　□ B　□ C □ A　□ B　□ C □ A　□ B　□ C □ A　□ B　□ C	
销售物流 绩效评价	销售物流绩效评价的原则 销售物流服务水平的评价 销售物流效率的评价	□ A　□ B　□ C □ A　□ B　□ C □ A　□ B　□ C	
学生签名			
教师评语			

（在□中打"√"，A 为通过，B 为基本通过，C 为未通过）

附录　销售物流管理典型岗位职责及能力素质要求

1. 发货员岗位职责及能力素质要求

1) 岗位职责

在货物运输过程中,负责货物发出的人员为发货员。其主要职责有:
①将货物贴上发货单(或快递单)并交给承运人。
②负责管理各种运输关系。
③跟踪货物运输情况。
④为货物购买保险。
⑤跟踪客户收货情况。

2) 能力及素质要求

①耐心细致。
②吃苦耐劳。
③认真负责。
④团结协作。
⑤诚恳踏实。

2. 仓库配货员岗位职责及能力素质要求

1) 岗位职责

在货物集散地根据货物清单进行目标货物的拣取的人员为仓库配货员。其主要职责有:
①接受当天订单,检查订单商品。
②拣货。先拿散货,不够时拿整箱。
③装箱。将商品按数量入箱,分自送装箱和托运装箱,并填写唛头。
④对单。按订单数量和实物核对配货品质。
⑤按门店将配好的货物,放置待发货区。
⑥来货送货时,组织装货、卸货。
⑦协助配货组长进行仓库整理、盘点。

2) 能力及素质要求

①具备仓储货物的整理及分类能力。

②熟悉产品的属性。

③具有团结配合的能力。

④吃苦耐劳、敬业公正、做事认真。

3. 物流调度员岗位职责及能力素质要求

1) 岗位职责

物流调度员是指根据当日所有客户的运单和己方拥有的资源及外包资源,选择在保有一定服务水平之下最低成本的物流运作方式的专门人员,是确保物流企业高效运行的关键岗位之一。其岗位职责有:

①负责并协调火车到站物资的领取和外发车批的调配,负责货运费用的报销和支付并建立相应的台账。

②负责协调并完成产品的汽车运输,负责安排装卸搬运工作,并负责搬运管理。

③负责编制火车车皮计划和汽车运输计划并具体组织实施,负责铁路专线的维护管理和自备罐车的管理。

④负责车辆的调度和车辆的安全工作,负责货车驾驶员和叉车工的安全和技能培训,负责运输设备维护保养管理及维修协调工作。

⑤负责各业务点订单的受理和汇总工作。

⑥负责把汇总后的订单报给销售部门。

⑦协助上级实施对下级的管理和考评。

⑧负责运输成本分析及控制。

2) 能力及素质要求

①有较强的统筹规划能力,能熟练运用运筹学和线性规划等原理解决实际问题。

②熟知各分部的业务及所在区域道路情况。

③对客户产品的情况非常了解。

④对运输成本和运力非常清楚。

⑤有较强的工作责任感和事业心。

⑥原则性强,工作细心。

⑦服从分配,听从指挥,严格遵守公司的各项规章制度和有关规定。

⑧熟悉计算机操作和网络信息处理。

4. 订单处理员岗位职责及能力素质要求

1) 岗位职责

订单处理员是指负责订单信息录入和传递的专门人员。其岗位职责有:

①日常订单的接收、审核、分类等。

②协助销售人员进行货期和出货管理。

③核对订单内的货物品类、数量、客户地址。

④订单信息的准确录入及订单加急、更改、取消等系统处理。

⑤依据报单程序,负责对客户订单进行审核提交,及时下达并回复、保存。

⑥负责客户信息的确认,及时在系统中更新,对客户付款进行跟踪和确认客户信息,对超期情况进行协调和处理。

⑦打印出入库单、配货单、发货单、快递单等单据。

⑧与第三方物流及快递公司做好配送商品的交接。

⑨订单整理存档。

2）能力及素质要求

①热爱物流工作,工作认真负责,吃苦耐劳,有团队合作精神。

②熟悉订单处理等相关流程。

③具备较强的数据处理和综合分析能力。

④有较强的沟通能力和应变协调能力。

⑤有较强的责任心和服务意识。

⑥会使用电脑,能熟练操作相关信息系统、Office 等办公软件。

5. 物流客户服务员岗位职责及能力素质要求

1）岗位职责

物流客户服务员是指接受客户咨询,帮助客户解答疑惑,或者承担客户服务工作的专职人员。其岗位职责有:

①负责与客户之间的联络沟通工作,跟踪及查询相关信息。

②解答客户的疑问,协调处理客户的投诉。

③与负责业务区域的相关负责人接洽,沟通建立合作过程中的有关事宜。

④监控所负责区域社会化业务的运作情况。

⑤挖掘所负责区域的其他潜在物流需求,扩大合作范围。

⑥维护客户关系,建立并巩固长期稳定的合作基础。

⑦调研目标企业的物流现状和物流需求,拓展新的社会化客户。

2）能力及素质要求

①熟悉物流业务流程和物流服务项目。

②具有"专业、敬业、尊重、包容、理解"的服务意识。

③具有良好的团队合作精神及客户沟通能力,工作积极主动,责任心强,能吃苦耐劳。

④亲和力强,有较强的沟通与表达能力,思维敏捷。

⑤对待客户能以礼待人。

⑥能熟练操作计算机及相关办公软件。

项目4　测试题

项目 5 企业逆向物流管理

知识目标

1. 理解企业逆向物流的含义及特点。
2. 能阐述逆向物流与正向物流的关系。
3. 分析企业逆向物流产生的驱动因素。
4. 理解影响企业逆向物流管理的关键要素。
5. 了解绿色物流与 ISO 14000 环境管理系列标准。

能力目标

1. 能运用逆向物流管理的基本方法分析企业的逆向物流系统。
2. 能在具体的物流活动中融入绿色物流理念。

素质目标

1. 树立绿色物流观念。
2. 树立资源合理利用的意识。
3. 了解垃圾分类知识。

【案例导入】

逆向物流:弯道超车的新业态

随着网购日益成为人们不可或缺的一种生活方式,电商物流也迎来了快速发展期。然而,全新概念的"逆向物流"也在这样一种物流业发展的大环境中悄悄地火了起来,其原因便是制造与零售企业退货量的激增。

别看逆向物流看起来只是退换货这么简单,但在物流行业看来,这是一块巨大的蛋糕。据了解,近年来已有几大国际快递巨头深入这一"逆向思维"的全新领域,我国也有快递企业推出了集取件、维修、返还于一体的逆向物流"寄修"模式,为用户提供足不出户便可享受的高品质售后服务。逆向物流为啥这么火?

利于商家维护产品美誉度

所谓逆向物流,是指商家客户委托第三方物流公司将交寄物品从用户指定所在地送达商家客户所在地的过程,这个过程由商家客户推动,物流费用采取商家客户与第三方物流公司统一集中结算的方式。物流行业专家董鹏介绍,逆向物流包含回收逆向物流和退货逆向物流两类。其中,退货逆向物流是指最终顾客将不符合其订单要求的产品退回给供应商,而回收逆向物流是指将顾客所持有的废旧物品回收到供应链上各节点企业,通过检验分类做报废处置或是进行再加工,分销到顾客手中。

中国物流学会副会长、曙光研究院院长郝皓在接受媒体采访时表示,引发逆向物流的因素有很多,比如换季退货、维修退货、积压库存、生产报废等。有分析称,发展逆向物流,可以使企业的服务内容区别于其他竞争对手,对有逆向物流需求的客户产生巨大的吸引力。同时,还可以提高企业在长期发展中的竞争力和知名度,以及在全球供应链中的地位。而具有一定规模的物流企业,在进入第三方逆向物流市场时具备一定优势。如具备完善的逆向物流基础设施、专业的逆向物流管理技术和人员、强大的逆向物流信息系统和良好的客户资源等。

业内人士认为,企业积极开展逆向物流,不仅可以及时消除顾客对企业或产品的不满、确立产品的品质、帮助企业恢复信誉,而且可以保证不符合顾客要求的产品及时退换货,有质量问题的产品及时被召回,从而成功化解顾客对企业的信任危机,提高顾客的忠诚度。而且,随着人们环保意识的增强,环保法规约束力度的加大,逆向物流的经济价值也逐步显现。

政策春风孕育广阔前景

随着现代物流业的快速发展,国内消费者可以足不出户网购全球商品。随着国内现代物流和快递业逐渐深入各级城市,直达用户家中,为逆向物流发展创造了良好的发展土壤。专业机构的调研预测,中国物流市场的容量大概在5万亿元,而逆向物流约占其中的20%,也就是说,逆向物流高达1万多亿元。但是,目前我国很多企业逆向物流的成本占到了总成本的20%以上,远远高于发达国家企业4%的平均水平。

逆向物流发展迎来了政策春风。2014年,国务院印发的《物流业发展中长期规划(2014—2020年)》明确指出,要大力发展逆向物流和绿色物流。2015年7月4日,《国务院关于积极推进"互联网+"行动的指导意见》强调,"充分发挥互联网在逆向物流回收体系中的平台作用""利用物联网、大数据开展信息采集、数据分析、流向监测,优化逆向物流网点布局"。

然而,在业内人士看来,虽然逆向物流发展前景很好,但目前能够提供成熟完善的逆向物流业务的第三方物流供应商相对较少。现阶段,绝大部分的企业管理者还只是将注意力集中在正向物流的发展上,并没有真正意识到逆向物流的价值。同时,由于逆向物流无法预估且对于系统的柔性化要求较高,我国现有的物流信息网络很难达到要求。

纵观全球物流行业发展,郝皓认为,逆向物流可以成为企业的利润中心。"在中国许多企业还在承受占总成本20%以上的逆向物流成本时,全球范围内一些主要跨国企业如杜邦、巴斯夫、康明斯等都因为积极实施逆向物流带来了可观的经济效益和社会价值。"郝皓说。

专业化、协同性是大势所趋

"就目前来看,逆向物流有很大的发展空间,因为有大量的退换货物品、需维修物品以及定向加工改造的物品需要通过这样一个渠道来返还给商家。但是,要想真正做好逆向物流,我们还是要强调专业化。"济南大学商学院党委书记、教授葛金田表示。目前,从事逆向物流的企业主要有3类,包括专业从事某一领域,专门针对电商服务和物流产品返还,更加注重专业化,以及加强与正向物流业务流程的协同,是相关企业未来应该遵循的发展方向。

对于发展逆向物流的门道,物流行业专家董鹏建议,要发展逆向物流,首先应大力发展专业化的第三方逆向物流企业。对于大部分中小企业而言,由于缺乏从事逆向物流的专业知识、技术和经验,尚无力投资进行逆向物流系统建设,而借助第三方物流企业进行逆向物流活动便可有效解决这一问题。同时,要积极培养逆向物流人才。因为逆向物流专业性较强,参与逆向物流的技术人员及管理人员不仅要具备系统构建的能力,还需要具备相应的物流知识,熟悉不同行业中的退换货过程。

此外,有业内人士建议,发展逆向物流还要重视信息建设,可以考虑打造逆向物流信息网,从而加强信息共享,互通有无。

任务 1　认识企业逆向物流

供应链本身是一个循环物流系统,由正向物流和逆向物流构成。"逆向物流"这个名词最早于1992年出现在美国物流管理协会(CLM)的一份研究报告中,指出逆向物流是一种包含了产品退回、物料替代、物品再利用、废弃处理、再处理、维修与再制造等流程的物流活动。

5.1.1　逆向物流的内涵

《物流术语》(GB/T 18354—2021)对逆向物流的定义是:从供应链下游向上游的运动所引发的物流活动。逆向物流可以概括为组织对来源于客户手中的物资的管理。逆向物流的对象包含来自客户手中的物资、包装品和产品,具体指因损坏、季节性库存、重新进货、召回和过量库存而退回的商品以及可再生利用品、危险材料和报废设备等。

【知识链接】

垃圾分类

垃圾分类,一般是指按一定规定或标准将垃圾分类储存、分类投放和分类搬运,从而转变成公共资源的一系列活动的总称。分类的目的是提高垃圾的资源价值和经济价值,力争物尽其用。垃圾在分类储存阶段属于公众的私有品,垃圾经公众分类投放后成为公众所在小区或社区的区域性准公共资源,垃圾分类搬运到垃圾集中点或转运站后成为没有排除性的公共资源。从国内外各城市对生活垃圾分类的方法来看,大致都是根据垃圾的成分、产生量,结合本地垃圾的资源利用和处理方式来进行分类的。进行垃圾分类收集可以减少垃圾处理量和处理设备,降低处理成本,减少土地资源的消耗,具有社会、经济、生态等方面的效益。

1. 产生原因

每个人每天都会扔出许多垃圾,在一些垃圾管理较好的地区,大部分垃圾会得到卫生填埋、焚烧、堆肥等无害化处理,而更多地方的垃圾则常常被简易堆放或填埋,导致臭气蔓延,并且污染土壤和地下水体。垃圾无害化处理的费用是非常高的,根据处理方式的不同,处理一吨垃圾的费用为一百元至几百元不等。人们大量地消耗资源,大规模生产,大量地消费,又大量地生产着垃圾,后果将不堪设想。从国外各城市对生活垃圾分类的方法来看,大致都是根据垃圾的成分构成、产生量,结合本地垃圾的资源利用和处理方式来进行分类。如德国一般分为纸、玻璃、金属和塑料等;澳大利亚一般分为可堆肥垃圾、可回收垃圾、不可回收垃圾;日本一般分为塑料瓶类、可回收塑料、其他塑料、资源垃圾、大型垃圾、可燃垃圾、不可燃垃圾、有害垃圾等。

2. 分类原则

(1)分而用之

分类就是为了将废弃物分流处理,利用现有生产制造能力,回收利用回收品,包括物质利用和能量利用,填埋处置暂时无法利用的无用垃圾。

(2)因地制宜

各地、各区、各社(区)、各小区地理、经济发展水平、企业回收利用废弃物的能力、居民来源、生活习惯、经济与心理承担能力等各不相同。

(3)自觉自治

社区和居民,包括企事业单位,逐步养成"减量、循环、自觉、自治"的行为规范,创新垃圾分类处理模式,成为垃圾减量、分类、回收和利用的主力军。

3. 垃圾种类

(1)可回收物

可回收物主要包括废纸、塑料、玻璃、金属和布料五大类。

①废纸。主要包括报纸、期刊、图书、各种包装纸等。但是,要注意纸巾和厕所纸由于水溶性太强不可回收。

②塑料。主要包括各种塑料袋、塑料泡沫、塑料包装(快递包装纸是干垃圾)、一次性塑料餐盒餐具、硬塑料、塑料牙刷、塑料杯子、矿泉水瓶等。

③玻璃。主要包括各种玻璃瓶、碎玻璃片、暖瓶等(镜子是干垃圾)。

④金属物。主要包括易拉罐、罐头盒等。

⑤布料。主要包括废弃衣服、桌布、洗脸巾、书包、鞋等。

这些垃圾通过综合处理回收利用,可以减少污染,节省资源。如每回收 1 吨废纸可造好纸 850 千克,节省木材 300 千克,比等量生产减少污染 74%;每回收 1 吨塑料饮料瓶可获得 0.7 吨二级原料;每回收 1 吨废钢铁可炼好钢 0.9 吨,比用矿石冶炼节约成本 47%,减少空气污染 75%,减少 97% 的水污染和固体废物。

（2）其他垃圾

其他垃圾（上海称干垃圾）包括除上述几类垃圾之外的砖瓦陶瓷、渣土、卫生间废纸、纸巾等难以回收的废弃物及尘土、食品袋（盒）。采取卫生填埋可有效减少对地下水、地表水、土壤及空气的污染。大棒骨因为"难腐蚀"被列入"其他垃圾"。玉米核、坚果壳、果核、鸡骨等则是餐厨垃圾。

①卫生纸。厕纸、卫生纸遇水即溶，不算可回收的"纸张"，类似的还有烟盒等。

②餐厨垃圾袋。常用的塑料袋，即使是可以降解的也远比餐厨垃圾更难腐蚀。此外，塑料袋本身是可回收垃圾，正确的做法应该是将餐厨垃圾倒入垃圾桶，塑料袋另扔进"可回收垃圾"桶。

③果壳。在垃圾分类中，"果壳瓜皮"的标识就是花生壳，的确属于厨余垃圾。家里用剩的废弃食用油，也归类在"厨余垃圾"。

④尘土。在垃圾分类中，尘土属于"其他垃圾"，但残枝落叶属于"厨余垃圾"，包括家里开败的鲜花等。

（3）厨余垃圾

厨余垃圾（上海称湿垃圾）包括剩菜剩饭、骨头、菜根菜叶、果皮等食品类废物。厨余垃圾经生物技术就地处理堆肥，每吨可生产 0.6～0.7 吨有机肥料。

（4）有害垃圾

有害垃圾含有对人体健康有害的重金属、有毒的物质或者对环境造成现实危害或者潜在危害的废弃物。包括电池、荧光灯管、灯泡、水银温度计、油漆桶、部分家电、过期药品、过期化妆品等。这些垃圾一般使用单独回收或填埋处理。

5.1.2 逆向物流的分类

按照回收物品的渠道可分为退货逆向物流和回收逆向物流。退货逆向物流是指下游客户将不符合订单要求的产品退回给上游供应商，其流程与常规产品流向正好相反。回收逆向物流是指将最终客户所持有的废旧物品或质量有问题的商品回收到供应链上的各节点企业。

5.1.3 逆向物流的特点

1）分散性

逆向物流产生的大部分原因与产品的质量和数量的异常有关，任何领域、任何部门、任何个人，在任何时间都有可能发生，这种多元性使其具有分散性。

2）缓慢性

逆向物流开始时数量少、品种多，通过不断汇集，形成较大规模，而且这些商品只有经过加工、改制等环节后才能重新被利用，甚至有些商品只能作为原料回收利用。另外，这些物资的收集和整理也是一个复杂的过程，这一切都决定了其缓慢性的特点。

3）混杂性

在逆向物流中,往往不同种类、不同状态的产品混杂在一起,必须经过检查、分类后才能进行区分。

4）多变性

逆向物流的分散性和消费者的要求不同,企业很难控制回收时间和空间,导致了多变性。主要表现在以下4个方面:①不确定性;②处理系统与方式复杂多样;③物流技术具有一定的特殊性;④成本相对高昂。

5）逆向物流的处理费用高

一方面,回流物品通常缺乏规范的包装,又具有不确定性,难以形成运输和储存的规模效益;另一方面,许多物品需要人工检测、分类和处理,效率比较低,会大大增加人工处理的费用。

6）逆向物流的价值递减性与递增性

一些回流产品,由于逆向物流过程中会产生一系列的运输、仓储及处理费用,因而会使其本身的价值递减。而另一些回流物品,对消费者而言没有什么价值,但是通过逆向物流系统处理后,又会变成二手产品、零件或者生产的原材料,获得了再生的价值,因此逆向物流又具有价值的递增性。

5.1.4 逆向物流与正向物流的关系

1）逆向物流与正向物流的联系

正向物流和逆向物流是一个完整物流系统的两个子系统,两者相互联结、相互作用、相互制约,共同构成了一个开放式的物流循环系统。逆向物流是在正向物流运作过程中产生和形成的,没有正向物流,就没有逆向物流;逆向物流的流量、流向、流速等特性是由正向物流的属性决定的。如果正向物流利用效率高、损耗小,则逆向物流必然流量小、成本低,反之则流量大、成本高。另外,在一定条件下,正向物流与逆向物流也可以相互转化,正向物流管理不善、技术不完备,就会转化成逆向物流;逆向物流经过再处理、再加工、改善管理方法制度,又会转化成正向物流,被生产者和消费者再利用。

2）逆向物流与正向物流的区别

①逆向物流与正向物流运作的起始点完全相反,逆向物流更加趋向于反应性的行动与活动,其中实物和信息的流动基本都是由供应链末端的成员或最终消费者引起的。
②退回物品有各种不同的原因,逆向物流产生的数量、时间和地点难以预见,按量、准时和指定发货点则是正向物流的基本要求。
③发生逆向物流的地点较为分散、无序。

④逆向物流的处理系统与方式复杂多样,不同处理手段对恢复资源价值的贡献差异显著。

5.1.5 逆向物流产生的驱动因素

1)新的分销渠道

消费者可以更加便捷地通过新的分销渠道来购买商品。网络和互联网的出现使商品直销成为可能,同时也增加了退货的可能性。直销渠道会延长产品的运送线路,从而使产品在运送过程中被损坏的情形增加,实物与在电视或网络上看到的商品样品图片往往也存在差异,客观上增加了逆向物流的数量。一般零售商的退货率是5%~10%,而通过产品目录和网络销售的产品的退货比例则高达35%。由于直销渠道面对的顾客是全球范围的,而不仅仅局限于本地、国内或者某一区域,退货物品管理的复杂性就会增加,管理成本也将上升。

2)来自顾客的退货行为

任何企业包括全球500强在内的跨国公司,都会面临顾客的退货问题。由于经济发展朝着全球化方向运作,纯粹的本国制造和流通活动已颇为少见,大规模的生产和配送运输及存储环节都会造成商品、半成品、原材料和零部件的缺陷和瑕疵,造成递送商品的错位等问题,这里不仅有人为因素,也受制于非人为因素。即使是更加精细化的物流与供应链管理运作,也会有一些误差的出现。常见的退货原因有以下几个方面:①存在质量问题;②数量有偏差;③错误的递送对象等。

3)来自国际和法律方面的环境保护因素

经济全球化的推进让世界各国开始密切关注环境保护问题,各国都从自身可持续发展的目标出发,对破坏环境的商品及商品包装制定了相关法律进行严格监控。德国的《包装废品废除法令》(*Ordinance on the Avoidance of Packaging Waste*)于1991年通过并成为法律,这一法令强调企业有责任管理他们的包装废品,包括收集、分类、循环使用包装物。1995年欧盟发布了一条包装法令,要求其所有成员国到2001年最少要再生利用各自25%的包装品。其他欧洲国家如奥地利、荷兰也采取同样的措施来制定或修正它们的法律。英国于1997年制定的《垃圾掩埋税收法案》(*Landfill Tax*)使得处理固体废品的成本比以前更加昂贵,这毫无疑问会迫使厂商与消费者提高再生循环利用的意识。例如,对于年产包装材料为50吨、每年营业额达到500万英镑的企业,政府强制要求其登记并证实在1998年以前完成了物资的再生和回收工作。这些需要进行再生的物资有铝、玻璃、纸张、木材、塑料和钢铁。原材料制造商负6%的责任,包装商负11%的责任,包装食品生产厂负36%的责任,销售给最终使用者的组织负47%的责任。1998年再生物资比例为38%,2001年上升到52%。一些相关机构也承担了监督和管理逆向物流的责任,如美国消费者产品安全委员会、美国食品与药品管理局和美国农业部。所以,因环保因素而引发的逆向物流往往涉及社会责任感和企业道德问题,因而也就出现了所谓的"绿色物流"概念。

4）来自供应商的产品召回行为

产品召回制度源于20世纪60年代的美国汽车行业,经过多年实践,美国、日本、欧洲、澳大利亚等国对缺陷汽车召回都已经形成了比较成熟的管理制度。在欧洲,许多欧盟成员国实施了专门的法律,要求制造商在知晓其产品存在缺陷后采取措施进行召回。2000年是世界汽车业界的"汽车召回年"。福特汽车中国有限公司、三菱汽车公司、瑞典沃尔沃、日本马自达、韩国现代下属的起亚公司、标致公司、戴姆勒-克莱斯勒公司以及通用汽车公司都相继宣布,出于各种原因其各自生产的汽车或多或少都存在安全隐患,在全球召回汽车。近几年随着消费者地位的上升、消费者权益的增加,产品召回现象从最初的汽车、电脑行业迅速蔓延到手机、家电、日用品等各个行业。为了维护企业的核心竞争力,企业需要通过有效的逆向物流管理来降低召回损失。

5）日益缩短的产品生命周期

产品生命周期正变得越来越短,这种现象在许多行业都变得非常明显,尤其是在计算机行业和手机行业。新产品和升级换代产品以前所未有的速度推向市场,推动消费者更加频繁地购买。当消费者从更多的选择和功能中受益时,这种趋势也不可避免地导致了消费者使用更多的不需要的产品,同时也带来了更多的包装、更多的退货和更多的浪费等问题。由缩短产品的生命周期而导致的产品淘汰,显著地增加了进入逆向物流的物资浪费以及管理成本。

6）供应链中的力量转移

竞争的加剧和产品供应量的增加意味着买家在供应链中的地位的提升。零售商往往拒绝承担未售出商品和过度包装品的处理责任。在美国,大多数返还给最上层供应商的商品(要么来源于消费者,要么是因为未售出)都被最初的供应商收回,由他们对这些产品进行再加工和处理。这种趋势在所有行业都有发生,即便是航空业,也会要求供应商收回并处理不需要的包装物品。

随着社会的发展,驱动逆向物流出现和发展的因素还会增加。逆向物流的经济价值已经逐步得到显现,国外许多知名企业都把逆向物流战略作为强化其竞争优势、增加顾客价值以及提高其供应链整体绩效的重要手段。

任务2　企业逆向物流管理

逆向物流管理是与传统供应链反向,为价值恢复或物品回收而对原材料、中间库存、最终产品及相关信息从消费地到起始点的有效实际流动所进行的计划、管理和控制的过程。

5.2.1　逆向物流管理的基本原则

①事前防范重于事后处理原则。逆向物流使供应链成本额外增加,因此企业重点在于如何减少或消除这种物流的发生。

②绿色原则。即"5R"原则:研究(Research)、再利用(Reuse)、减量化(Reduce)、再循环(Recycle)、修复(Rescue)。

③效益原则。现代物流涉及了经济与生态环境两大系统,是经济效益和生态环境效益彼此联系的桥梁。经济效益关系局部和目前的利益,生态环境效益则关系宏观和长远的利益。

④信息化原则。尽管逆向物流具有极大的不确定性,但通过信息技术的应用,可以帮助企业提高物流的效率和效益。

⑤法治化原则。需要法律法规来约束不正当的逆向物流行为。

⑥社会化原则。逆向物流需要企业和公众共同参与。

无论是退货物流还是回收物流,其返回的方式都与送货流程相反,其单据跟踪和运输都需要进行详细的流程制订。一般安排返程运输或就近解决的方式。

5.2.2　退货物流管理

退货物流分为当场拒收和事后退货。

(1)当场拒收

客户收货时发现产品存在质量问题或不是订单产品,即当场拒绝收货,并在收货单据中注明拒收原因和数量,送货人员将商品和单据带回,并与配送中心进行交接处理。

(2)事后退货

有些客户与供应商签订有高库存退货、残次退货或换货协议。如快速消费品、家电等,当客户有需求时,供应商需要安排在送货的同时,将所退货物拉回。其流程与送货流程相反。

5.2.3　回收物流管理

回收物流指不合格物品的返修、退货以及周转使用的包装容器从需方返回到供方所形成的物品实体流动。

产品回收系统包括以下组成部分。

①回收收集点。可以专门设立回收中心,也可以是零售商负责回收。

②存储地。连接回收点和拆卸、再循环车间的纽带。

③拆卸、再循环车间。负责将收回的产品拆卸、分解、归类和粉碎处理。

④材料终端处理地。将分类出来的有利用价值的材料再次出售或再利用,将无利用价值的材料直接送至填埋地或焚烧炉。有害的危险材料须做进一步处理。

【知识链接】

逆向物流的巨大空间

近年来,逆向物流逐年增加,主要有两个原因:一是越来越多的企业认识到处理好逆向物流能为企业带来财富,运营平滑有序的过程能提高顾客服务水平、提高顾客忠诚度、降低成本、缩短处理周期;二是与直销的增加有关,尤其是网上销售的增加,导致产品回流量增加。表5.1和表5.2列出了不同类型产业和不同类型商店的商品回流情况。

表5.1　按产业划分的产品回流率

产业类型	产品回流率/%
杂志出版	50
书籍出版	20~30
书籍分销	10~20
贺卡	20~30
电器分销商	10~12
计算机制造商	10~20
光驱	18~25
打印机	4~8
订单销售计算机	2~5
大宗货品销售商	4~15
汽车业(零部件)	4~6

表5.2　零售商店的产品回流率

商店类型	产品回流率/%
汽车零部件	13.4
家具店	13.4
女用服装店	11.5
日用品店	11.2
超市/杂货店	<1
酒店	<1
药店	<1
贺卡礼品店	<1
综合性零售店	6.3

任务3　企业绿色物流管理

【案例导入】

《寂静的春天》

《寂静的春天》,作者蕾切尔·卡逊,海洋生物学家。1958年,她接到朋友的一封信,诉说她在家居后院所饲喂的野鸟都死了,1957年飞机在那儿喷过杀虫剂消灭蚊虫。这时的卡逊正在考虑写一本有关人类与生态的书,她决定收集杀虫剂危害环境的证据。起初,她打算用一年的时间写个小册子,但随着资料的增加,她感到问题比她想象的要复杂得多。为使论述确凿,她阅读了几千篇研究报告和文章,寻找有关领域权威的科学家,并与他们保持密切联系。在写作中,她渐渐感到问题的严重性。她的一个朋友也告诫说,写这本书会得罪许多部门。果然,《寂静的春天》1962年在美国问世时,就成为一本很有争议的书。它那惊世骇俗的关于农药危害人类环境的预言,不仅受到与之利害攸关的生产与经济部门的猛烈抨击,而且也强烈震撼了社会广大民众。在20世纪60年代以前的报纸或书刊,几乎找不到"环境保护"这个词。这就是说,环境保护在那时并不是一个存在于社会意识和科学讨论中的概念。确实,回想一下长期流行于全世界的口号——"向大自然宣战""征服大自然",在这儿,大自然仅仅是人们征服与控制的对象,而非保护并与之和谐相处的对象。人类的这种意识大概起源于原始社会,一直持续到20世纪。没有人怀疑它的正确性,因为人类文明的许多进展是基于此意识而获得的,人类当前的许多经济与社会发展计划也是基于此意识而制订的。卡逊第一次对这一人类意识的绝对正确性提出了质疑。《寂静的春天》出版两年之后,她心力交瘁,与世长辞。作为一个学者与作家,卡逊所遭受的诋毁和攻击是空前的,但她所坚持的思想终于为人类环境意识的启蒙点燃了一盏明亮的灯。

虽然阻力重重,但《寂静的春天》毕竟像黑暗中的一声呐喊,唤醒了广大民众。由于来自民众的压力日增,最后政府介入了这场战争。1963年,当时在任的美国总统肯尼迪任命了一个特别委员会调查书中结论。该委员会证实卡逊对农药潜在危害的警告是正确的。国会立即召开听证会,美国第一个民间环境组织由此应运而生,美国环境保护局也在此背景下成立。由于《寂静的春天》的影响,仅至1962年年底,已有40多个提案在美国各州通过立法以限制杀虫剂的使用。曾获诺贝尔奖的滴滴涕(DDT)和其他几种剧毒杀虫剂终于从生产与使用的名单中彻底清除。

5.3.1　绿色物流产生的背景

随着经济全球化的不断深化,各类生产要素的获取和产品营销范围的日益扩大,专业化分工和物流技术的不断发展,现代物流在社会再生产中发挥着越来越重要的作用。但是,伴随着大量生产、流通和消费而产生的大量废弃物对经济社会产生了严重的影响。这一方面造成了资源的枯竭,使人类面临因资源减少而带来的生存危机;另一方面,大量废弃物的产生对生态环境和人类健康构成严重的危害。面对严酷的现实,人们不得不对传统的从生产到消费的线性经济运作模式产生怀疑。自20世纪中叶,生态环境问题逐渐引起人类的警觉,到20世纪80年代,末端治理一直是人们应对环境问题的主要治理方式。随着社会的发展,环境问题日益突出,同时人们对环境问题的认识也在不断加深,末端治理模式的局限性逐渐暴露出来,促使环境治理的模式从单纯的末端治理向源头污染预防和全过程控制转变,同时循环经济的概念也逐渐得到重视。特别是可持续发展概念的提出和向各个领域的推广,标志着综合性的、全面参与性的环境治理模式的展开。物流作为实现社会生产和消费活动的重要环节,同时也是产品生命周期环境管理中的一个重要环境因素,当然要引起人们的重视。绿色物流的概念在此背景下应运而生。

推行绿色物流是世界物流业发展的重点。21世纪的物流理论,要求改变过去物流主体之间的单向作用关系,设计和建立环形的、循环的物流系统,使物流与环境能和谐相处。物流行业要把有效利用资源和维护地球环境放在发展的首位,建立全新的从采购、生产、分销、消费直到废弃全过程有效率的、使信息流与物品流循环进行的绿色物流系统。目前,世界各国都在尽力把绿色物流的推广作为物流业发展的重点,积极开展绿色环保物流的专项技术研究,促进新型环保材料的研发和广泛应用,进行逆向物流的理论和实践探讨,并且积极出台相应的绿色物流政策、法规和标准,努力为物流的绿色化和经济的可持续发展奠定基础。

在我国,随着建设和谐社会和科学发展观的确立,在建设生态文明的诉求下,绿色物流正为越来越多的人所认识和接受,发展绿色物流已是大势所趋。尤其是我国加入WTO后,国内物流企业与国外物流企业的竞争将更为激烈,因此,中国的物流业按照绿色化的思路来规划发展,是应对国际竞争、赢得市场空间的必然选择和发展趋势。

5.3.2 绿色物流的定义及特征

1)绿色物流的定义

绿色物流是20世纪90年代中期才被提出的一个新概念,目前还没有统一的定义。一般认为,绿色物流是指以降低对环境的污染、减少资源消耗为目标,利用先进物流技术规划和实施运输、储存、包装、装卸搬运和流通加工等物流活动。我国物流术语定义为,绿色物流是指在物流过程中抑制物流对环境造成危害的同时,实现对物流环境的净化,使物流资源得到最充分的利用。绿色物流的行为主体主要是专业的物流企业,同时也涉及有关生产企业和消费者。

2)绿色物流的特征

(1)绿色物流具有多重目标

与传统物流系统的单一目标不同,绿色物流系统具有多目标的特性。作为社会经济系统的子系统,绿色物流系统追求经济效益的最大化,即以最低的成本满足客户的服务需求;

作为社会系统的子系统,绿色物流系统追求良好的社会效益;作为生态环境系统的子系统,绿色物流系统追求生态效益,即保护生态环境和减少资源消耗。绿色物流系统的 3 个目标之间既存在着相互联系、相互依赖的关系,又存在着相互影响、相互制约和相互矛盾的关系。一方面,经济效益的获得是社会效益和生态环境效益得以实现的条件,而生态环境效益的获得又是经济效益和社会效益得以持久保证的根本;另一方面,过分追求经济效益的增长可能会引起社会效益和生态环境效益的下降,而生态环境目标的达成也会影响短期经济效益的获得。因此,如何在这些相互影响的目标之间寻求平衡,以实现经济效益、社会效益与生态环境效益 3 个目标的统一,是绿色物流系统要解决的根本问题。

(2)绿色物流涉及多门学科

绿色物流不但涉及物流管理、物流工程等物流学科的相关知识,而且涉及环境保护、资源利用等生态经济学、环境科学方面的知识。因此,绿色物流具有多学科相互交叉的边缘学科的特性。一方面,因为全球环境问题的日益突出、公众环保意识的增强以及物流活动与环境之间不可分割的联系,所以在研究物流战略和物流策略时必须考虑环境影响问题和资源问题;另一方面,由于生态环境系统对物流系统具有制约和限制的作用,因此,物流系统的规划和执行,又必须结合应用环境科学、生态经济学、生态伦理学的理论和方法。交叉科学的特性使得绿色物流的研究内容非常广泛,研究方法相当复杂。可持续发展理论、生态经济学理论、生态伦理学理论、循环经济学理论、外部成本内在化理论、物流绩效理论等都是绿色物流的理论依据。

(3)绿色物流是由多层次组成的完整体系

①绿色物流是由宏观管理层、中观管理层和微观管理层组成的完整体系。其中,宏观管理层的主要职能是通过经济手段、法律手段、行政手段和教育手段传播绿色物流理念、规范,指导和约束企业物流行为;中观管理层的任务则是从供应链管理的角度和企业战略高度,协调与供应链上、下游企业的关系,共同规划和管理企业的绿色物流系统及供应链的绿色物流系统,建立有利于资源再利用和减少环境影响的循环物流系统;微观管理层主要涉及各项物流活动的绿色化,如运输的绿色化、包装的绿色化、流通加工的绿色化和仓储活动的绿色化等。

②绿色物流是由多个功能子系统构成的整体系统。这些功能子系统有绿色运输子系统、绿色仓储子系统、绿色包装子系统、绿色装卸搬运子系统等。其中每一功能子系统又可划分成更低层次的子系统,如绿色运输子系统又可划分为绿色铁路运输子系统、绿色公路运输子系统、绿色水路运输子系统、绿色航空运输子系统和绿色管道运输子系统。不同层次的物流子系统通过相互作用构成一个有机整体,实现绿色物流系统的整体目标。

③绿色物流体系是绿色供应链系统的一个子系统。绿色供应链体系包括绿色采购子系统、绿色设计子系统、绿色生产子系统、绿色物流子系统、绿色营销子系统和绿色消费子系统。绿色物流子系统与其他子系统之间存在着相互影响、相互依赖的关系,共同构成了完整的绿色供应链系统。

④绿色物流系统是外部环境系统的子系统。外部环境包括影响绿色物流的法律环境、政治文化环境、技术经济环境、人口自然环境以及国际环境等方面。它们对绿色物流战略、运行方式、实施效果等将起到约束作用或促进作用。

（4）绿色物流具有空间的广泛性

物流活动具有地理上的分散性,这就使得绿色物流也必然涉及广阔的地理范围。特别是在经济全球化的大背景下,物流活动不但突破了地区限制,而且形成了跨越一个国界甚至多个国界的发展趋势,因此,对物流活动绿色化的管理也具有跨地区、跨国界的特性。另外,绿色物流管理策略的实施涉及供应链上所有成员企业,这些企业很可能分布在不同的城市、不同的地区甚至不同的国家。例如,美国、日本等国家对产品的包装制定了严格的标准,欲进入其市场的其他国家的产品包装必须达到其标准要求。空间的广泛性导致绿色物流的管理和控制难度加大,复杂性增强。

（5）绿色物流具有相对性和动态性

绿色物流的相对性是指由于各地区、各国家的经济发展水平、资源状况、科技水平以及人们的思想意识的不同,其对绿色物流的界定和实施措施也会有所不同。绿色物流的动态性是指随着科学技术的发展以及人们认识水平的提高,绿色物流的理论和方法也在不断变化与发展之中。

3）绿色物流与逆向物流的关系

绿色物流与逆向物流既有交叉又不等同。绿色物流是可持续发展原则与现代物流理念相结合的一种现代物流观念。绿色物流包括企业在生产经营活动中贯彻 ISO 14000 标准,测定企业活动对环境的影响,降低原材料的使用,包装的再利用和在物流活动中降低能耗等。这样,某些活动既是绿色物流又是逆向物流,例如包装的再使用,物品的再加工、再循环;同时有些活动又不是逆向物流所涉及的,例如降低能耗、重新设计包装以节约资源等。所以逆向物流与绿色物流有重叠、交叉的部分,但是不能等同,如图 5.1 所示。绿色物流实际上应是在供应链中贯穿正向物流与逆向物流活动的一种理念与相应的行为,是整个社会可持续发展的必然要求。

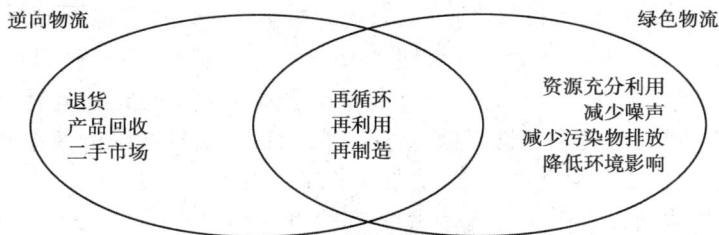

图 5.1　逆向物流与绿色物流关系对比图

5.3.3　企业绿色物流管理的目标

所谓"绿色物流管理",就是将环境保护的观念融于企业物流经营管理之中,它涉及企业供应链管理的各个层次、各个领域、各个方面、各个过程,要求在企业供应链中时刻全面地考虑环保,体现绿色思想。

企业绿色物流管理主要有 3 项目标:①物质资源利用的最大化,通过集约型的科学管理,使企业所需要的各种物质资源最有效、最充分地得到利用,使单位资源的产出达到最大最优;②废弃物排放的最小化,通过实行以预防为主的措施和全过程控制的环境管理,使生产经营过程中的各种废弃物最大限度地减少;③适应市场需求的产品绿色化,根据市场需求,开发对环境、对消费者无污染、安全和优质的产品。这三者之间是相互联系、相互制约的,资源利用越充分,环境负荷就越小;产品绿色化,又会促进物质资源的有效利用和环境保护。这3个目标的实现,最终使企业发展目标与社会发展目标、环境改善协调同步,走上企业与社会都能可持续发展的双赢之路。

绿色物流的目标不同于一般的物流活动。一般物流活动的最终目标是追求某一主体的经济利益最大化,它往往通过满足顾客的物流需求、扩大市场占有率,最终通过物流企业的赢利来实现。而绿色物流的目标除上述经济利益目标之外,还追求节约资源、保护环境这一既具有经济属性,又具有社会属性的目标。

5.3.4　绿色物流的发展对策

1)政府制定规制引领绿色物流的发展

规制是指依据一定的规则对构成特定社会的个人和构成特定经济的主体的活动进行限制的行为。政府规制可解释为:在以市场机制为基础的经济体制条件下,以校正、改善市场机制内在的问题为目的,政府干预和干涉经济主体(特别是对企业)活动的行为。由于物流对环境影响是一种外部效应,因此不能依靠市场机制加以调节,需要政府应用法律和政策加以规制。

从发达国家的实践来看,政府对绿色物流的对策主要体现在3个方面,即发生源规制、交通量规制和交通流规制。

发生源规制主要对产生环境问题的来源进行管理,从当前物流发展趋势看,产生环境问题的根源是物流量的扩大以及配送服务的发展所引起的在途货车增加。发生源规制的主要目标就是限制污染超标车辆上路以及促进低公害车的使用。发生源规制主要有以下5项,即根据大气污染防治法对废气排放进行规制;根据对车辆排放尾气的限制对车种进行规制;促进使用符合规制条件的车辆;低公害车的普及推广;对车辆噪声进行规制。

交通量规制主要是发挥政府的指导作用,推动企业从自备车运输向社会化运输体系转化,发展共同配送,建立现代化的物流信息网络等,以最终实现物流的效率化。交通量规制主要有以下4项,即货车使用合理化指导,促进企业选择合适的运输方式,以推进共同配送来提高中小企业物流的效率化,统筹物流中心的建设。

交通流规制的主要目的是通过建立都市中心环状道路、制定道路停车规则以及实现交通管制的高度化等措施来减少交通堵塞,提高配送效率。交通流规制主要有以下4项,即环状道路的建设,道路与铁路的立体交叉发展,交通管制系统的现代化,道路停车规制。

2)鼓励民间组织大力倡导发展绿色物流

开展绿色物流除了政府规制外,还必须重视民间组织的倡导。民间组织主要指行业协会、企业联合会、商会及社会团体等,它们是政府与企业的桥梁,民间组织在开展绿色物流中有其独特的优势。民间组织倡导的绿色物流措施主要有促进共同物流体系的建立、物流标准化、物流社会化、推广低公害物流技术的应用等。

3）提高企业的自律行为

开展绿色物流,离不开企业这个经济主体。只有所有物流企业和相关企业接受绿色物流的理念,并成为其自觉行为,才算真正进入了绿色物流时代。作为企业的经营者,应意识到企业不仅是经济组织,也是社会组织,企业不仅要追求利润最大化,也要承担社会责任。企业家应具有强烈的公德意识和社会责任感。即使从企业经济效益出发,走向绿色物流也有利于企业长期效益最大化。首先,良好的公众形象是企业最有价值的资产,而当前改善企业公众形象的最佳途径之一即是绿色化。其次,它可以提高企业的适应性。例如,当前的某些行为虽然不违法,但有悖于绿色物流的宗旨,企业不加改善也能生存,但一旦政府采取严厉的规制措施,企业就可能被置于死地。所以,开展绿色物流,是物流企业及相关企业长治久安、持续发展的唯一选择。

京东物流——绿色物流

莱鸟环保绿色
物流微电影

任务4　能力训练

案例分析:绿色物流在西方的发展

美国经济高度发达,也是世界上最早发展物流业的国家之一。美国政府在物流高度发达的经济社会环境下,不断通过政府宏观政策的引导,确立了以现代物流发展带动社会经济发展的战略目标,其近景远景目标十分明确。美国在其到2025年的《美国运输科技发展战略》中,规定交通产业结构或交通科技进步的总目标是:"建立安全、高效、充足和可靠的运输系统,其范围是国际性的,形式是综合性的,特点是智能性的,性质是环境友善的。"一般企业在实际物流活动中,对运输、配送、包装等物流活动的绿色化提供强有力的技术支持和保障。

欧洲是引进"物流"概念较早的地区之一,而且也是较早将现代技术用于物流管理、提高物流绿色化的先锋。如在20世纪80年代,欧洲就开始探索一种新的联盟型或合作式的物流新体系,即综合物流供应链管理。它的目的是实现最终消费者和最初供应商之间的物流与信息流的整合,即在商品流通过程中加强企业间的合作,改变原先各企业分散的物流管理方式,通过合作形式实现原来不可能达到的物流效率,从而减少无序物流对环境的影响。欧洲最近又提出一项整体运输安全计划,目的是监控船舶运行状态。通过测量船舶的运动、船体的变形情况和海水状况,就可以提供足够的信息,避免发生事故,或者是在事故发生之后,能够及时采取应急措施。这一计划的目的就是尽量避免或者减少海洋运输对环境的污染。

欧洲的运输与物流业组织——欧洲货代组织(FFE)也很重视绿色物流的推进和发展,对运输、装卸、管理过程制定出相应的绿色标准,加强政府和企业协会对绿色物流的引导和规划作用,同时鼓励企业运用绿色物流的全新理念(重点在于规划和兴建物流设施时,应该与环境保护结合起来;要限制危害人类生态最强烈的公路运输的发展,大力推进铁路电气化运输)来经营物流活动,加大对绿色物流新技术的研究和应用,如对运输规划进行研究,积极开发和试验绿色包装材料等。

日本自1956年从美国引进现代物流管理理念后,大力进行本国物流现代化建设,将物流运输业改革作为国民经济中最为重要的核心课题予以研究和发展。把物流行业作为本国经济发展生命线的日本,从一开始就没有忽视物流绿色化的重要意义,除了在传统的防止交通事故、抑制道路沿线的噪声和振动等问题方面加大政府部门的监管和控制作用外,还特别出台了一些实施绿色物流的具体目标值,如货物的托盘使用率,货物在停留场所的滞留时间等,来减少或降低物流对环境造成的负荷。1989年日本提出了10年内3项绿色物流推进目标,即含氮化合物排放标准降低三至六成,颗粒物排放降低六成以上,汽油中的硫降低1/10;1992年日本政府公布了汽车二氧化氮限制法,并规定允许企业使用的5种货车车型,同时在大都市特定区域内强制推行排污标准较低的货车;1993年除了部分货车外,要求企业承担更新旧车辆、使用新式符合环境标准的货车的义务。另外为解决地球的温室效应、大气污染等各种社会问题,日本政府与物流业界在控制污染排放方面,积极推动在干线运输方面的模式转换(由汽车运输转向对环境负荷较小的铁路和海上运输)和干线共同运行系统的建构,在都市内的运送方面推动共同配送系统的建设以及节省能源行驶等。在2001年出台的《新综合物流施政大纲》中,其重点之一就是要减少大气污染物排放,加强地球环境保护,对可利用的资源进行再生利用,实现资源、生态和社会经济良性循环,建立适应环保要求的新型物流体系。

进入21世纪,物流必将把有效利用资源和维护地球环境放在发展的首位,建立全新的从生产到废弃全过程效率化的、信息流与物质流循环化的绿色物流系统。目前,世界上各国都在尽力把绿色物流的推广作为物流业发展的重点,积极开展绿色环保物流的专项技术研究(如在物流系统和物流活动的规划与决策中尽量采用对环境污染小的方案,如采用排污量小的货车车型、近距离配送、夜间运货,以减少交通阻塞、节省燃料和降低排放等),保证新材料的广泛应用和开发,进行回收物流的理论和实践研讨,以及积极出台相应的绿色物流政策和法规,努力为物流的绿色化和可持续发展奠定基础。

思考:

1. 为什么企业要实行绿色物流?能为企业和社会带来哪些收益?

2. 西方国家的绿色物流是如何实施的?

3. 结合你家乡情况,你认为家乡全面的绿色物流规划应如何进行?

任务5 教学反馈与测评

1. 教学反馈表

项目名称：_____ 姓名：_____ 学号：_____ 班级：_____

(1)通过本项目学到了哪些知识	
(2)通过本项目掌握了哪些技能	
(3)本项目有哪些内容没有学懂	
(4)本项目最有价值的内容	
(5)对本项目教学的建议	

2. 能力测评表

项目名称：_____ 姓名：_____ 学号：_____ 班级：_____

职业核心能力	评价指标	自评结果	备 注
自我学习能力	课前收集过与本项目内容相关的资料 能够管理自己的时间 课后查找过资料，深入学习对本项目感兴趣的内容	□ A □ B □ C □ A □ B □ C □ A □ B □ C	
与人合作能力	与人合作完成任务 知道如何尊重他人的观点 主动帮助别人	□ A □ B □ C □ A □ B □ C □ A □ B □ C	
与人交流能力	能与他人有效沟通 能及时反馈学习信息 能主动回答老师提问	□ A □ B □ C □ A □ B □ C □ A □ B □ C	
信息处理能力	能够有效使用信息资源 能归纳总结本项目的重难点 能够回答老师提出的问题	□ A □ B □ C □ A □ B □ C □ A □ B □ C	
解决问题能力	能提出有价值的观点 能发现并解决常规问题 能提出并实施解决问题的方案	□ A □ B □ C □ A □ B □ C □ A □ B □ C	

续表

专业能力	评价指标	自评结果	备注
认识企业 逆向物流	逆向物流的含义 逆向物流的分类 逆向物流的特点 逆向物流与正向物流的关系 逆向物流产生的驱动因素	□ A □ B □ C □ A □ B □ C □ A □ B □ C □ A □ B □ C □ A □ B □ C	
企业逆向 物流管理	注重管理人员的观念转变,树立逆向物 流理念 建立逆向物流预警机制 培养物流管理人才 建立专业的逆向物流服务中心	□ A □ B □ C □ A □ B □ C □ A □ B □ C □ A □ B □ C	
企业绿色 物流管理	绿色物流的定义 ISO 14000 环境管理系列标准的概念 绿色物流的理论介绍 绿色物流的特征	□ A □ B □ C □ A □ B □ C □ A □ B □ C □ A □ B □ C	
学生签名			
教师评语			

(在□中打"√",A 为通过,B 为基本通过,C 为未通过)

项目5 测试题

项目 6 企业物料中心管理

知识目标

1. 能认识企业物料管理的重要性,熟悉物料管理的内容和相关部门的岗位职责。
2. 能进行物料管理需求分析,掌握物料需求计划的制订方法。
3. 能阐述企业物料控制的方法。

技能目标

1. 会结合实际情况进行初步的企业物料管理。
2. 会根据工艺和产品要求进行物料需求计划编制。

素质目标

1. 了解中国制造业信息化快速发展现状,提高学生民族自豪感。
2. 培养完成物料管理的能力。
3. 树立精益生产理念,编制不同条件下的物料计划。
4. 树立效率意识、成本意识、责任意识。

【案例导入】

××公司多请购造成物料浪费

××公司是重庆市知名的民营仪表企业,年销售额高达 2.5 亿元。2018 年经济形势变化导致该企业纯利润大幅减少,公司高层聘请专家进行现场咨询,其目的是降低成本,提高公司竞争力。专家通过调研发现,该公司物料请购非常随意,任何部门都可以请购,请购凭证只需一张内部"联络函",经主管签字后,采购员就可以去买物料了。整个请购到采购过程都是混乱无序的。例如:

1. 物料需求计划由文员根据物料清单机械地转化而成,库存的原本可以利用的呆滞物料,却没有得到利用,库存物料越积越多。

2. 物料多订、少订、漏订现象经常发生。2018 年 6 月,计划物控部在做物料需求计划时,请购一款灯头,原本只需要 3 600 只,但写成 36 000 只,产生 32 400 只的呆滞库存。

3. 调查大五金仓库的"物料存卡"时发现,80 型直边盘在 2018 年 5 月时结存 1 000 个,在近期没有使用计划的情况下,2018 年 6 月 18 日在"物料存卡"记录中又新补充库存 562

个。仓管员反映,生产部在生产过程中发现不够了,直接开"联络函"要求购买,但至今仍未领用。

思考:

1. ××公司物料管理出现问题的核心是什么?

2. 制造企业生产物料管理的影响因素有哪些?

作为企业管理来说,有五大管理要素:营销管理、生产管理、财务管理、人力资源管理、物料管理。不论是商业企业还是生产企业,五大管理要素如果不能完整地"整合",就会出现"五官不全"现象,造成企业管理的失败,进而影响生存与发展。

物料管理就是物料管理部门按照计划部署,有步骤地协调企业各部门,以最经济的方式和方法给各部门提供所需要的"粮食"。在各部门没有使用之前,以最恰当的方式和方法管理这些"粮食",使之减少损耗。

任务 1 认识物料管理

物料是指为更好地进行产品生产而需要的所有物品。它的范围包括原材料、配方成分、配套件、标准件、毛坯、副产品、联产品、在制品、产成品甚至是设备备件、工艺装备、能源等。

物料管理就是针对企业生产活动所需的物料,进行有计划性的准备,并进行协调和管制,以达到最经济、最迅速的生产。

6.1.1 物料管理的实质

物料管理活动在本质上就是对人的管理。无论是从采购、品质检验到入库、生产,还是到最终出货及销售市场,其整个活动都是由人来进行管理的。不良的管理活动会对物料管理造成不良影响,例如,仓储管理员对仓库物料数据进行统计时,因为疏忽造成了漏记,其结果就造成了物料的呆滞或生产的缺料。

物料管理的好坏最终取决于对成本的控制。成本控制在管理中主要有以下因素:采购成本(包括市场价格不确定、价格之间的差异)、生产成本(包括生产直接材料使用状况、物料投料标准、机器维修、折旧费用、人工制造费用)、产品质量成本(产品的合格率、损耗数量、返工人工费用)、产品物料运输费用、物料管理、库存成本等。只有加强对这些环节的控制,才能达到降低产品成本的目的。

好的物料管理是不产生断料,也就是不让生产单位领不到需要的物料,发生生产待料的现象;呆料降到最低,也就是除了特殊的市场行情、不可抗力,仓库内不会有没有用的物料;没有囤料,囤料代表着浪费,因此物料管理要求与生产的无缝结合,适时、适量地进料、管理。

6.1.2 物料管理的程序与内容

企业物料管理的程序可以简单理解为:采购物料经过点料后,物料管理部门进行收料,将这些物料送往待检区待检,待检完成后进行存储。当生产需要物料时,按照先进先出、速度与准确度进行发料。

1)物料管理内容

物料管理内容包括对物料进行分类、制订物料需求计划、物资流转、库存管理、仓库管理。除物资流转外,其他四项管理内容都将在其他项目中进行重点介绍。本任务只对物资流转这一概念进行介绍。

2)物资流转

企业的生产过程在本质上就是物料的流转过程。从物料的采购、管理到生产都是物料在工厂的不同形式。物料在生产前的各领域内以原始的状态,在各环节运转,到了生产领域则被转化为毛坯、在制品、半成品、完成品,变成产品或商品销售给客户。最终,物料变成了利润这一形式存在于工厂内。因此,不管是整个工厂管理还是物料管理,它的核心内容就是使物料获得保值、增值。具体来说,就是在整个物资流转的过程中,应该使物料一直处于被升值的过程。虽然出于时间、地点、技术水平等原因,物资流转过程中,会造成物资价值的下降,但物料管理却要求在造成价值下降的环节,降低下降的程度,在其他环节用价值升值弥补下降。物料流转过程见表6.1。

表6.1　物料流转过程

步骤	工作要点	注意项目
收料员收料	收料员根据物料订购单、请购单、客户来料跟踪表、送货单等,核对料品名、规格、数量等,如果符合就进行接收,进入下一步工作程序;不符合则开出退货单,要求供应商补足相关问题后再次进行接收检验	注意同采购部门进行联系,工作过程应与采购部门协同
物料验收	物料接收后应该运送到待检验区域等待检验,经检验合格后填写进料检验入库单;不合格时,根据情况填写进料不良处理单;经过协商可以进行特采,应该粘贴特采标志;进料品质严重不符应该办理退货事宜,并在被退货的物料上粘贴退货标志,防止运输人员进行错误操作,填写退货单	工作过程中,要把被检验、检验完成、未检验、退货、特采等各情况都用不同的标志区分,防止错误操作发生
办理入库手续	仓储管理员根据进料检验入库单、请购单等核对物料品名、规格、数量等。如料单相符,办理入库手续;料单不符情况出现后,若属于规格不符,需要请检验人员进行确认后在入库单上注明来料规格;若属于数量不符,需由收料员确认后改单	工作过程中要把各类单据仔细填写、核对,诸如时间、签名、物料单位等诸多细节,都要认真完成
物料结算	仓管人员将进料检验入库单填写完毕后,进行记账后交给记账员入账;入账完成后,将单据交给供应商派来人员或采购员前往财务部门进行核算	
储存管理	仓管人员对物料进行标识如入库时间、数量等;根据物料的不同性质,进行分别存储、分类管理等;按照规定进行盘点工作,以备生产之用	仓管人员应具备相关物料属性、存储知识,掌握科学管理工具

续表

步骤	工作要点	注意项目
发放进入生产领域	当生产所需时,根据生产用料的特点,经过用料单的核对之后,仓管人员进行发料准备,最终经主管人员批准,进行发料	零星生产用料,可不经过主管人员自行发放,但需进行认真登记

"智慧工厂"赋能
"智慧物料管理"

任务 2　物料的分类与编码

　　企业生产所需的物料、行政办公所需的物料、后勤管理所需的物料等,由于种类众多,往往容易混淆,因此,为了便于识别物料的种类,增进物料管理的使用效率,有利于物料发放,应该采用分类存放的方法。

6.2.1　物料分类方法

　　物料分类一般有 8 种方法,见表6.2。

表 6.2　物料分类方法

大类	小类	说明
准备方法	常备材料	产品的原材料和生产设备等
	预备材料	产品的包装材料和各类劳保材料等
	非常备材料	办公用品和各类会议材料
在生产中的作用区分	原材料	生产中的主体材料,产品构成的主要形式,如铁矿石
	辅助材料	有助于产品形成,如各类催化剂、染料、包装物等
	燃料	为生产提供动力的各类热能、动能、电能等物资,如汽油
	动力设备	为生产提供热能、动能、电能的设备,如发电机
	配件	预先准备用于更换设备易磨损和老化零部件的物料,如螺丝钉
	工具	用于度量、维修保养、管理及其所用的物料,如标尺等
	助推材料	为生产提供帮助的材料,如运输工具、行政办公器具等
耗用金额多寡	A 类物料	占用金额最多,但数量、种类份额较少,如生产设备
	B 类物料	占用金额一般,数量、种类一般,如辅助材料
	C 类物料	占用金额较少,数量和种类繁多,如办公用品、工具、配件

大类	小类	说明
是否储备	现购现用	如办公用品
	储备物料	使用时间、生命周期等可以被预知的物料
自然属性划分	金属材料	如五金类材料
	非金属材料	化工、石油、纺织等各方面物料
	机电产品	电机、仪表、机械、设备、仪器、液压配件等
使用范围	生产经营	生产设备、运输设备等
	维修运转	如工具等
	科学研究	如各类器皿、精密仪器等
调度方法	外部第一次	如采购和外协的物料
	内部第二次	生产工厂各部门之间剩余、短缺材料的互相调换
成本控制	直接材料	直接提供产品制造的材料,其消耗与产品的产量成正比,如原材料等材料清单上的所有材料
	间接材料	有助于产品制造的材料,如辅助材料、燃料等

6.2.2 物料编码

物料虽然进行了分类,然而因其种类繁多,仍然难以清楚、方便地收发物料,因此,对物料进行编码便成为一项必需的工作。

1)编码要求

在进行物料编码时,应该符合下面的原则:简单性(编码不要太复杂,应该有利于记忆、查询、阅读、抄写等)、有延展性(应该有大类、中类、小类或大类、小类的细分)、完整性、对应性(所有物料都应有一个对应的唯一的编码)、有规律性(不能这次采用自然属性的分类方法,下次采用其他分类方法)、有伸缩性(要考虑未来的新材料、新产品的扩充,留有一定的补充余地)、有组织顺序、便于查询和录入、充足性(所采用的文字、符号、字母、数字必须有足够的数量)、易记性。

2)编码方法

物料进行编码时,需要采用如下编码方法。

①数字法。以阿拉伯数字为编号工具,按属性方式、流水方式或阶级方式等进行编号。例如,塑胶类 01～15,五金类 16～30,电子类 31～45,包材类 46～60,化工类 61～75,其他类 76～90。

②字母法。以英文字母为编号工具,结合各类分类方法混合使用。

③暗示法。以字母或数字作为编号工具,字母、数字与物料能产生一定的规律联想,进

而联想到相应的物料。例如编号 03008,代表螺丝规格为 3×8。

④混合法。对以上 3 种方法综合运用,数字、字母、暗示同时使用,是目前最好的一种分类方法。

3)物料清单

对物料进行分类和编码后,就可以编制物料清单了。物料清单或称零件结构表、物料表,是指将产品的原材料、零配件、组合件予以拆解,并将各单项材料依编号、名称、规格、基本单位、供应商、单机用量、产品损耗率等按照制造流程顺序记录排列为一个清单。它是进行物料控制、库存管理、仓库管理、生产用料、物料流转过程的基础工具。

任务 3　物料的验收

当供应商的物料到达工厂后,有的直接到物料控制部门进行验收;有的则需要到统一的物料验收部门(例如物料验收中心)进行验收后,再由物料控制部门(例如仓库管理)接收。无论验收的主体是谁,其验收的依据都是合同或者样品。其步骤也大同小异,一般分为 10 个步骤。

6.3.1　物料验收步骤

虽然采购部门负责物料的采购工作,某些情况下还负责物料运输工作的协助,但采购部门一般没有接收货物的职责。其中涉及"接收"和"接受"的问题。接收是指接到货物。接受是指经过检查后,货物符合标准,企业同意采购这批货物。采购部门之所以不作为接收部门,主要因为接收工作由采购部门负责会造成"接受"货物的误会。

1)确定接收货物单位

接收单位首先被明确的价值就在于:它可以使误接收造成责任无法说清的情况被避免。

2)确认送货供应商

物料从何而来,有无错误。如果一批物料分别向多家供应商采购,或数种不同的物料同时进库,验收工作中的重点就是识别物料的提供商,并按照要求分别进行存放,以备进行深入确认。

3)确定交运日期

交运日期可以判定供应商是否延期交货,是否违反了合同,如果违反可以作为延期罚款的证据。

4)确定物料名称和物料品质

大部分供应商往往并非只有一家采购商,在数目和频率较多的情况下,可能会出现一些装运错误现象。而且,在运输过程中也不能忽略各种人为因素的情况出现。所以确定物料名称往往可以作为争取自身利益的一种凭证。物料品质的重要性是每个企业都非常重视的问题,但具体操作应该是把品质的评价标准数据化或易于操作化,其中主观性越低越好。

5)清点数量

查清实际成交数量和订货数量、送货单上记载的数量是否相同。对补交的物料,应该催促供应商补交;如果没有补交的必要,可以进行扣款处理。对超交的货物,在品质保证的前提下,如果不缺料的情况下可以退回供应商;如果生产单位临时提出增加物料,而且超量物料正是这类物料(特采的形式之一),物料管理部门和采购部门应该协商接收,但在接收的同时应该给予供应商口头或其他方面的惩罚,防止供应商日后有意加大供货量。

6)将验收结果通知相关部门

验收结果分为接收、拒收、特采,将3类情况填写到"物料验收单"内后,送交采购、财务、仓库管理等相关部门。

7)处理不良物料

不良物料出现后,可以依照合同的约定进行处理。应首先通知供应商,告知不良物料的情况请其进行替换,重新进行检验。在合同允许范围内的不良物料,例如运输过程中的正常损坏,验收部门应按照呆废料进行处理。对于运输过程中的不正常损坏,例如超过运输损坏的限度部分,则应该退回或扣款,甚至要求供应商或运输单位进行赔偿。

8)物料归库

验收完毕后的物料应该通知物料控制部门(如仓库管理),准备进行入库操作,经过货物搬运到达仓库存储,以备各相关部门使用。

9)验收完工时间的确定

验收完工时间通常作为付款的起始日期,所以这一时间的确定非常重要。在整个验收过程中,它也可以放在"制作相关记录"阶段之后。

10)制作相关记录

制作相关记录主要包括物料验收单的填写。

6.3.2　物料验收的方法

物料验收有一定的方法可以遵循,在验收工作中,并不是最科学的方法最有效。根据验收物料的性质、数量、价值,在工作中一般有3种方法。

1)目视验收

验收的物料属于非生产性物料,例如各类文具,物料的价值不大且数量不多,可以采用这种方法。主要形式是:直接观看物料,例如文具的新与旧;观看度量器具,物料是否符合规格、体积、重量等。

2)技术验收

凡是涉及物料的物理化学和使用效能等方面的验收,就应该采用某类技术鉴定的方法。

3)试验验收

对特殊规格的物料,必须做技术上的试验,包括物理试验、化学分析、专家复验等。

任务 4　物料消耗定额的确定

6.4.1　物料消耗定额概述

物料消耗定额,是指在一定的生产和技术条件下,使用现有的设备和材料进行作业时,完成单位工作量或生产单位产品合理消耗的材料数量。物料消耗定额,为物料使用提供了数量的控制标准,有了这个标准,物料计划与使用就有了依据,才可能从源头上堵住物料的浪费。

1)物料消耗定额工作分类

(1)工艺消耗定额

所谓工艺消耗定额是产品生产过程中转移到产品上的物料、边角料成为废弃加工物料的定额,这也是生产车间物料投放的依据。具体包括材料的有效消耗和工艺消耗两大类。

(2)作业消耗定额

所谓作业消耗定额,是在产品生产的具体作业活动中,因人为的、客观的、技术的或管理的问题,而出现物料浪费部分的定额。这类定额与工艺消耗定额成正比,也就是说,随着产量的增加成为废品、损坏和丢弃等类物料将会随之增加。

(3)供应消耗定额

供应消耗定额是在物料的存储、运送过程中发生的。比如,物料在存储的过程中可能变质、变性、变差甚至无法使用;在运送的途中可能损坏和丢失;在供应(发料)时,可能由于整件的分割而使重量和体积因误差问题而变少等。

2)制订物料消耗定额的方法

(1)经验判定法

经验是工作实践中长期积累的智慧和结晶,也是人们对客观事物内在规律的认识。这一方法通俗易行,简捷方便。经验判定看似容易却不是人人都会做的,表面上似乎随随便便的几个数字,但其背后却需要多年的努力。其中包含了对产品设计、工艺技术、作业过程的娴熟了解。经验判定法具有较强的操作性和广泛的实用性,但准确性相对较差,对于贵重材料定额不宜采用。

（2）统计分析法

统计分析法是对原有的各种生产统计数据进行分析、归纳和综合,从而对物料的耗用情况进行推理演算的一种方法。统计分析法以下列数据为依据。

①过去的耗用统计资料。

②产品图纸资料。

③生产工艺资料。

④仓库发料记录。

⑤物料控制标准。

（3）实际核查法

实际核查法是对作业现场的用料实际进行调查,掌握实际耗用量与耗用速率,从而制订物料定额的一种方法。采用这一方法,应该对各工序的工作状况与生产工艺有充分的了解,不光只看到耗用表面现象,还应该知道造成这一现象的本质。在核查过程中,应采用先进可靠的仪器设备,对人员也应加强培训。实际核查的过程也就是定额测试的过程,但定额测试有更广泛的含义。

（4）工艺计算法

工艺计算法是根据工艺技术资料(比如产品结构图、下料单等),通过计算得出用料数量,然后加上一定的损耗,最后确定出产品的物料消耗定额。工艺计算法依靠的是产品资料本身,所以结果比较客观,它是一种理论化或理想化的目标,应结合实际进行适当修正。工艺计算法无法对产品生产过程中所耗用的材料进行计算。比如生产椅子,它只能算出所用的木材数量、胶水数量,无法算出打磨用砂纸的数量。

（5）概括估算法

概括估算法是比经验判定法更简单的一种物料定额方法。它只是粗略地估算出产品的大致用量,对明显的物料耗用超标现象做出判断。概括估算的依据来源是多方面的,比如,对于某一产品的生产,如果材料成本过高,便可猜想到是物料耗用偏高;边角余料过多时,可能是物料的使用不合理;产品的体积或重量与所用的材料的体积或重量相差甚远时,显然是浪费过大。制造业所包括的行业广泛,产品品种多,其生产过程及系统千差万别,可以从不同角度对生产系统进行分类。

【知识链接】

如何统计车间物料消耗

物料管理主要分为数量管理和品质管理。

①数量管理。物料员在仓库领料时要核对实物与领料单的数量,实物全点数量,整箱的加上尾数箱的数量。与产线交接时助拉进行开箱全点三大件实物,若发现少数,与仓库沟通补数。核对发料单无误之后上线,三大件小批量定时发放,防止丢失或堆积过多导致物料不良。其他物料全部上线,助拉与员工交接物料,让员工对自己的物料点数核对,自己保管。

作业过程中少料就处分。

②品质管理。员工要熟悉物料的性质——易碎、易掉、易刮伤等。可以避免非必要的物料不良,员工要对物料外观进行简单的判别,在没有作业之前如发现物料有瑕疵,要及时反映情况并做出处理。进行员工技能培训,降低作业不良率,提高质量和效率。

6.4.2　物料清单(BOM)的编制

1)BOM 的含义

BOM 是一种用表格和数据格式来描述产品结构的文件。它不仅给出组成该产品的零部件明细表,而且还给出它们之间的结构关系。它是编制物料需求计划的主要依据,是企业内各业务部门统一使用的物料数据,也是设计部门、工艺部门相应子系统集成的关键部分。因此,BOM 的设计及其数据的准确性,对于整个物料需求计划的有效运行至关重要。将产品结构图转换成表,就构成了产品的物料清单。

2)BOM 的格式

为了便于在不同场合下使用,BOM 具有多种不同组织形式的格式。按其层次与用途划分,主要格式有以下两种。

（1）单层 BOM

单层 BOM 是 BOM 的一种最基本的形式。它由父件(组装件)和子件(组成父件的若干子零件)组成,仅反映出一个组装件与下层的制造或装配关系,因此称为单层 BOM。在单层BOM 中,要给出组成父件的子件的编码、描述、计量单位及用量等相关数据。如电子挂钟单层 BOM 见表 6.3,其中,电池为可选件,而盘面还可继续向下分解,如图 6.1 所示。

表 6.3　电子挂钟单层 BOM

物料名:电子挂钟

物料编号	名称	单位	数量
M575461	机芯	件	1
M156725	盘面	件	1
M354263	钟框	件	1
B178243	电池	件	1

图 6.1　电子挂钟产品结构图

（2）多层 BOM

多层 BOM 是一串单层 BOM 按装配关系相互连接而成的。所谓多层 BOM 不一定仅是指产品,也可以是指某部件,即反映组装这个部件的所有零、部件的制造与装配过程。因此,它包含单层 BOM 所反映的全部信息,并反映多个层次之间的 BOM 关系。

任务 5 物料需求计划的编制

6.5.1 物料需求计划的编制过程

企业管理者经常头痛的事件之一,就是产供销严重脱节。销售部门好不容易签下了销售合同,生产部门说计划排不下去;一旦生产计划能安排了,供应部门又说材料来不及采购。在仓库里,生产要用到的物料经常出现短缺,而没有用的物料却又长期大量积压。MRP 就是解决这个头痛的销产供脱节问题的管理系统。用通俗的话说,它能解决的管理问题是做到"既不出现短缺,又不积压库存",这是两个对立又统一的目标。出现短缺有各种原因,可能是对需求信息的把握问题,也有可能是内外环境发生变化的问题。因此,对待出现短缺的情况要具体分析,不是简单地靠增加库存来保证,而是应当规范需求管理和处理例外情况流程以及加强快速应变能力。

物料需求计划是以生产需求为导向的,以生产日程计划和排程计划为需求依据,以交货日期或完工日期为基准倒排计划,推算出工作的开始日期或订单下达日期,此期间的时间跨度称为"提前期(Lead Time)",意思是提前多长时间开始行动。也称"前置期",但"前置期"不如提前期的意思清楚,提前是时间的范畴,而前置是位置的范畴。

提前期有 3 个层次:把签订客户订单到把商品交到客户手里的时间称为"总提前期(Total Lead Time)",需要对全流程进行控制,也就是前面说的"计划期";把从采购开始到完成产品装配和测试称为"累计提前期(Cumulative Lead Time)",就是完成采购和加工作业的总时间(采购提前期和加工提前期),是设定计划时间的依据;把累计提前期中的生产加工周期部分称为"加工提前期(Manufacturing Lead Time)",是分解加工作业时间的基准,如图 6.2 和图 6.3 所示。

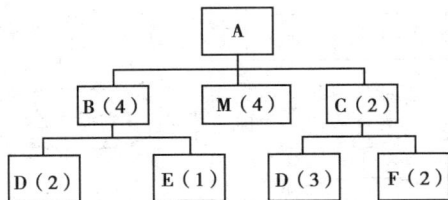

图 6.2 A 产品的物料清单

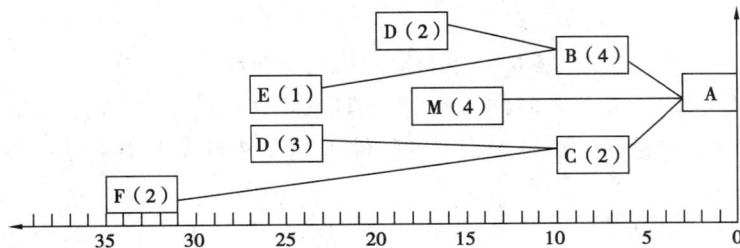

图 6.3 A 产品基于时间的物料清单

MRP 实现了在需要的时候,提供所需数量的物料。这种基于企业内部供应链的管理思想一经出现,立即成为当时西方最流行的管理系统。它的基本思路是根据市场订单或市场预测,结合当时企业实际库存和预期库存状况,决定生产过程和生产目标(生产哪些物料、什么时间生产等),以及控制采购过程(采购什么、什么时间采购等),并由此决定企业是否生产或有无必要对企业生产能力加以控制。因此,企业应用 MRP 系统,就能够对企业实物流动基本上做到提前安排生产、提前安排库存、提前安排采购,从而实现最大限度地减少库存占用、降低物流成本和费用水平。基于主生产计划,MRP 确定了来自工厂内部与外部的各项目订单数量及发布日期。由工厂内部制造的项目使用制造订单,向外部供应商采购的项目使用采购订单。MRP 是为了产品的及时生产,决定组成产品的各个组件、部件及零件采购或生产的数量及时间的逻辑方法。依赖需求驱动 MRP,组成产品的各个项目(组件、部件及零件)的需求依赖于产品需求,MRP 是决定依赖需求项目的订单数量与时间,以满足最终项目需求的软件系统,如图 6.4 所示。以下是一个简单的MRP 举例。

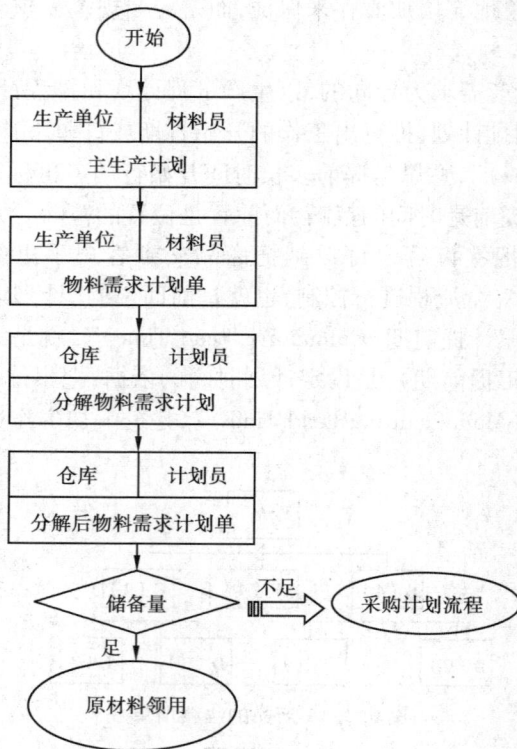

图 6.4　物料需求计划编制流程

【例 6.1】　已知产品 A 的产品结构树、提前期与需求信息。产品结构树中的数字表示单件父件所需子件的数量,如 B(4)表示单件父件 A 需要 4 件子件 B,产品 A 的结构树图如图 6.5 所示。试制订一个物料需求计划。

提前期 LT:A——1 天,B——2 天,C——1 天,D——3 天,E——4 天,F——1 天;

需求量:第 10 天——50A,第 8 天——20B(备件),第 6 天——15D(备件)。

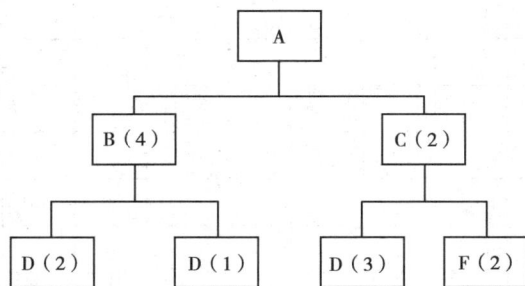

图 6.5　产品 A 的结构树

解:①求各组件的需求数量,如图 6.6 所示。

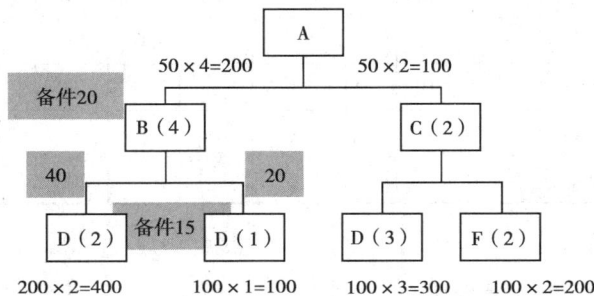

图 6.6　产品 A 的组件的需求数量

②考虑提前期,列出产品 A 的需求数量与订货数量,见表 6.4。第 10 天 A 的需求量为 50,考虑提前期 1 天,应在第 9 天订货 50。

表 6.4　产品 A 及其组件 B 的需求量与订货量

时间段/天		1	2	3	4	5	6	7	8	9	10
A	需求量										
	订货量								50		
B	需求量								20	200	
	订货量						20	200			

③安排组成 A 的低一层组件的需求时间(依赖于 A 的订货时间)与订货时间(考虑提前期)。如组件 B,第 9 天 A 的订货量为 50,则同一天 B 的依赖需求量为 200,考虑 B 的提前期为 2 天,应在第 7 天订货 200。组件 B 作为备件的独立需求量第 8 天为 20,考虑提前期应在第 6 天订货 20。同样可以列出 C 的需求量与订货量。

④依次向下层进行。物料需求计划 MRP 系统从最终项目的计划完成日期开始,在时间轴上向后倒推计算,基于提前期,确定组成最终项目的每一物料项目的订单发布数量与发布日期,见表 6.5。

表 6.5　产品 A 及其组件的物料需求计划表

时间段/天		1	2	3	4	5	6	7	8	9	10
A	需求量										50

续表

时间段/天		1	2	3	4	5	6	7	8	9	10
LT = 1	订货量									50	
B	需求量								20	200	
LT = 2	订货量						20	200			
C	需求量									100	
LT = 1	订货量								100		
D	需求量						55	400	300		
LT = 3	订货量			55	400	300					
E	需求量						20	200			
LT = 4	订货量		20	200							
F	需求量								200		
LT = 1	订货量							200			

6.5.2 物料需求计划的注意事项

我们大体谈到了物料需求设计的步骤和方法。按照上述步骤去做,可以大体得到一个物料需求量。这一流程并没有详细考虑下述问题,会造成或多或少地与实际不符,因此,为了进行更严谨的计划,我们应该继续学习以下知识。

1)订购前置时间(Lead Time)

采购前置时间主要是指从下订购单给供料商到材料入库,这个中间所经历的时间。具体包括:供料厂商备料时间;供料厂商生产时间;送到交货地点所需时间;进货检验时间;运输入库时间等。

订购前置时间问题影响合同采购到期物料是否能够被减去的问题。具体地说就是,这批计划内的到期物料是否在本需求计划期内。对于较大型企业来说,需求计划是根据主生产计划确定,而主生产计划一般使用"周"作为计划单位。考虑前置时间就是在制订需求计划时,这批物料能否在本周内到位,如果不能就不能减去这一批物料。

2)库存量的分类

在确定库存量的时候,应该确定被减去的库存量到底是哪一种库存量。因为在实际工作中,为了便于生产有几种库存量的定义。

(1)安全库存量

安全库存量(Safety Stock)类似于国家石油储备的性质,就是出现某种问题时,物料的存量必须够生产一段时间的存量。它考虑到了采购时间和物料消耗之间差异的库存量。动用安全库存量的同时,需办理紧急购料,以最迅速的方法弥补缺口。

$$安全库存量=生产一件完整产品所需要的物料×生产能力×确定的天数$$

它要求只要生产完整产品所需物料中的某一种物料发生缺少时,就必须立即购置。购置的数量往往是缺口量。

$$缺口量=紧急订货到入货所需的天数×平均一天的耗用量$$

(2)最高库存量

它是指某项物料允许存储的最大数量。

$$最高库存量=一个生产周期的天数×每天使用量+安全库存量$$

(3)最低库存量

$$最低库存量=购备天数×每天使用量+安全库存量$$

而制订物料需求计划时被减去的库存量则是一种实际库存量。它也许是上述 3 种类型中的任何一种,也许在它们之外。

6.5.3 物料需求计划变更方法

因为市场变化等不可预测因素,需求计划可能会面临着某种变化,例如更正、废除。市场变化主要是指突然增加或减少的客户订单,因为客户订单变化,生产计划自然就要变化,从而直接影响需求计划。再比如,客户合同到期的物料,在运输过程中突然出现车祸、供应商突然遇到安全事故等,合同无法按期完成,那么需求计划同样会面临着不准确、失效等问题。因此,需求计划应该跟随变化而变化,而不应该一成不变,毫无更改的余地。

除了上面所讲述的需求计划制订方法之外,还存在着两种传统需求计划制订的方法,它们与上述所讲的方法共同构成了传统制订方法。

1)采购申请单汇总统计分析法

各个部门采购申请单每月提交一次,然后采购部门进行汇总,制订采购任务,交由采购人员进行采购。这种方法虽然容易简洁,但反应不灵敏,特别是生产部门的请购,往往是根据市场需求的变化而变化,因此每月提交一次,往往会造成生产能力不足或闲置。而且一个月一次,也会造成库存风险和成本的加大。库存成本对于某些行业,起着能否存货的重大作用。例如,我国彩电和手机行业,就曾经因库存过大而出现过行业危机。

2)销售订单统计法

物料是为了生产部门进行生产,而生产部门是为了销售部门销售产品,因此,销售部门往往是企业的眼睛。物料需求计划可以从销售部门做起,因此,销售部门每天会把销售订单结合每种产品的物料清单,向物料管理部门和采购部门进行通报。但是它有一个致命的不足就是:预测越远,市场变化的幅度越大,需求计划的测量就越不确定。

3)生产计划推导分析法

它是根据生产计划来进行需求分析,求出各种物料的需求量的过程。它主要根据成品订货的生产计划,制订出零部件的生产计划。此时的零部件要考虑其用途,分为装配产品、维修,最后要求算出装配产品需要哪些零部件、原材料,哪些要自制,哪些要外购,自制件在制造过程中又要采购什么原材料等。这样逐层次求出产品的结构层次,每个层次的每个零部件都要标出需要数量,取得方法,以及生产日期或采购日期。它有一种变形:生产量预测。首先进行销售预测,然后根据制成品库存量制订生产计划。

任务6　物料控制管理

物料控制是保证物料需求计划、生产计划、生产品质等问题的关键因素,它主要就是确定物料成本,进行存量管理、收发料管理、搬运运输管理等工作。它与库存管理可以合并在一起,也可以单独运行。

6.6.1　物料的成本与预算

物料成本的明确可以使相关工作人员明确物料的价值,使之产生成本-利润思维,从而更有效率地进行工作。

1)物料成本的构成

物料成本中有的是显性成本,也就是要付出真金白银的各类成本;有些则是隐性成本,只有经过分析、思维创新才能够被认识到,例如,工厂内的各类培训、工作会议。

(1)存货储备成本

存货储备成本是指物料在存储过程中发生的一切费用,包括:资金成本,存货的维护需要资金投入,例如购买存储工具;搬运成本,包括搬运人员工资、搬运设备的购买等;仓储成本,包括仓库自建成本、租用租金、人员管理费用等;折旧成本,存货在存储期间会出于各种原因造成变质、变异、破损、报废、被盗等问题而失去或丧失价值;短缺成本,物料短缺影响生产计划、生产进度而导致的停工待料、加班、计划变动、信誉损失等;其他成本,包括为物料存储而做的保险等。

(2)采购成本

采购成本是指物料在订购过程中发生的全部费用。包括:请购成本,如所花的人工费用、工具表格费用等;采购成本;进货验收成本;进库搬运成本;其他成本,例如会计入账、支付款项等所花费的成本。

(3)物料品质成本

物料品质成本是品质理想状况与现实状况的差别。包括:设计品质成本,为了保证物料适合用户要求、生产能力所进行的各种设计所投入的费用,以及设计缺陷所造成的损失;采购验收成本;作业品质成本,为了促使全体人员始终做好本职作业,所支付的培训、监督费用,以及作业差错所造成的损失等。

(4)市场成本

市场成本是因为市场发生变化引起的各类成本。包括:供需变化成本,它是指物料供求关系影响物料价格的高低,供大于求,价格下降,供小于求,价格上升;淡旺季变动成本,旺季时价格高,淡季时价格低;经济景气变动成本,市场繁荣,产销两旺,价格缓缓上升,市场萧条,价格下跌。

(5)工厂自身成本

工厂自身成本是指因为生产效率提高或降低、科研技术水平提升或降低、管理水平提升或降低等内部条件的变动,影响价格的高低。例如管理水平改善,各环节要求的参与人员降低、衔接速度加快、误操作降低等,成本自然降低;反之,则将升高。

(6)物料自身成本

物料自身成本包括制造成本、人工成本、外包成本、辅助成本等。

(7)滞留时间

滞留时间就是由管理不善而造成的工作环节间不应有的拖延时间。

2)物料预算

物料预算传统意义上说,主要针对显性成本进行成本核算。然而,为了更有效率地进行工作,各类隐性成本也应该考虑进去。适当地采用一些统计方法,把隐性成本公式化便是一种好的方法。各工厂可以根据自身情况自行确定,但需要注意,这样做只能是作为工厂教育之用,而不能体现在会计原则上。

(1)预算编制参考问题

在进行编制预算考虑各种隐性成本的问题的同时,应该重点考虑新技术、新材料、新生产方式等情况出现的概率,如果出现概率较高,应该对其进行严密监控,留出一定的采购预算、研发预算、试验预算、试生产预算等。

(2)物料预算编制程序

编制预算首先要进行销售预测,根据市场行情初步拟订销售计划后,再拟订生产计划,进而明确需求物料,联系物料备用量后,确定预算用量。

$$预算用量 = 基本用量 \times (1 + 备用比例)$$

为了找到真正的用量,还要拟订物料储备时间、物料采购前置时间等因素,进而编制用料预算表与购料预算表。联系各类成本因素,特别是物料滞留时间,对物料预算进行修正。

(3)物料滞留时间

物料从入厂到出厂的时间长短,直接影响产品的生产成本。主要包括在仓库、生产线上滞留的时间。滞留时间代表着资金的积压,而这同样影响着资金的使用效率,同样会增加产品的生产成本。这样就衍生出了如下这些概念。

物料利息率=物料利息/销售成本,它代表的是物料的时间成本;物料周转率=当期材料使用金额÷[(期初库存金额+期末库存金额)÷2],它代表的是物料的流转成本;周转天数=360天÷物料周转率;成品周转率=年度销售金额÷年度内成品库存金额;成品周转天数=360天÷成品周转率;物料总成本=物流购买资金+物料滞留时间成本+物料由运送到生产之间所发生的所有劳务费用。

6.6.2 物料的发料管理

物料的发料管理主要是对两个环节进行控制:领料和发料。领料就是物料需求部门持领料单,向物料管理单位领取物料的行为。发料就是物料管理部门根据领料单向物料使用单位发放物料的行为。

1)物料先进先出原则

物料先进先出原则是指根据物料入库的时间先后顺序发放、使用物料。即先入库的先发放,这样可以防止物料超过使用期,失去或降低使用价值。

（1）运行步骤

首先将物料进行分类堆放,然后对物料进行识别管理,给物料贴上入库、接受、制造时间,并按照入库前后顺序进行摆放,时间越早的摆放在最外边、最上边,这种方法叫作"物料管理卡";之后取料人员进行取料时,先取最外边、最上边的物料。

（2）其他考虑因素

除了"先上后下,先外后里"的先进先出原则外,还需要考虑物料发放的时间性、便捷性、安全性、价值大小。体积较大的物料,价值较小而且数量较多的物料等可以露天存放。比如,啤酒制造工厂回收、购入的酒瓶。

（3）特殊情况处理

出于某些原因,有些物料不需要遵循"先进先出法则"。例如研发、试验等情况下,可以采用最新原料进行研发和试验;维护修理等情况下,为了保证生产设备运行良好,往往采用最好品质的物料,无论它是何时入库,等等。

2)退、补料管理

在生产过程中,必然会产生一些对生产功能没有帮助的物料,为使制造现场井然有序,需要将此类物料尽速缴回库房。此类物料包括:规格不合格物料;超发物料;呆、废料;产品完成后,无法直接由生产场所运输给客户的完成品、半成品等。在进行退料时,需要填写退料单据。

（1）退料单

退料单的主要内容有:日期、退料单位、领料单号、物料规格、退料原因说明、料号、退货数量、备注、经手人。物料控制部门应该对其进行汇总,送交品管部门进行检验后对其进行分类。如报废品、不良品、良品。对于规格不符、超发的物料应该在备注处注明。

（2）补料单

补料问题主要是因为生产用料不足而需要开具补料单、补料手续的行为。然而,也不能排除物料控制部门少发物料的问题。因此,具体原因要在查清的基础上,在补料单备注上注明。补料单的内容与退料单基本相同,它们都是针对某一领料而出现的问题,都是在某一领料单的基础上进行补料、退料。补料可以不经过检验,而直接发放补料。

3)物料发放控制

物料发放是为了更好地配合生产部门进行生产,因此它的主要目的是保证生产计划的稳定,为生产计划部门提供有效的信息用于计划。

（1）发料备料

一般来说，计划部门在 2～3 天前，就要让货仓备料，用于生产计划。而物料发放部门也应该在生产制造前 2～4 小时内准备好物料，经过必要的手续认证后便可直接发料。

（2）发料程序

发放部门在收到领料单后，首先应该与物料清单进行核对，确认无误后准备发料；物料员再次核对物料规格、数量后，在已经粘贴好的物料卡上，注明发料时间和物料员的名字。这时有 3 种交接方式，其一是物料员亲自把物料送往生产部门的备料区后，办理交接手续，双方人员签上各自的名字；其二是由运输人员负责运送后交接，签署运送人员和生产部门备料员的名字；其三是生产备料员亲自带领生产部门的运输人员，前往发料地点，在发料地点进行交接，交接时应再次核对发料规格和数量。

（3）表单的保存与分发

发料单位应该将当天发生的各类单据，自行保存或集中上交相关部门。上交和保管时间一般是轮班周期。

（4）转拨物料

转拨物料是指总厂的各分厂间、工厂的各部门、各轮班班次间，因为物料盈缺而发生的互相调拨的行为。如果某部门、某班次的物料出现剩余，而另一部门物料缺少，可以通过调度员进行调拨，不必缴回库房，或直接将物料交给下一个班次进行生产。

（5）限额发料

为了降低物料消耗，明确消耗额度过大的责任，对于某些物料可以采用限额发料的做法。限额发料的物料，一般应该是经过详细测算、实践检验过的某类物料的最佳用量。它应该有限额领料单，采用一单一料、一式两份（一份为领料单位所有，一份为发料单位所有）。此类单据应该在某个固定时期内进行总结测算，通常时间是一个月。测算结果就是确定哪些部门发生了浪费现象，这一浪费现象出现的原因。这样就可以极大地降低工厂成本。在生产中，如果限额发料的物料不足，就应该由生产计划部门、主管生产的副厂长进行签署补料行为。

任务 7　库存管理

库存管理的作用就是要满足生产需要，当各种问题出现时，可以起到稳定生产的作用。同时库存是一种浪费表现，如何将这种浪费降到最低，同样关系到工厂的资金利用率、资源使用率等问题，进而关系到成本与利润问题。

6.7.1　物料盘点管理流程

对物料进行盘点，可以明确工厂现存有多少实际物料，校正账面与实际之间的误差，利于物料需求计划的制订，进而有利于生产计划的施行。与此同时，进行物料盘点，可以作为物料管理是否成功的评价标准之一。盘点还可以加快存货周转，对呆废料进行明确等好处。

因此,对于物料盘点要有一个明确的认识。

1)明确物料盘点分类

物料盘点主要有以下 3 种分类方法。

(1)按盘点地点分类

按盘点地点可以分为物料存储地盘点和生产线盘点。

(2)按盘点规模分类

按盘点规模可以分为小盘点(指的是物料仓库的盘点,目的是查核账面的数量与实物是否一致,以及呆料品增减情况,通常一个月一次)、中盘点(除了物料仓库的物料外,包含生产现场的物料、半成品、成品等,除了查核料账外,还可对成本的核算加以矫正,一般为半年一次)、大盘点(工厂的全面盘点,包含生产器具、现金、有价证券等,一般是一个年度一次)。

(3)按盘点时间分类

按盘点时间可以分为:日常盘点,也称动碰复核,当出现发货情况后,盘点员立刻进行盘点,保持卡、物相符;临时盘点,因为遇到了诸如保管员替班、调离、收发业务中出现数量交接不清等问题时进行的盘点;定期盘点,一般是规模较为庞大的盘点,它是由保管员、物料会计、盘点员等共同进行盘点工作的一种形式。

2)熟悉盘点技巧

对于物料盘点,应当掌握一些技巧,这样会在工作中事半功倍,更有效率地进行工作。

盘点重量、高度,确定盘点数量。当物料众多,很难在短时间内盘点清楚时,可以采用总重量除以单个重量的方法,求出物料数量。同样,对于码垛的物料,每个码垛的高度都有相应的数量,凡是高度相同的物料就乘以相应的高度数量。同理用数量推断重量也可以。

物料属性严格区分。对于合格物料、特采物料、待发送物料、待检验物料等多种类型,应该严格区分,防止混淆。

3)进行盘点准备

盘点准备是为了更好地进行盘点工作,它主要包括以下 9 项内容。

(1)确定盘点程序与方法

主要根据生产计划、盘点任务大小进行确定,并进行相应的人员培训,即使对于有经验的盘点人员,也要再重复一下工作要点。

生产线盘点的程序是:生产主管事先将盘点工作准备好,下令停工后,领导、监督各车间、线、拉的操作人员将手上的工作完成。工作完成后,操作人员将所属零件、半成品摆在明显的位置后,留下盘点人员,其余人员离开生产现场。盘点后,会同复盘人员再盘点一次,若发现误差,即一起确认,此时盘点完毕。盘点人员将所有生产线盘点单送至生产主管。生产主管安排人员汇总,做好盘点报表。

(2)确定盘点日期

如果是临时盘点和日常盘点,不需要确定日期。确定盘点日期只关系到定期盘点。通常每个月的月底下午为盘点日,时间为 4 小时,盘点时间内,物料仓库的物品禁止移动,也就是不可入库及出库。盘点日期决定财务部门成本会计的决算时间,因此需要特别注意。

（3）选取初盘、复盘、监盘和抽盘人员

盘点一般实行三级盘点制度,这主要是为了更真实、有效地进行盘点工作。

（4）准备盘点工具

盘点工具包括盘点使用到的器皿器具、报表表格。对于报表和表格必须事先印妥,并在人员培训时进行演练。

（5）地点清理、账目结算

在进行盘点前,应该对盘点地点进行打扫,对各类原始单据进行汇总、分类,以方便盘点工作的进行。

（6）准备盘点

盘点计划的第一步应该是进行盘点准备。

（7）申请盘点

申请盘点所需要的表单主要有盘点卡（用于贴示物料）和盘点清册（用于汇总物料库资料）。盘点笺一般为一式两联,一联盘点人员自存,一联挂（贴）在盘点对象物上。盘点笺要连续编号,便于整理于盘点表上,不会遗漏。

（8）召开盘点会议,成立领导小组

由于定期盘点是一项比较繁重和复杂的工作,一个人或几个人不可能完成,因此应该划分盘点区域并配置相应的负责人,对盘点工作进行任务分配。

（9）物料管理人员自行盘点

在正式盘点工作没有开始前,物料管理人员应该首先进行自我盘点,纠正管理工作中的问题。

4）进行盘点

根据盘点类型的不同会有不同的盘点方法,但都需要经过初盘、复盘、监盘3个阶段。

5）盘点差异原因分析和处理

盘点差异是指盘点所得资料与账目核对不一的现象。盘点差异的大小直接关系到物料需求计划确定的准确率,同时它也反映了物料管理工作成绩的好坏。

（1）原因分析

账物差异可能有几种原因:其一,料账处理制度有缺点,料账不能真实地表达实际情况,例如物料分类太笼统,容易造成各物料混淆,进行多次统计、漏统计等现象;其二,料账员素质过低,记账错误或进料、发料的原始单据丢失造成料账不足;其三,盘点人员不慎多盘或对分置数处的物料未用心盘,或盘点人员事先培训工作做得不彻底而造成错误的现象;其四,交接班工作不完善。

（2）处理工作

盘点工作完成后,应该进行如下工作:对相关人员进行奖惩;将料账、物料管制卡的账面纠正;不足料应迅速办理订购;呆、废料迅速处理;加强整理、整顿、清扫、清洁工作。

6) 改善盘点制度

对于盘点中发现的有关制度问题,进行完善。例如培训工作没有效果,盘点人员、物料管理人员相关知识薄弱,应进行再次培训,特别是制订严谨的培训效果考核指标。再比如,工作人员不细致,就要加强激励机制的运用等。

7) 物料管理重在预防

物料管理中要预防各种问题的出现,这些问题会影响存货管理的质量,进而影响物料需求计划的制订、生产计划的完成。主要预防点是:呆料比率要适宜,不能过重,要致力于降低呆废料;存货周转率要适宜,不能过低,否则会加大财务负担。设法强化物料计划、存储管理、采购的配合力度,使物料供应不继的次数减少。它的衡量标准是供应不继率。

$$供应不继率 = \frac{供应不足发生等待的次数}{发货次数}$$

不断改进料架、仓储、物料存放地点的环境、工作品质,防止或减少出现坏料的次数。

预防工作中的一个重点工作,是将盘点方法的培训制度化。盘点方法主要是盘点程序、盘点办法的标准化确定,参加初盘、复盘、抽盘、监盘的人员必须根据这些标准化要求进行工作,否则将会受到惩罚。

6.7.2 盘点方法

盘点方法根据是否会影响生产而分为 3 种类型,这 3 种类型都要经过初盘、复盘、监盘三道盘点检查。

三大盘点方法主要是指它们的工作量较大、权威度较强,而不是指它们运用的频率。对于频率来说,日常盘点是最常见的盘点方法,但它其实只是一种自我盘点,或者也可以理解为是一种初盘。

1) 定期盘点法

定期盘点又被称为闭库式盘点,通常应拟订盘点计划,除仓库盘点外,现场和协力厂商也应进行盘点。三者盘点基本相同,所以仅对仓库盘点进行解说。其最核心的要求是:选定一特定的日期,关闭工厂仓库,动员可用人力,以最短时间清点现存所有物料,对货物进行全方位的盘点。其盘点时间一般与会计审核相同,一般为一年两次。定期盘点法因采用盘点工具不同,可分为以下 3 种形式。

(1) 盘点单盘点法

盘点单盘点法是以物料盘点单记录盘点结果的盘点方法。这种方法虽然简单易行,但容易出现漏盘、重盘、错盘的情况。

(2) 盘点签盘点法

盘点签盘点法是盘点中采用一种特别设计的盘点签,盘点后贴在实物上,经复核者复核后撕下的一种盘点方法。这种方法对于物料的盘点与复盘核对相当方便又准确,对于紧急用料仍可照发,临时进料也可以照收,核账与做报表均非常方便。

（3）料架签盘点法

料架签盘点法是以原有的料架签作为盘点的工具，不必特意设计盘点标签。当盘点计数人员盘点完毕即将盘点数量填入料架签上，待复核人员复核后如无错误即揭下原有料架签而换上不同颜色的料架签，之后清查部分料架签尚未换下的原因，而后再依料账顺序排列，进行核账与做报表。

2）循环盘点法

此方法又称连续盘点制、开库式盘点，也就是周而复始地连续盘点库存物料。此方法是保持存货记录准确性的唯一可靠方法。

运用循环盘点法盘点时，物料进出工作不间断。循环盘点是一种盘存的类型，它对物料进行循环周期的盘存以代替每次的季度盘点。每种存货被定义为相应的类型：对高额、流动快的物料频繁盘点；而对低额、流动慢的物料予以相对少一些的关注。盘点时不关闭工厂仓库，将仓库分成若干区，或就物料分类，逐区逐类轮流连续盘点，或某类物料达到最低存量时，即机动予以盘点。它可以分为以下3种方式。

（1）分区轮盘法

分区轮盘法是由盘点专业人员将仓库分为若干区，依序清点物料存量，过一定日期后周而复始。

（2）分批分堆盘点法

分批分堆盘点法是准备一张某批收料记录签放置于透明塑胶袋内，拴在该批收料的包装件上。若一发料，即在记录签上记录并将领料单副本存于该透明塑胶袋内。盘点时对尚未运用的包装件可承认其存量毫无误差，只将动用的存量实际盘点，若不符，马上查核记录签与领料单就一清二楚。

（3）最低存量盘点法

最低存量盘点法是指当库存物料达到最低存量或订购点时，即通知盘点专业人员清点仓库。盘点后开出对账单，以便查核误差的存在。这种盘点方法对于经常收发的物料相当有用，但对于呆料来说则不适合。

循环盘点可维持库存的准确性，迅速发现错误并能立刻解决库存差异等。总之，它的优点是尽可能地减少对生产的影响，而且大大提高了记录的准确性，季末盘点取消有利于工作效率的提高，更好地对客户进行服务。

3）物料盘点方法

以上两种盘点各有利弊，在工作中往往采用两者的优点进行联合盘点。如实行最低存量盘点法者同时采用定期盘点制；实行分批分堆盘点法者同时采用分区盘点法等。但三者都遵循同样的盘点方法，都进行如下工作。

（1）初盘作业

在指定的时间内停止物料进出后，各初盘小组在负责人的带领下，由仓库管理人员陪同，以两人或三人为一组开始工作。初盘人员在清点物料后，应该填写盘点卡，见表6.6，做到一物一卡。

表6.6　盘点卡

编号　　　　　　　　　　日期

物料名称		规　格		
料　号		储存位置		
账面数量		实盘数量		差　异
备　注		复盘人		盘点人

盘点卡一式三联,一联贴于物料上,两联转交复盘人员。

（2）复盘作业

初盘结束后,复盘小组在复盘负责人的带领下,由仓库管理人员陪同,包括初盘组一人,三人为一组开始工作。复盘采用完全复盘。

（3）监盘作业

监盘作业可采用全盘监盘也可采用抽检复盘。组成人员包括复检负责人、库房管理人员、财务部门、审计部门等。抽检比例不能低于30%。

复盘监盘作业方式:复盘和监盘人员根据实际情况,可以采用由账到物的抽盘方式,也可采用由物到账的抽盘作业方式。由账到物就是在盘点清册上随意抽出若干项目,逐一到现场核对,检查盘点清册、盘点卡、实物三者是否一致;由物到账就是在现场随意指定一种物料,再由此回推盘点清册、盘点卡、实物三者是否一致。

复盘人员对核对无误的项目在盘点卡（表6.7）与盘点清册上签字确认;有误的情况下,应会同初盘人员、仓库管理人员修正盘点卡、盘点清册中所记载的数量,并签字负责。复盘人员将两联盘点卡、盘点清册一并上交财务部。监盘人员则负责对上述文件进行再次确认。

表6.7　盘点卡

制表人:

盘点卡

No. 00001

日期

盘点物料:材料（　　）　半成品（　　）　成品（　　）　总务办公用品（　　　）
　　　　固定设备（　　）　A类物料（　　）　B类物料（　　）　C类物料（　　　）

型号:　　　　　　　编号:　　　　　.　品名规格:

数量:　　　　　　　单位:

盘点人签名:　　　　复盘数量:　　　　复盘人签名:

抽检数量:　　　　　抽检人签名:

备注:

6.7.3　呆废料的处理

呆废料的发生是很平常的事情,也许正是这个原因,许多工厂并不重视这个问题,造成了很大的浪费。例如对于铺设完毕后的电缆往往采用垃圾处理的方式,然而,剩余电缆往往是还没有利用的新产品,只不过此时因为工作完毕,已经没有再使用的必要,而成了废料。然而,仅是电缆中的金属材料分离后,所产生的售价积累,就是一个很大的数字。可以毫不客气地说,对于中国的一些企业,其实只要重视呆废料各个环节的产生原因以及处理方法,其降低的成本甚至可以与利润相比。

1)呆料发生原因和处理程序

呆料是品质(形式、规格、材质、效能)不符合标准,存储时间很长且一直没有使用机会,或虽然有使用机会但使用频率极低且存储量过多,或出于陈腐、变质等原因已经不能再使用的物料。

（1）呆料的分类

根据不同情况呆料可以分为3种类别:狭义上的呆料,使用次数很少、周转率极低的物料,但它却是百分之百地保留着原有的特性和功能;旧料,因为存储时间过长,已经失去了性能和形象,导致使用价值降低;残料,虽然已经丧失了主要的使用功能,但仍然可以利用。

呆料的存在使本已经拥挤的库房更加拥挤,它的出现主要是由计划生产原料偏高,或订单取消而导致的剩余材料增加,请购不当等失误和正常的剩余而造成的。另外,还有由订单被意外取消、生产配方改善、产品淘汰、制造工艺流程变更及生产项目变更或完毕等不再使用而造成呆料。它使物料白白地丧失了自己的使用价值,增加了物料成本和管理物料的人力及费用成本。

（2）呆料的处理方法

对于呆料应该尽快处理,一般来说有以下处理方法。①调拨给其他部门利用。对于本部门的呆料,看看其他部门能否使用。②修改再利用。有些物料虽然不符合标准但只要稍加修改就可以利用,因此如果有这样的机会,且不损害品质的前提下应该尽可能利用。③新产品设计利用。当企业的呆料达到一定比重时,企业的新产品设计应该考虑能否采用这类物料,如果可以将是呆料获得自身价值的最好方法。④打折销售。如果呆料对于本企业确实无法使用,但在市场上这类呆料还有销售空间,那么就应该尽快让其进入流通市场。⑤销毁。如果呆料不能采用上述4种方法进行处理,为了降低库存和人力资本,对其进行销毁是最好的方法,见表6.8。

表6.8　呆料的防止措施

发生原因	防止措施
订单取消	1. 材料购入后订单被取消或减少订购量者的措施: (1)外销:对新客户及新产品须接受客户信用证(L/C)后才进行请料 (2)内销:对新客户签约或取得订金后才进行请料 2. 材料购入后订单变更材料规格者,如客户要求变更应以异常事项呈报,要求客户补偿损失或不予接受
市场嗜好变更	1. 式样及偏好较易变化者,营业时应特别注意嗜好变化要及时减购材料,尤其对于变化即不能利用的特用材料,平时储存量应减至最小量,以便有变化即予停购或少购 2. 嗜好更动时,应立即设法出售产品如减价出售,以便出清库存材料

续表

发生原因	防止措施
销售预测偏高	1. 对销售预测工作应确实建立客户数据,预测应逐一翔实填记汇总,其程序方法属营业管理范围,不做详述;凡有翔实估计并每月编制修正以后数月预测数字,则可接近事实,偏高的机会将减至最小 2. 资材应随营业额预测逐月修正材料的储备工作
用料量小于预算量	1. 标准用量设定的误差,应由测定部门加强以正确测定标准用量 2. 每批开始生产时,实时再测定用量,如有差异应以制造异常事项报告(窗体),提报修正 3. 每批完工后用量应检讨差异原因,以完工异常报告(窗体),提报修正,作为整批设定用料标准之用 4. 排版或制造方式改善减少用量时,应立即修正用料标准
验收进库不当	1. 无法全检但使用时可挑出不良品者,采购时应与供货商约定,可以退换或退料 2. 对各种材料应制订检验标准,确实验货
仓储管理不善	1. 易变质及腐蚀材料应确实实施先进先出原则 2. 注意保管以免生锈、发霉、变形、风化及挥发等 3. 虽非易变质或腐蚀材料,亦应定期清仓调存新料
变更原设计	1. 加强工程设计的审核工作 2. 工程设计变更时应立即更正或取消原请购事项
技术革新	1. 拆除机件尽量加以利用 2. 原料方面尽早停止采购,已订购材料设法取消 3. 库存材料尽量先用完,再采用新材料
工程余料	用料预算应力求准确,凡可一一计数者应确实计数,除可作为备品外不可多购
请购不当	1. 确实做好存量管制,以免超量请购 2. 工程用料应确实把握配合进度,不可因采购延误,另行重复请购 3. 尽量避免最小订购量的限制而超量请购 4. 有滞料可用者不可重新请购

2) 呆料处理步骤

企业物料管理部门应当依据库存类别的原物料中最近6个月没有变动,或变动数量没有超过库存量30%的材料,列出一份呆料明细表,一式三联,送交呆料处理人员。

呆料处理人员接到呆料表后,应该追查这种原物料为何在6个月内没有出现变动的原因,并拟订处理方式与期限,最终上交企业主管领导;呆料处理人员依据呆料表将处理方式属于出售和交换部门的交由采购部门处理;以报废方式处理部分,应该由处理人员依据资材管理准则的审核权限签准报废,并由物料管理部门根据核准及签呈开立材料领用单和材料缴库单并上交废料仓库;处理部门没有将已经届满处理期限的呆料处理表送交呆料处理人员时,呆料处理人员应给予催办单进行催办;呆料处理人员应按时提报呆料出售明细表和呆料发生及处理结果汇总表,上交企业主管领导进行签核。

3)废料产生的原因和处理

废料是指那些已经报废,基本上丧失了使用价值且残破不堪,超过使用年限和保质期的物料。

(1)产生原因

废料的产生是企业最不愿意看到的事情,因为废料的产生将是无可挽回的损失。它之所以会出现,主要是因为物料长期没有使用遭到铁锈的侵蚀,或是过了保质期,或是品质管理部门的工作失误等。

对于废料的处理,原则上应该越快处理越好,应该单独开辟一个废料专区,把废料分门别类地进行存放,防止有人误用废料造成各类危险事件的发生。

(2)处理原则

对于废料原则上有两条处理方式:其一是出售;其二就是充分挖掘废料的使用价值。对于生产过程中的残渣废液,检修过程中的残品旧料,机械加工过程中出现的边角余料,使用后的废旧品等来说,它们并不是卖这么简单,而有着很重要的作用。例如废料解体后,其中有很多可移作他用的物料,如电子零部件和机械零件等。废料解体后,其中仍有些残料可再次利用,可以按残料售卖,例如钢片。废料解体后,对各种废料进行分类储存,这样即使是按照废料进行出售,其价格也会相应地提升。

4)呆废料的预防

呆废料的预防不仅是采购、物控和生产3个部门的事情,它还涉及销售和设计等各部门的工作。各部门要在本部门内加强管理,在各自的工作中杜绝呆废料发生。

(1)销售部门的预防措施

销售部门在对销售计划进行确定的时候,要有自己的一套规划和规则,其变动频率不能频繁且波动巨大。频繁变动会造成生产部门和物控部门的物料需求变化增大,进而使得采购部门的顾虑和想法变多,最终造成采购量的过大,使物料闲置。另外,要消除客户百分之百优先的思想,客户订单应该与生产能力适应,如果生产能力不足应该推掉一些订单。退订单应该在保证客户对工厂继续信任下进行,至于如何让客户保持信任,则是销售部门应该做的事情,而不是物料管理、生产、计划等相关部门的事情。

(2)设计部门的预防措施

设计部门的设计应该力图按照标准进行设计,减少不切实际的空想。对于新产品设计,只有经过了完整的实验并有较好的市场前景时,才能够进入生产领域,切不能僵固认为:设计越科学越先进越有效果,要做到适可而止,满足客户需求即可。如果设计速度过快,会影响客户回收以前设计产品所支付的成本速度。

(3)生产部门的预防控制

对于生产部门来说,要按照订单和生产进度进行生产,加强生产线管理,严格生产流程,加强工人培训,减少各个环节内的呆废料产生。

（4）物控部门的预防措施

应该对库房进行市场的盘点清理，特别是对于某些易腐蚀的物料，要经常进行保护处理。保持库房应有的清洁，特别是温度和湿度的控制。在盘点和维护过程中，要按照工作规则进行工作，防止因为自身工作失误造成的呆废料发生。

（5）采购部门的预防措施

选择信誉较好的供货商，是减少呆废料的好方法之一。而且采购部门要根据呆废料发生的原因，向有着较好关系的供应商通报情况，寻求供应商方面的帮助。

（6）验收部门的预防措施

要严格避免不合格产品的进入，严格按照进料检验规则进行检验。在企业成本要求的条件下，应该购入先进的检验仪器。

5）库存管理实践性总结

一般情况下，仓库库存增加的原因包括下列方面：客户订单变更或取消；销售预测的偏差；设计变更频繁；产品开发设计不当；错误的采购政策；物料信息偏差；物料管理不当；生产线质量问题。

库存不正确的原因有：开放式的仓库；员工、仓管人员、管理者的工作态度；点料量不正确；发料量不正确；盘点不确实。

对此，降低库存可以采取的措施有：减少失误，如量的计算不确实；减少设计变更、订单变更；提高生产排程的正确性与减少变更；呆滞料每月提出检讨改善；提升产品质量；研发时零件采用标准件。

【知识链接】

物料管理单据

表6.9　入库单

送货单位：　　　　单号：　　　　　日期：　　年　　月　　日

编　码	品　名	规　格	单　位	数　量	单　价	金　额	备　注
合　　计							

记账人：　　　　　　　　库管：

四联　①存根联　②仓库联　③记账联　④供应联

表6.10　供应商送货单

送货单位：　　　　单号：　　　　　日期：　　年　　月　　日

编　码	品　名	规　格	单　位	数　量	单　价	金　额	备　注

编　码	品　名	规　格	单　位	数　量	单　价	金　额	备　注
合　计							
送货人：				制表人：			

表 6.11　请款金额单

请款金额		请款部门		请款人		请款日期		
合同编号		经办人		签　订付款额		已付款额		未付款额
入库验收人		入库时间		财务部审核意见		付款时间		
收款单位								
开户行								
账　号								
请款理由：								
审批意见：								

任务8　能力训练

1. 实训题

绘制物料管理环节主要流程图并填写所需要的表单(情境设计、背景资料、表单填写)，见表 6.12。

表 6.12　实训要求

训练内容	答案设计	认识体会
训练 1:构建一套物料管理体系		
训练 2:怎样克服"物""账"不一致		
训练 3:如何降低库存成本		

2. 计算题

假设产品 P 由 2 个单位 A 和 3 个单位 B 组成;A 由 2 个单位 C 和 3 个单位 D 组成;D 由 1 个单位 B 和 2 个单位 E 组成。各种物料的提前期分别为:P,A,C,1 周;D,1 周;B,E,3 周。未来 12 周的净需求量见表 6.13。

表 6.13　未来 12 月的净需求量

时 间/周	1	2	3	4	5	6	7	8	9	10	11	12
净需求量	35	10	10	25	20	0	30	10	20	30	10	20

（1）试画出产品结构树。

（2）制订一个 MRP 计划表。

任务 9　教学反馈与测评

1. 教学反馈表

项目名称：＿＿＿＿＿＿　姓名：＿＿＿＿＿＿　学号：＿＿＿＿＿＿　班级：＿＿＿＿＿＿

（1）本项目学到哪些知识	
（2）本项目掌握哪些技能	
（3）本项目有哪些内容没有学懂	
（4）本项目最有价值的内容	
（5）对本项目教学的建议	

2. 能力测评表

项目名称：＿＿＿＿＿＿　姓名：＿＿＿＿＿＿　学号：＿＿＿＿＿＿　班级：＿＿＿＿＿＿

职业核心能力	评价指标	自评结果	备 注
自我学习能力	课前收集过与本项目内容相关的资料 能够管理自己的时间 课后查找过资料，深入学习对本项目感兴趣的内容	□ A　□ B　□ C □ A　□ B　□ C □ A　□ B　□ C	
与人合作能力	与人合作完成任务 知道如何尊重他人的观点 主动帮助别人	□ A　□ B　□ C □ A　□ B　□ C □ A　□ B　□ C	
与人交流能力	能与他人有效沟通 能及时反馈学习信息 能主动回答老师提问	□ A　□ B　□ C □ A　□ B　□ C □ A　□ B　□ C	
信息处理能力	能够有效使用信息资源 能归纳总结本项目的重难点 能够回答老师提出的问题	□ A　□ B　□ C □ A　□ B　□ C □ A　□ B　□ C	

职业核心能力	评价指标	自评结果	备　注
解决问题能力	能提出有价值的观点 能发现并解决常规问题 能提出并实施解决问题的方案	□ A　□ B　□ C □ A　□ B　□ C □ A　□ B　□ C	
专业能力	评价指标	自评结果	备　注
认识物料管理	物料管理的概念 物料管理的特征 物料管理的主要环节 物料管理模式的选择 物料管理的过程 物料管理的内容	□ A　□ B　□ C □ A　□ B　□ C □ A　□ B　□ C □ A　□ B　□ C □ A　□ B　□ C □ A　□ B　□ C	
物料管理要求	物料管理的目标 物料管理的构成要素 物料管理水平的评价	□ A　□ B　□ C □ A　□ B　□ C □ A　□ B　□ C	
物料管理 组织与控制	物料管理的组织过程 物料管理的效率控制 物料管理的成本控制 物料管理的绩效控制	□ A　□ B　□ C □ A　□ B　□ C □ A　□ B　□ C □ A　□ B　□ C	
物料管理人员 岗位职责	仓库管理员的岗位职责 记账员的岗位职责 物料主管的岗位职责	□ A　□ B　□ C □ A　□ B　□ C □ A　□ B　□ C	
学生签名			
教师评语			

（在□中打"√"，A 为通过，B 为基本通过，C 为未通过）

附录　物料管理人员典型岗位职责及能力素质要求

1.仓库管理员的职责及能力素质要求

1）仓库管理员的职责要求

①确保账、卡、物三者一致及系统处理的及时性与准确性，严格控制负库存；做好物料状态标识，降低错发物料风险。

②对分管物料的储存质量、呆滞情况、不合格物料进行动态跟踪,按仓库主管的要求及时反映物料积压、呆滞及不合格品情况,并积极处理上述物料。

③严格按要求接收订单物料,坚持原则性又要讲求灵活性,协助相关部门对分管物料库存进行控制。

④负责维护分管物料所辖区域库容的保持、整洁,严格按公司仓库管理制度要求存放物料并采取有效措施确保分管物料的安全性、完整性及各种防护、防尘手段落实到位;确保公司物料存放有序,整齐划一,保养有道。

⑤完整、及时地传递各种原始单据,并按要求对单证归档管理。

⑥处理好与相关部门的工作关系,建立良好的工作沟通渠道;树立为生产车间服务的意识,把好生产物流链的源头关,同时保证物流下游的顺畅。及时将分管物料短缺、呆滞和过量采购情况向采购部门反映。

⑦积极协助仓库主管工作,并接受其工作指导、监督与考核。

⑧完成上级交办的其他工作任务。

2)仓库管理员的能力素质要求

①良好的 ERP 软件计划的制订能力。

②良好的沟通能力与团队协作能力。

③工作细心、责任心强。

④良好的执行能力。

2.仓库记账员(含外发物料管理员)的职责及能力素质要求

1)仓库记账员的职责要求

①负责物料采购、入库、出库等业务的审核、制单与打票及出、入库单据的分发、传递和登记。

②对采购价格、销售价格进行核对和备案。

③熟悉各类物料进、销、存的管理规定,并严格把关。

④做好发外业务的数据录入与业务跟进,保证发外物料数据的准确性,并做好动态跟进与核对,对过期未回收的物料要及时追踪上报。

⑤负责物料流转手续及流程的把关和完善,对存在的问题要及时反映并提出合理化建议。

⑥定期和不定期地与仓库管理员核对实物,及时按规定调整库存差异。

⑦完成上级交办的其他工作任务。

2)仓库记账员的能力素质要求

①良好的 ERP 软件计划的制订能力。

②良好的沟通能力与团队协作能力。

③工作细心、责任心强。

④良好的执行能力。

⑤具备一定会计素质。

3. 仓库主管的职责及能力素质要求

1）仓库主管的职责要求

①积极贯彻执行公司有关制度，定期或不定期地组织全体仓库管理员学习公司相关文件，加强仓库集体团队建设，提高仓库管理员的团队素质。

②严格控制库存，优化库存管理，对现有有关仓库的管理制度提出合理的、具可操作性的建议。

③负责仓库区域的划分、人员的分工和仓库管理员日常工作的指导协调。

④根据工作考核提出仓库管理员工资的调配及人员岗位的调整方案。

⑤负责对新进员工进行业务培训。

⑥公正、严格地按仓库管理员的考核制度来对仓库管理员进行日常考核。

⑦检查仓库管理员是否按时、按量发料，跟踪库存情况，对超额库存、负库存等非正常情况在一个工作日内分析、处理和上报。

⑧定期对各仓库管理员所管物料中的呆滞物料（一个月）、不合格品（一周）进行清理。

⑨做好仓库与品管部、生产车间等部门业务的衔接和协调。

⑩完成上级交办的其他工作任务。

2）仓库主管的能力素质要求

①良好的 ERP 软件计划的制订能力。

②良好的沟通能力与团队协作能力。

③工作细心、责任心强。

④良好的执行能力。

⑤良好的决策能力。

⑥良好的危机处理能力。

⑦良好的组织能力。

⑧具备一定的会计素质。

项目6　测试题

项目7 企业物流外包管理

知识目标

1. 掌握企业物流外包的概念,清楚物流业务外包对企业的作用和存在的风险。
2. 掌握物流服务商选择的基本原则及方法,同时掌握物流服务商评价体系建立的原则及指标。
3. 了解物流服务的定义和分类,掌握物流服务质量的内容及管理措施。

能力目标

1. 能够对潜在的物流服务商进行分析和选择。
2. 能够对现有的物流服务质量进行评价管理。

素质目标

1. 培养物流外包服务商的管理能力。
2. 能够独立分析、处理物流服务的相关工作。
3. 树立效率意识、成本意识及责任意识。

【案例导入】

上汽通用汽车的物流外包

上汽通用汽车有限公司是中国汽车工业的重要领军企业之一,是上海汽车集团公司与美国通用汽车公司的合资企业,它们的生产线上基本做到了零库存。因为汽车制造行业比较特殊,汽车零部件比较多,品种规格都比较复杂。如果自行完成采购物流,需费很多时间。它们选择了把原材料直接送到生产线上去的一种外包制度。中远物流按照通用汽车要求的时间,做到生产零部件 JIT 直送工位,准点供应。

门到门运输配送使零部件库存放于途中。运输的门到门有很大的优势:第一,包装的成本可大幅度下降,因为从供应商的仓库门到用户的仓库门,装一次卸一次就可以了,这比铁路运输要先进得多;第二,除包装成本外,库存可以放在运输途中,计算好时间,货物就准时送到,货物在流通的过程中进行一些调控。

生产线的旁边设立"再配送中心"。货物到位后两个小时以内就用掉了,那么它在这两个小时里就起了一个缓冲的作用,就是传说的安全库存。如果没有再配送中心,货物在生产线上流动的时候就没有了根据地,会比较混乱,它能起到集中管理的作用。

每隔两小时"自动"补货到位。"自动"补货到位在时间上控制得非常严格,因为这跟库存量有关系,库存在流动的过程中加以掌控,动态管理能达到降低成本、提高效益的目的。所以再配送中心其实如一个"蓄水池",且这个蓄水池里面的水一定是活水,这头流进那头流出,一直在流。

上汽通用汽车通过物流外包,与专业的中远物流强强联合,将有限的资源用于核心业务,集中精力抓好生产这个主业,实现资源的优化配置。

任务 1　认识企业物流外包

7.1.1　企业物流外包现状分析

目前,我国第三方物流业处于快速发展阶段。随着物流行业的发展,企业界对物流业务外包日益重视,这为我国第三方物流业的发展提供了巨大的发展空间和市场机遇。中国加入世贸组织之后,使国内市场国际化,会有更多的外资物流供应服务商进入国内物流市场,对我国第三方物流业形成严峻的挑战。尽管第三方物流有较好的市场前景,但是我国第三方物流企业的发展仍存在着一些问题,主要体现在以下 5 个方面。

1)物流能力不齐全,增值服务意识薄弱

第三方物流企业的收益 85% 来自基础性服务,如运输服务和仓储服务,而增值服务的收益只占 15%。增值服务低的原因:一是物流企业缺乏市场开拓的力度;二是缺乏高水平的第三方物流企业。

2)规模偏小,效益不高

我国物流企业总体规模偏小。据统计,截至 2019 年 8 月,根据《物流企业分类与评估指标》(GB/T 19680—2013)国家标准,全国共有 A 级物流企业 5 393 家。其中,5A 级物流企业 326 家、4A 级物流企业 1 975 家、3A 级物流企业 2 456 家、2A 级物流企业 594 家、1A 级物流企业 42 家。而具有规模的 5A 级物流企业只占众多物流企业的很小一部分。根据规模经济理论,企业规模越小,运营成本越高,进而影响企业的经济效益以及长远发展。另外,随着大型跨国公司不断进入中国,其生产经营的国际化要求物流企业拥有全球化的运营网络为其提供物流支持,如果第三方物流企业的规模不足以满足其国际化经营的目标,那么自营物流就会成为跨国公司考虑的方式。

3)现代化技术程度低

现代物流包括运输、仓储、包装、装卸、加工配送及信息网络管理等一系列服务,每一个环节都出现了许多现代化新技术,充分利用这些技术将大大增强企业的竞争实力。而我国物流企业在这方面还存在很大差距,特别是信息化方面起步较晚,信息化程度较低,因而普遍存在对信息的获取、处理和运用能力不强的问题。

4) 缺乏物流管理人才

发展第三方物流,需要具备一支优秀的物流管理队伍。发达国家的物流企业之所以发展较快,一个重要原因是这些国家十分重视人才的培养,许多大学都设有物流管理专业,并在社会上开展了社会物流配送职业教育。而在我国,虽然物流从业人员也已粗具规模,但真正懂得物流科学的高层次管理人才少之又少。缺乏人才,企业就缺少了创新和发展的能力,只能依靠传统的方式管理现代物流,从而导致物流企业低效运行,缺乏活力和竞争力。

5) 制度不健全

我国第三方物流市场秩序还不规范,职业道德低,从业人员的平等竞争、公平交易意识较弱。另外,企业融资制度、产权制度、市场准入和退出制度及社会保障制度等还不能适应企业经营的要求,因而限制了第三方物流企业自身的发展。

我国第三方物流的发展趋势表现在以下 3 个方面。

(1) 组建具有国际竞争力的物流集团,实行集约化经营

目前,许多第三方物流企业都由计划经济时期商业、物资、粮食等储运企业转型而来,都有特定的服务领域,彼此间竞争不大。若要适应今后市场竞争需要,必须打破业务范围、行业、领域、所有制等方面的限制,树立全国一盘棋的思想,整合物流企业,鼓励强强联合,组建跨区域的大型物流企业集团,而且只有兼并联合,才能合理配置资源和健全经营网络,才有可能延伸触角至海外,参与国际竞争。

(2) 发展综合物流代理业务

国内物流业在物流一体化和第三方物流上存在很大空白,国有大中型企业不景气的现状为这种物流模式的产生和发展提供了低成本、高扩张的坚实基础。大力推广和发展综合物流代理运作模式正逢其时。对于大多数外资形式的第三方物流企业来说,这是最佳的发展方向。

(3) 第三方物流企业实行战略联盟

现代物流服务的顾客都希望用一个计算机接口、一个联系界面、一份合同和一套单据,便能解决所有问题。顾客的这种要求迫使任何一家物流服务商都不得不与其他物流公司建立战略联盟关系,以提高物流作业效率和扩大其物流服务范围,共同为一个顾客的整条供应链服务。其中的一个物流服务商作为供应链的"总集成商",将与顾客单线联系,并监控协调其他参与企业的活动。

7.1.2 企业物流外包概述

1) 物流外包的含义

随着全球经济一体化进程的加快、信息技术在物流领域的应用和发展、对一体化多渠道市场需求的增长和物流服务供应商服务能力的扩充和完善,物流业务外包服务逐步被社会

认识、了解、认可和进一步采用。

所谓物流业务外包,即制造企业或销售企业为集中资源,节省管理费用,增强核心竞争能力,将其物流业务以合同的方式委托给专业的物流公司(第三方物流,TPL)运作,是一种长期的、战略性的、相互渗透的、互利互惠的业务委托和合约执行方式。

物流外包是企业业务外包的一种主要形式,也是供应链管理环境下企业物流资源配置的一种新形式,完全不同于传统意义上的外委、外协,其目的是通过合理的资源配置,发展供应链,打造企业的核心竞争力。

2)物流外包的动因

目前物流外包已经被更多的企业所接受,但是由于每个企业自身条件不尽相同,在选择物流外包时的出发点也不相同,概括起来具体原因主要有以下3种。

(1)企业没有能力在物流方面做更大的投入

如:企业受人力资源的限制,缺乏有关物流方面的人才;企业受自身资金的限制;企业受自身物流设施和信息系统的限制。当企业的核心业务迅猛发展时,由于受资源的限制,企业的物流网络相对滞后。

(2)企业内部不能建立可以提高物流效率的体制

随着经济的发展,生产和服务的模式发生了很大变化:从标准化规模生产到个性化、柔性化小规模生产,物流的复杂性突现;从产品导向到客户服务导向,门到门服务,物流网络覆盖面越来越大,越来越细致。企业要完成从原材料采购到产品送达顾客的整个物流过程,难度越来越大,而且也不经济。

(3)企业自营物流与其他企业相比没有竞争力

现代企业之间的竞争力主要是时间和速度上的竞争,企业物流系统在竞争中如呈现劣势,物流外包是明智的选择。第三方物流作为专门从事物流工作的行家,具有很丰富的专业知识和经验,有利于提高货主企业的物流水平。

企业外包物流首先是为了降低物流成本,其次是为了强化核心业务,最后是为了改善和提高物流服务水平与质量。企业利用外部资源发展自己的核心竞争力是市场经济发展的必然趋势,物流外包和物流社会化是市场经济发展的必然结果。

3)物流外包的优势

(1)企业将有限的资源集中用于发展主业

制造企业将物流业务外包给第三方物流企业,可以使企业实现资源的优化配置,减少用于物流业务方面的车辆、仓库和人力的投入,将有限的人力、财力集中于核心业务。

(2)企业节省费用,增加盈利

从事物流外包业务运作的第三方物流企业利用规模经营的专业优势和成本优势,通过提高各环节能力的利用率,节省费用,使企业能从中获益。

(3)企业加速商品周转,减少库存,降低经营风险

第三方物流服务提供者借助精心策划的物流计划和适时的运送手段,最大限度地加速库存商品周转,减少库存,为企业降低经营风险。

（4）可以提升企业形象

第三方物流提供者利用完备的设施和训练有素的员工对整个供应链实现完全的控制，帮助顾客改进服务，树立自己的品牌形象。同时制造企业也可以借助于第三方物流企业的品牌形象，提升自己的企业形象。

（5）降低管理难度，提升管理效率

物流业务外包既能使制造企业享受专业管理带来的效率和效益，又可将内部管理活动变为外部合同关系，把内部承担的管理职责变为外部承担的法律责任，从而简化管理工作。

【知识链接】

第四方物流

第四方物流是 1998 年美国埃森哲咨询公司率先提出的，专门为第一方、第二方和第三方提供物流规划、咨询、物流信息系统、供应链管理等活动。第四方并不实际承担具体的物流运作活动。一般情况下政府为促进地区物流产业发展，领头搭建第四方物流平台，提供共享及发布信息服务，是供需双方及第三方物流的领导力量。它不是物流的利益方，而是通过拥有的信息技术、整合能力以及其他资源提供一套完整的供应链解决方案，以此获取一定的利润。它是帮助企业实现降低成本和有效整合资源，并且依靠优秀的第三方物流供应商、技术供应商、管理咨询以及其他增值服务商，为客户提供独特的、广泛的供应链解决方案，如图7.1所示。

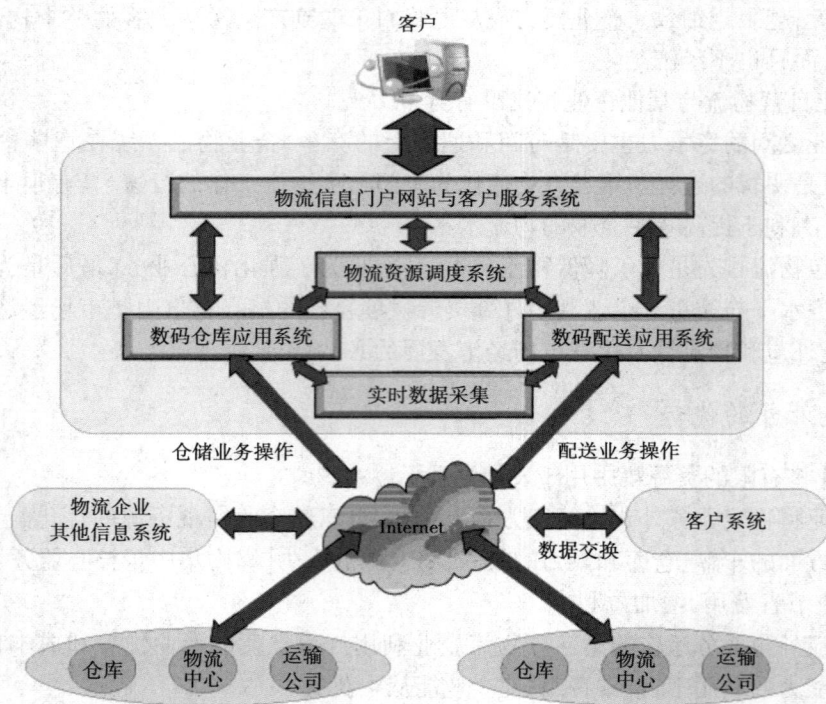

图 7.1　第四方物流示意图

（资料来源：百度百科）

7.1.3 企业物流外包的风险

1）物流外包风险内容

Arthur Andersen 企业经营风险模型中总结出企业物流外包风险的种类：外部环境风险、内部环境风险、过程管理风险、信息传递风险及财务控制风险，如图 7.2 所示。

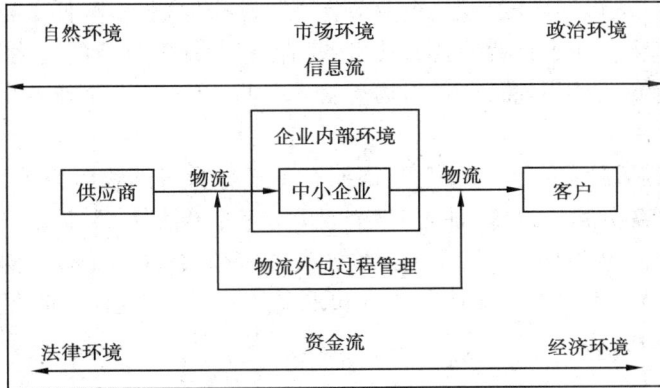

图 7.2 企业经营风险模型

（1）外部环境风险

由外部环境因素引起的物流外包过程中的不确定性称为外部环境风险，主要可以分为自然环境风险、政治经济环境风险、法律环境风险和市场环境风险 4 类。

①自然环境风险。自然界中的一些不可抗力因素，如火灾、地震、暴风、雨雪等，往往会中断企业的物流外包过程，使企业生产经营遭受损失。

②政治经济环境风险。企业所处的政治经济环境包括国内政治经济环境和国际政治经济环境两个部分。国内政治经济环境风险主要指国家政治经济体制、经济政策、行业标准、通货膨胀、竞争等给物流外包带来的风险。经济繁荣，市场物流供不应求，影响企业正常物流服务；而经济萧条，物流供过于求，影响物流服务商的发展。国际政治经济环境风险是指国际政治格局、金融秩序等发生变化给物流外包带来的风险。

③法律环境风险。法律环境风险指国内外监管环境、法律制度的不健全导致企业物流外包受阻。现阶段，国际国内有关物流外包的法律法规甚少，已出台的关于物流方面的法律也不完善，漏洞较多，难以约束物流服务商的败德行为。

④市场环境风险。市场环境风险包括国内或国际的物流服务需求趋向、物流行业的竞争激烈程度、外包市场的成熟程度、企业竞争环境的变化等因素。诱发物流外包风险的市场环境因素主要有：缺乏对产品、服务方式以及服务水平的行业规范；尚未建设起完善的信用管理体系；物流法律、法规不完善等。企业的市场环境风险属于系统性风险，一般无法消除，但是可以通过采取风险预防措施减少风险损失。

（2）内部环境风险

引起物流外包内部环境风险的原因如下：第一，物流理念认识落后，企业现有物流模式跟不上现代物流发展的速度；第二，企业内部缺乏专业的物流人才。由企业内部环境的不确定性所造成的物流外包风险称为企业内部风险。主要包括以下 3 类风险。

①企业内部员工的抵触性风险。企业进行物流外包需要对企业内部业务流程进行重组,这个过程必然会威胁到一些员工的利益,从而受到这部分员工的抵制,使正常的生产经营活动无法完成。同时,物流外包会使企业内部一些优秀的物流人才离开企业,导致企业在处理物流外包的问题时缺乏专业的物流人才。

②创新能力退化风险。物流外包后企业主要关注的是物流成本问题,而逐渐忽视本企业的物流创新能力。从短期角度来看,企业节省了物流研发费用,降低了物流成本。从长远角度来看,物流外包将会使本企业的物流技术和物流经营管理创新的能力逐步退化,企业的物流运作会过分依赖物流服务商,一旦与物流服务商的合作失败,企业的生产经营将无法继续进行。

③缺乏合理的绩效评价。大部分企业都拥有一部分自身的物流设施,在进行物流外包时,为了充分利用这部分物流设施,加之对物流服务商的不信任,企业一般都倾向于把部分物流业务外包,这就使得企业难以量化地评价物流外包绩效,因为企业很难将物流外包的成本从企业的总成本中分离出来。即使物流外包取得了成功,也无法知道是企业自身管理的完善还是物流外包的成功。

(3)过程管理风险

过程管理风险,指物流需求企业与物流服务商的管理模式存在着差异并由此造成合作上的管理风险。物流外包管理过程中主要包括以下 4 类风险。

①决策过程风险。企业进行物流外包时应该做好前期准备工作,为最终决策提供支撑材料,否则有可能导致企业的物流外包不能达到预期的目标。但在双方进行物流外包合作时,物流外包服务商为了获得物流业务,会夸大物流能力,以迎合企业的物流需求。如若企业管理者没有进行慎重决策,就会选择不当的物流服务商,导致物流外包决策的失误。

②物流服务商选择的风险。选择正确的物流服务商是成功实施物流外包的关键环节。目前我国部分物流服务商是由原来的运输、仓储等企业转变而来的,其运作水平还达不到专业化物流服务商的要求。第三方物流市场中物流服务商良莠不齐的现象使企业在选择物流服务商时存在着一定的风险。

③客户风险。企业物流外包之后,可能会过于依赖物流外包服务商,由于资源有限,又无法控制或影响物流服务商,企业与用户的沟通逐渐减少,不能取得用户所需信息,最终影响企业产品的改进。从长期来看,物流业务外包可能使企业核心业务与物流活动之间的联系减少,降低客户满意度。

④信任危机风险。信任危机风险主要是指物流外包双方在合同的实施过程中缺乏信任,对外包合同中的某些问题未达成共识,又没有及时进行有效的沟通而引发摩擦,最终影响合作效率的一种风险。由于双方缺乏共同的利益和目标,企业往往出现过高的希望和过多的服务要求,物流外包难以实施。另外,双方又缺乏信任,沟通不好,当市场情况发生变化时也不能做出相应的调整与改变,从而导致风险发生。

(4)信息传递风险

随着企业物流外包规模和服务范围的不断扩大,物流供应链上发生信息错误的可能也随之增多。由于信息沟通与反馈机制的不完善,在某种程度上增加了物流外包合作的信息不对称性甚至信息泄露的可能性,由此所带来的风险称为信息传递风险。主要可以分为以下两类。

①信息不对称或不完全风险。企业在选择外包服务商时,由于信息不对称和信息不完全,物流服务商可能会隐瞒部分对自己不利的信息,从而给企业带来一定的信息风险,导致企业选择了并不适合自己的物流服务商,即逆向选择。在物流需求企业与物流服务商签订合约后,企业不可能全面地了解物流外包运作的全过程,物流服务商可能会为了自身的利益采取一些不利于物流需求企业的行为,即所谓的败德行为。同时,物流信息也属于企业的商业秘密,出于保密等因素的考虑,不会将所有的物流信息提供给物流服务商,而有些信息可能会影响物流外包的成功。因此,物流服务商,就只能通过有限的信息为企业提供服务,这样就很难保证物流外包的服务质量。

②信息泄露风险。企业进行物流外包后,企业的许多信息势必与物流服务商共享。如销售数据、营销战略,甚至商业秘密等,如果这些信息外泄,将对企业的商业安全构成极大的威胁,从而给外包企业造成巨大损失。另外,物流服务供应商也会给企业提供很多信息。如市场需求信息、库存信息、销售预测信息等,物流服务商的参与使信息的传递范围更广,增加了企业信息外泄的风险。

（5）财务控制风险

物流外包的成本很模糊,通常企业管理者只考虑显而易见的成本,未曾考虑财务控制方面的费用。企业在选择物流外包服务商时会产生寻找费用,与物流外包商签订合同时会产生谈判和签订合同费用,在物流外包的过程中会产生管理费用,以及风险发生后所造成的损失,这些费用都有可能导致企业物流成本的增加,称为财务风险。

①资金回收困难。回收资金是企业进行周转的重要环节,也是企业财务活动的重要内容。在激烈的市场竞争环境下,企业为了提高市场占有率,在销售产品时有的采取了赊欠的方式,这就使一些信用较差的顾客有款拖着不还。而物流外包资金回收风险的主要表现就是产品销售款不能及时回收。由于物流服务要素没有达到合同规定的标准,如配送的商品质量有问题、配送时间延长等,这些有可能成为那些不愿还款或无力还款顾客的借口。

②物流成本上升。物流成本涉及企业运营中的多个环节,企业进行物流外包时,首先需要花费一定的费用寻找合适的物流服务商,并与之进行谈判并签订合约。在执行合约的过程中为确保物流服务质量,需要对物流服务商进行监督,产生监管费用。物流管理离不开信息处理,信息处理费也是成本组成的重要部分。合作双方产生分歧时,企业还需要一定的资金及人力与物流服务商进行谈判协调,产生协调成本,这些都会导致成本上升。在风险损失发生后的处理费用也会导致总成本的增加。

2）物流外包风险的特征

企业物流外包风险有以下 3 个特征。

（1）随机性

企业物流外包风险事件的发生及其后果都具有偶然性。风险事件是否发生、何时发生、发生之后会造成什么样的后果,这是不以人的意志为转移的。如承包方的仓库突然失火,运输车辆交通堵塞无法按时抵达等。

（2）突变性

企业物流外包风险的突变性不是连续发生的，而是离散的，具有突如其来、无规律可循的特点。如物流产业的政策变化，市场需求的不确定性，特殊事件导致交通运输不畅等。

（3）联动性

企业物流外包风险的联动性是风险因素之间的关联性，即一个风险因素可能诱发其他风险发生。在企业物流外包过程中，外包方和承包方是以契约的形式联系在一起，一方发生风险，必然波及另一方。同时企业的物流业务也是环环相扣的。如材料运输出了问题，必然影响安全库存，从而影响生产的连续性、市场销售和服务水平等。

3）物流外包风险的成因

物流外包风险一般来自以下 7 个方面。

（1）物流外包业务本身的不确定性变量太多

如外包企业文化差异、物流商投机行为、企业内部员工抵制问题等都会造成物流外包业务不确定性增加，造成外包业务失败。

（2）供应链企业生产的不确定性

生产过程的不确定性主要来自设备的故障、关键材料的临时短缺以及受供应物流环节的影响造成的缺货停工。特别是实施零库存生产的企业，因供应链上游多个企业的生产系统的可靠性处在不同的水平上，有时还相差很大，而外包物流系统却缺乏快速反应能力，会给企业物料供应的及时性造成困难。

（3）客户需求的变化

充分的供给导致需求的多样化、消费群的不稳定，客户有了很多的选择，很容易就从一个产品转向另一个产品。供应链复杂的协调运作依靠完善的计划控制，而计划的编制来源于对需求的预测，需求的不确定性很容易就造成整个供应链的需求混乱，从而要求企业必须有一个精益的计划预测系统和良好的柔性物流系统来保证。而在当今市场变化莫测及物流业发展不成熟的外包市场环境下，物流外包系统难以适应客户需求的变化，可能是由于外包物流延期而丢失客户，或者是由于外包物流系统采取了应急措施而成倍地提高了企业物流的运行成本，导致产品竞争力下降。

（4）物流承包商过于单一

企业往往出于联盟稳定性与交易费用的考虑选择单一的物流外包商，外包物流供应链上出现独家物流服务商包揽的现象，导致过于依赖物流服务供应商。而物流服务商物流能力、服务地域和管理能力的有限性，可能在某些地区的物流服务中给企业带来物流服务风险。

（5）信息失真或失控

物流业务的外包，随着执行主体的转移，由于信息不畅或扭曲，再加之技术与监控手段的制约，企业难以对服务的全过程进行全面的监控和跟踪管理，如果物流服务商出现违规博弈的行为，企业难以控制与把握。同时物流外包，使企业不能直接取得所需的用户需求信息和产品质量与服务意见，最终影响企业的产品质量改进和企业服务质量的提升。从长期来看，这样可能阻碍核心业务的发展。

（6）合作双方不能达成共识

合作双方由于未达成共识，往往出现不现实的希望和服务要求，缺乏双方共同的利益和目标，往往使外包难以实施；同时也会出现双方权利不平等、成本与定价不合理等现象。双方存在分歧，如果又缺乏信任，沟通不好，面对市场变化也不能做出相应的调整与改变，就随时可能导致外包合作风险发生，合作失败。

（7）外包契约不规范

企业和物流承包商签订的外包契约中缺乏对服务的环节、作业方式、作业时间、服务水准、服务费用、赔偿、保险、不可抗力、保密、解约等细节的明确界定，这就造成对外包物流绩效的量化评价变得十分困难，这就为外包纠纷的发生埋下了隐患。

4）物流外包风险的防范措施

物流外包风险的防范措施主要从社会防范和自身防范两个方面出发。

（1）企业物流外包风险社会防范措施

①政府为物流外包提供信息引导，减少信息不对称。造成企业物流外包风险的一个主要原因就是信息不对称，信息越真实，越完整，企业风险就越小。因此政府和社会要通过政策引导、技术咨询、新闻传播、科技统计等方式为物流发展提供信息指导。同时，政府应为物流企业提供真实准确的信用等级，加强对物流企业的信用管理，从而使物流外包企业信息源多样化、信息传播渠道畅通，加强防范和控制物流外包风险能力。

②政府应加强物流基础设施的建设。政府应加强物流基础设施的建设，形成先进的物流信息网络平台、完善的仓储配送设施和综合运输网络，为物流业的发展提供物质基础条件。政府应重视对物流基础设施的规划，在此基础上，通过在土地、资金、税收等方面提供优惠政策来鼓励投资者参与物流基础设施的建设，从而提高物流运作的效率，使物流外包合作双方都获益，同时也可以有效地避免由于天气造成运输线路不畅等情况的发生，从而降低风险发生的概率。

③加强物流人才的培养。虽然我国不少院校开设了物流管理专业，但水平参差不齐，缺少特色，与发达国家的物流教育相比差距较大。政府应根据市场对物流人才的需要，着力完善物流学科体系和专业人才培养体系，以提高实践能力为重点，按照现代职业教育体系建设要求，探索形成高等学校、中等职业学校与有关部门、科研院所、行业协会和企业联合培养人才的新模式。完善在职人员培训体系，鼓励培养物流业高层次经营管理人才，积极开展职业培训，提高物流业从业人员业务素质。

④政府完善物流外包的法律法规。物流外包在我国还是一个新兴行业，缺乏相关的法律法规，加之我国几十年计划经济体制对法律法规的影响，难以适应当今市场经济环境下物流外包发展的需要，无法给企业物流外包提供一定的保证。因此，政府部门应采取措施完善相关的法律法规，为企业进行物流外包提供良好的法律法规环境。根据我国物流外包的发展现状，以法律的形式明确外包双方的责任义务和行为规范，为企业物流外包提供法律依据。

⑤政府应加快物流标准的制定。标准化水平是实现现代物流系统化管理的重要手段之一。目前我国已制定了一些物流标准，但由于执行力度不够，许多企业在物流外包的过程中

不能自觉执行统一的标准。因此,政府应尽快制定、完善物流的国家标准、地区标准和行业标准,加快建立物流标准化管理部门,对物流标准化问题进行统一的规划管理,并对各企业物流标准的贯彻实施进行强有力的监督。

(2)物流外包风险的自我防范措施

①成立专门的风险管理小组。物流外包风险的防范与管理是一个系统工程,因此企业应成立一个专门的物流外包风险管理小组来对其进行系统的管理。风险管理小组通过对物流外包风险进行识别、分析、评估、监控、防范,根据企业现有的资源制订相应的措施防范风险,以保证物流外包风险管理的制度化。物流外包风险贯穿了企业的整个生产经营过程,涉及从生产到销售等多个部门,因此外包风险管理小组的人员构成,应包括企业各个与物流外包相关的部门,如设计、生产、销售、仓储、质检等部门。

②建立物流外包风险预警体系。企业在物流外包过程中,面临着来自内外部环境、管理过程及信息传递方面的各种风险,企业必须建立有效的风险预警评价体系,对物流外包风险进行分析、评价,计算出风险发生的概率与损失大小,为制订风险防范措施提供决策依据。预警分析包括4个阶段:监测、识别、诊断与评价。

③加强企业内部协调合作。企业要在激烈的竞争环境中取胜,就必须立足于自身条件,将企业内外部的资源结合起来,积极创造内外协调合作的氛围,谋求共同发展。第一,管理者应树立物流外包的理念,认同物流外包给企业带来的价值,同时明确物流外包的目的以及可能遇到的各种风险;第二,企业应对员工进行培训,向员工灌输物流外包的理念,让企业员工意识到其对自身所能带来的好处,物流外包的目的及对企业长远发展的影响,从而得到企业员工的支持和配合;第三,应妥善安排好原本在企业物流业务上工作的员工,在提高物流效率的同时减少物流外包的阻力;第四,应妥善协调好企业各部门之间的工作。

④建立物流外包绩效评价机制。完善的物流外包绩效评价机制,能使企业快速发现物流外包过程中存在的问题,对物流服务商起到了很好的约束作用,可以有效降低物流服务商在外包过程中可能会出现的道德风险。而建立绩效评价体系的关键是要建立评价指标标准,对物流外包业务的时间、数量、成本、质量等方面做出明确的规定。对于准备建立长期合作关系的物流服务商,企业在考虑物流成本的同时也要培养与物流服务商的长期合作关系,不必使用标杆法,要求物流服务商达到行业最高标准。

⑤正确选择物流服务商,建立战略伙伴关系。企业正确地选择自己需要的物流服务商,可以避免企业战略机密的泄露、客户关系管理失控等风险,降低物流外包的不确定性。为此,要求企业在明确自身物流需求的基础上,对备选物流服务商进行综合评价。企业与物流服务商签订合同后,在考虑到自身利益的同时也要关心物流服务商的利益,彼此建立起相互信任的合作关系,通过利益共享和风险共担的合作机制与选择的物流服务商建立长期的战略伙伴关系。

⑥注意合同的严密性和合理性,避免先天的物流外包风险。物流外包的过程中,很多风险的发生是由合同的不严密和不完整引发的。因此,企业在签订物流外包合同之前,首先要对自身的物流需求和自身的资源进行周密的调研,以保证物流外包合同的合理、严密和科学;其次,企业要对自身信息系统的应用环境和操作系统的界面模式等进行反复的论证,并对物流业务流程进行全面的模块化整理重组。受自身能力的限制,企业也可以委托顾问公

司或咨询公司来完成,避免先天的物流外包风险。

⑦完善物流外包风险管理信息系统。在企业物流外包的过程中,存在着许多来源广泛、因素复杂且后果严重的风险,而风险的识别、处理方法和衡量标准也多种多样,使风险决策对企业来说是一个复杂的过程。且企业从事风险管理的人员数量有限,精力有限,如果采用手工的、原始的方法来收集风险信息,识别和分析风险,控制和管理风险,其效率是非常低下的。因此,企业必须完善风险管理信息系统来实现物流外包风险管理的目标。风险管理信息系统就是指能对企业风险信息进行收集、整理、分析、处理、做出预警显示和提出应付风险的基本策略的一个动态管理信息系统。

⑧建立信息共享机制。企业在物流外包的过程中,经常会由于信息不对称或信息泄露等因素造成物流风险。其原因主要是合作双方一方拥有较完善的物流信息系统,而另一方物流信息系统不完善。为了避免存在的潜在风险,合作双方应该建立信息共享机制。在合作过程中,通过信息技术建立信息共享系统,使双方能及时获得关于运输费用、运输计划、运输需求、生产计划等一些关键指标,并且这些信息应该及时、准确。合作双方在信息共享的同时应做到互相保密,泄露对方商业机密者应该承担相应的法律责任。

7.1.4 企业物流外包的注意事项

为了防止物流外包流于形式或失败,需要注意以下6点。

1)物流服务供应商精益化

许多领先的公司在物流方面要么选择一个供应商,要么是有限的供应者,这样可简化流程管理,有利于规模经济的实现。

2)制订具体的、详细的、具有可操作性的工作范围

工作范围即物流服务要求明细,它对服务的环节、作业方式、作业时间、服务费用等细节做出明确的规定,工作范围的制订是物流外包最重要的一个环节,它是决定物流外包成败的关键要素之一。

3)协助第三方物流服务供应商认识企业

视第三方物流服务供应商的人员为内部人员,一般需要与第三方物流服务供应商分享公司的业务计划,让他了解公司的目标及任务。因为对于一个对企业一无所知的人来说,你很难要求他能有良好的表现。

4)建立冲突处理方案

与第三方物流服务供应商的合作关系并不总是一帆风顺的,若彼此的看法能确切地表达,公司将从中获益良多,所以为避免冲突的发生,事前就应该规划出当冲突发生时双方如何处理的方案,一旦有一方的需求不能得到满足时,即可加以引用并借此改进彼此的关系。

5)不断进行调整

市场就是战场,形势千变万化,所以外包后,仍要亲自视察和监督,因为唯有亲自看到,

才知道问题所在,才能及时得到纠正。

6)保持弹性

物流外包的项目应该是慢慢扩展的,要注意到第三方物流服务供应商所能提供服务的宽度,让其保持一定的弹性,以最灵活的方式为公司提供最佳的服务。

任务 2　物流服务商的选择、评价与管理

7.2.1　物流服务商的识别

物流外包服务商的选择是企业物流管理的一项重要战略决策。目前在市场上,同类物流供应商很多,提供的服务内容也各有不同,如何选择适合企业发展需要的物流服务商变得尤为重要。

1)物流服务商的信息收集

首先,企业可以通过各种公开信息和公开的渠道得到物流服务方的联系方式。这些渠道包括物流商的主动问询和介绍、专业媒体广告、互联网等方式。

其次,通过审查物流服务商的基本信息,寻找合格的物流商。在这个步骤中,最重要的是对物流服务商做初步的筛选。建议使用统一标准的物流服务商情况登记表来管理物流服务商提供的信息。这些信息包括物流服务商的注册地、注册资金、主要股东结构、生产场地、设备、人员、主要产品、主要客户及生产能力等,见表7.1。

表 7.1　物流服务商登记表

企业名称	名　称	（公章）		法人信息	法人单位代码	
	地　址				法人代表	
行　业		工商登记号（附工商登记证复印件）			联系电话	
企业注册资金			企业注册登记类型			
职工总数			信息技术人员人数			
主要产品技术服务领域			服务对象及服务内容			
企业简介（可另附页）						

主营业务（业务范围包括企业主要产品或服务内容、成功案例等，可另附材料）						
联系方式资料	地　址					
	电　话		传　真		邮　编	
	网　址			E-mail		
	业务联系人	姓　名			办公电话	
		E-mail			移动电话	
企业承诺	1.本企业所提供的资料翔实、合法，将及时充实更新资料，同意通过本企业网站获取相关资料。 2.本企业在应用服务网提供的各项服务活动时，自觉遵守国家法律法规和网站的规定。					
填表说明	1.本表供申请企业填写，加盖企业公章生效。表格网上下载、复制有效。 2.申请企业按照表格内容进行填写，提供相应的附件材料。 3.申请企业登记表必须加盖公章，连同企业工商执照复印件邮寄或传真送达。其他参展材料可邮寄、传真或电子邮件送达，也可从网上登记提交。					

申报日期：＿＿＿＿＿＿年＿＿＿＿月＿＿＿＿日

2）物流服务商的信息分析

企业可以评估物流服务商的运作能力、供应的稳定性、资源的可靠性，以及其综合服务能力。在这些第三方物流供应商中，剔除明显不适合进一步合作的物流服务商后，得出一份物流服务商考察名单。派出由相关人员组成的团队对其进行现场审查，做详细的认证，并可从不同方面进行列表评估得出选择结果。

7.2.2　物流服务商的选择

1）基本原则

物流服务商选择的基本原则是"QCDS"原则，即质量、成本、交付与服务并重的原则。在这四者中，质量因素是最重要的，在质量方面主要看质量控制的能力和质量体系稳定的能力。首先，要确认物流服务商是否建立了一套稳定有效的质量保证体系。其次，是成本与价格，通过双赢的价格谈判实现成本节约。再次，在交付方面，需确认物流服务商是否具有物流所需的特定设施设备和运作能力,人力资源是否充足,有没有扩大产能的潜力。最后,是物流服务商的物流服务记录。

具体来说,选择物流服务商时要遵循以下原则。

(1)具有业务集中控制能力

物流服务商必须具备先进的技术和操作手段来管理物流网络。企业可以利用第三方物流服务商集中对分散在不同地点的厂房与分支机构进行控制。通过物流服务商的参与,使企业改进和适应新的经营运作模式,实现企业物流运行的高效稳定。

(2)具有与企业物流业务相关的经验

大多数企业选择物流服务商的核心目的是要获得高水平的营运能力。在物流服务商选择的过程中,物流企业不但要显示满足企业运作所需要的经验,更重要的是这些经验如何能够帮助企业实现更高的经营水平。

(3)适应企业发展的物流技术水平

物流公司要拥有与公司发展相适应的不断进步的技术。科技在今天已经成为发展最重要的动力之一,物流公司的技术水平进步能否与企业需求同步并及时为企业所用,关系到企业整体的发展。

(4)主营业务与企业物流业务的兼容性

虽然物流企业宣称自己能够服务任何客户,但每一个物流企业都有自己的核心竞争能力,企业应尽量选择其核心能力与企业外包业务一致或相近的物流服务商。

(5)建立信任关系

良好的业务关系建立在相互信任的基础上,随着时间的推移,稳定良好的合作关系可以使企业减少经营风险,提高竞争力。

2)选择方法

企业选择物流服务商的方法有多种,要根据物流服务商的数量、企业对物流服务商的了解程度、企业所需物流服务的特点和规模以及物流服务的时间要求等具体确定。常见的选择方法主要有以下 4 种。

(1)直观判断法

直观判断法是指采购方通过调查、征询意见、综合分析和判断来选择供应商的一种方法。这是一种主观性较强的判断方法,主要是倾听和采纳有经验的物流管理人员的意见,或者直接由物流管理人员凭经验做出判断。这种方法的质量取决于对物流服务商资料掌握得是否正确以及决策者分析判断的能力与经验。该方法运作方式简单、快速、方便,通常效果不错,但是缺乏科学性,受掌握信息的详尽程度限制,常用于选择企业非主要物流业务的服务商。

(2)招标法

通过招标法选择物流服务商,通常是由企业提出招标条件,各物流服务商投标,然后由企业决标,最后与提出最有利条件的物流服务商签订合同或协议。招标可以是公开招标,也可以是邀请招标。公开招标对投标者的资格不予限制,邀请招标由招标人以投标邀请的方式邀请特定的法人或其他组织投标,再进行竞标和决标。招标法促进了物流服务商之间的竞争,招标企业能更好地选择适合的合作伙伴。招标法适合外包物流业务较为复杂的物流服务商选择,但手续较繁杂,时间较长,不能适应物流服务需求紧急的情况。

(3)协商选择法

协商选择法是根据服务商的条件来选择合作伙伴的一种方法,具体地说就是由企业先选出条件较为合适的几个合作伙伴,并同他们分别进行协商,再确定适当的合作伙伴。与招标法相比,协商方法在质量、日期和售后服务等方面较有保证,当时间紧迫、投标单位少、竞争程度小时,协商选择方法比招标法更为合适。

(4)定量分析法

物流服务商选择的定量分析法主要分为三大类。

①权重分析方法。该方法侧重于从总体上对物流服务商的评价,由于加权因子的主观性很难避免,决策结果与实际结果往往有一定差距。

②数学规划方法。该方法仅考虑产品的质量、价格和交货准时率等定量指标,因此很难将企业的信誉、财务实力等定性指标引入目标规划和约束条件中。

③概率统计方法。由于统计的周期和统计的对象特征直接影响着决策结果,因此适用范围有一定的限制。

常使用的定量分析方法有:多阶段优化算法、模糊决策方法、遗传算法、层次分析法、数据包络分析法、神经网络法等。

【知识链接】

层次分析法

层次分析法(Analytic Hierarchy Process, AHP)是20世纪70年代著名运筹学家 T. L. Saaty(T. L. 萨迪)提出的,是一种定性和定量相结合的方法。层次分析法是指将一个复杂的多目标决策问题作为一个系统,将目标分解为多个目标或准则,进而分解为多指标(或准则、约束)的若干层次,通过定性指标模糊量化方法算出层次单排序(权数)和总排序,以作为目标(多指标)、多方案优化决策的系统方法。

层次分析法是将决策问题按总目标、各层子目标、评价准则直至具体的备择方案的顺序分解为不同的层次结构,然后用求解判断矩阵特征向量的办法,求得每一层次的各元素对上一层次某元素的优先权重,最后按加权求和的方法递阶归并各备择方案对总目标的最终权重,最终权重最大者即为最优方案。

层次分析法比较适合于具有分层交错评价指标的目标系统,而且目标值又难以定量描述的决策问题。

3)选择流程

物流服务商的选择可以分为5个阶段,即初始准备、识别潜在的物流服务商、物流服务商初选和精选、与物流服务商建立合作关系以及物流服务商关系评估,如图7.3所示。

```
┌─────────────────────────────────┐
│      阶段一：初始准备              │
│                                 │
│      确定合作需求                 │
│      组建工作小组                 │
│   收集相关物流服务商信息           │
└─────────────────────────────────┘

┌─────────────────────────────────┐
│   阶段二：识别潜在物流服务商        │
│   确定选择评价体系及方法           │
└─────────────────────────────────┘

┌─────────────────────────────────┐
│      阶段三：初选和精选            │
│                                 │
│   接触潜在物流服务商评估           │
│  物流服务商、选择物流服务商         │
└─────────────────────────────────┘

┌─────────────────────────────────┐
│      阶段四：建立合作关系          │
│                                 │
│      签署必要的文档合同            │
│      提供内部支持和合作            │
└─────────────────────────────────┘

┌─────────────────────────────────┐
│    阶段五：物流服务商关系评估       │
│                                 │
│      定性和定量测度               │
│  对绩效的监控或物流服务的改进问题    │
│  强化合作关系或更换物流服务商       │
└─────────────────────────────────┘
```

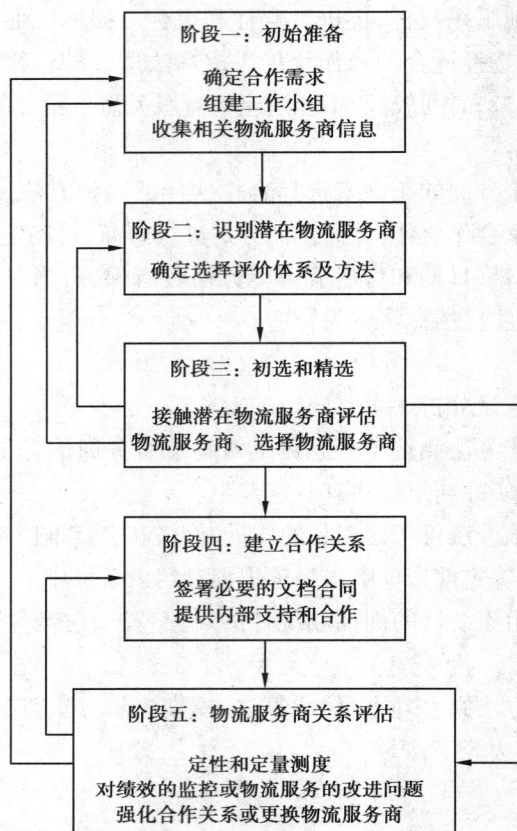

图 7.3　物流企业服务商选择流程图

7.2.3　物流服务商的评价

1)评价指标体系设计原则

（1）完备、简洁性原则

评价指标体系应能全面、准确地反映物流服务商的各方面情况，并且能将各个评价指标与系统的总体目标有机联系起来，组成一个层次分明的整体，以便全面反映评价对象的优劣。在物流服务商信息尽量充分的前提下，所选指标数目应尽可能少，使之简洁明了，各指标之间不应有强相关性，不应出现过多的信息包容和涵盖而使指标内涵重叠。

（2）客观、可比性原则

指标筛选过程中应尽可能避免主观因素的影响。定性指标如受主观影响较大，易产生理解偏差；而定量指标用于量化和度量，所以尽可能采用可量化的指标。指标体系中的数据要真实可靠以保证评价结果的真实性和可比性。

（3）可重构、可扩充性原则

评价指标体系不仅要有数量上的变化，而且还要有指标内容上的变化。用户可以根据不同的要求对指标体系进行修改、增加和删除，并根据具体情况将评价指标体系进一步具体化。

（4）简明、科学性原则

评价指标体系的大小也必须适宜,即指标体系的设置应有一定的科学性。如果指标体系过大,指标层次过多,指标过细,势必将评价者的注意力吸引到细小的问题上;而指标体系过小,指标层次过少,指标过粗,又不能充分反映物流服务商的水平。

（5）可操作性原则

评价指标体系应具有可操作性,以提高评价结果的实用价值。

2）评价指标体系

（1）定性指标

定性指标主要反映物流服务商一些难以量化的综合素质指标,主要包括信誉状况、发展潜力、企业文化和合作关系4个方面。

①信誉状况。主要考察物流服务商在整个物流行业的历史信誉,如运行经验的丰富程度和口碑等。

②发展潜力。它是指物流服务商在经营模式、经营理念、战略方向、管理水平等方面是否具有发展前景。与具有发展前景的物流服务商建立合作关系可以减少交易费用,可以提高整个供应链系统运行的柔性和可靠性。

③企业文化。企业文化是指企业内部建立的共同价值标准、道德标准和精神信念,从而形成企业的内聚力,主要包括协作精神、员工素质及管理人员的凝聚力等方面。企业可选择的服务商越来越多,对他们的要求也相应提高。企业文化反映了公司员工的精神面貌和整个企业的形象,企业在选择合作伙伴时,当然希望与一个有着良好企业文化的企业进行合作。

④合作关系。伙伴企业之间的合作关系可以用持续时间、交互联系频率、多样性、对称性及合作关系的共同促进等要素来表示。

（2）定量指标

定量指标有不同的分类,不同企业的分类也不同,有的注重价格,有的注重长期绩效,有的按照物流环节来分类。这里将定量指标分为时间、质量、经营效率、成本4个方面。第三方物流服务商绩效考核表见表7.2。

表 7.2　第三方物流服务商绩效考核表

第三方物流公司名称								考核时间			
考核指标	具体考核数据								统计比率		得分
									统计项	统计数据	
一、准点提货	月提货总数量									准点提货率	%	
	当月延迟次数							…	i			
	具体延迟时间							…	i			
	①准点提货率 = 1−Max（当月延迟次数）/月提货总次数×100% ②具体延迟时间>5 小时（其中单次货运量>20 件）,总得分−1 分 ③当月送货延迟数>6 次,总得分−5 分 ④总得分 = ①+②+③											

续表

二、准点交货		月交货总次数									准点交货率	%
		当月延迟次数							…	i		
		具体延迟时间							…	i		
		①准点交货率 = 1 − Max（当月延迟次数）/月交货总次数×100% ②具体延迟时间>5 小时（其中单次货运量>20 件），总得分−1 分 ③当月送货延迟数>6 次，总得分−5 分 ④总得分 = ①+②+③										
三、完好交货	1. 完好交货率	月总运货数量									货物损坏率	%
		当月货物损坏次数							…	i		
		单次货物损坏量							…	i		
		①总完好交货率 = 1 − $\sum\limits_{i}$ 单次货物损坏量 ÷总发运数×100% ②单次货物损坏量÷单次货运总量>30%（其中单次货运量>60 件），总得分−1 分 ③当月货物损坏次数>6 次，总得分−5 分 ④总得分 = ①+②+③										
	2. 重大事故	重大事故——整车交通事故或走失或货损。因整车走失或交通事故等造成的返厂，该部分货损按整车交通事故或走失对事故车辆进行考核扣分，具体事故数不考核为货损率。但因雨淋、倒车等造成的重大货损而返厂的，不按整车交通事故或走失考核 次数为 0 者得分:100 次数为 1 者得分:50 次数为 2 及以上者得分:0									次数	
四、信息及时准确率	1. 单证及时率	月总单证数量									单证及时率	%
		不及时送达或回传次数							…	i		
		单证及时率——考核单据、报表等操作的及时比率。包括:单据、报表考核、送货清单（签收单、回单）、发票、日运作情况反馈表、非固定车辆提货委托书等的及时传送。传递时间按公司规定考核，超出规定者为不及时到达										
	2. 信息处理准确率	月总单证数量									单证准确率	%
		出错单证次数							…	i		
		单证准确率——考核单据、报表、信息系统操作的准确比率。包括:送货清单（签收单、回单）、发票、非固定车辆提货委托书等的信息的准确性										

四、信息及时准确率		审货情况统计(其中由仓库贴标签未贴牢固造成的扣0.5分/次,因为货运公司未及时与公司负责部门沟通而出现审货情况扣6分/次)		
	3.司机通信畅通率	司机通信畅通率 = 1 − 司机通信中断次数/考察次数(票数)。可根据具体情况对司机进行考察,未考察得分为满分	司机通信畅通率	%
五、服务质量	1.总评	总评——依据总体运作质量、服务意识、服务态度及客户满意度等进行总体评分		
	2.加分项目	①客户表扬	记录事件发生具体时间、事件	
		②合理化建议		
		③紧急订单的及时完成		
	3.扣分项目	①在搬运、捆绑雨布等作业时,有不规范作业行为		
		②服务态度差,造成客户投诉		
		③不遵守仓库管理规定,有不符合规定或不文明的语言或行为		
		④在做相关调查时提供虚假信息		
		⑤其他不规范运作或客户投诉		
加分项目一次加分1分,同一项最多加分5分;扣分项目一次扣分1.5分,无最多限制				

项目	准点提货	准点交货	完好交货率	重大事故	单证及时率	信息处理准确率	司机通信畅通率	服务质量	合计
权重比例/%	10	12	20	22	4	12	2	18	100
得分									—
最终得分									
评语:									

①时间指标。时间指标能够最直接反映物流服务商的时效性,主要包括4个方面。

A. 时间柔性。时间柔性反映物流服务商对顾客变更物流服务时间的反应能力。

$$时间柔性 = \frac{可减少的交货时间}{总时间} \times 100\%$$

B. 及时率。及时是指根据生产和生活需要为满足顾客要求按时完成或提前完成;如不能满足就是不及时。

$$及时率 = \frac{及时完成的物流量}{物流完成总量} \times 100\%$$

C. 准时率。准时率是指能按预定时间准时装货或按约定时间送达目的地的能力。

$$准时装车 = \frac{准时装车物流量}{物流总量} \times 100\%$$

$$准时到达率 = \frac{准时达到的物流量}{物流总量} \times 100\%$$

D. 顾客抱怨解决时间。顾客对不合格的产品、不满意的服务会发出抱怨,并希望物流服务商能在尽可能短的时间内解决提出的问题。顾客抱怨解决时间是企业此类服务水平的时间性指标。在实际评价中,制造商事先与供应商协定一个稳定的时间段作为衡量基准,然后用实际解决时间小于协议时段的抱怨次数占总抱怨次数的百分比来表示。

$$顾客抱怨解决率 = \frac{实际解决时间小于协议时段的抱怨次数}{顾客向服务商发出的抱怨次数} \times 100\%$$

②质量指标。服务质量水平可以用以下指标来表示。

A. 投诉率。投诉率是指某物流商的服务出于种种原因被客户投诉的概率,用被投诉订单数占总承运订单数的百分比表示。

$$投诉率 = \frac{被投诉订单数}{总承运订单数} \times 100\%$$

B. 顾客抱怨满意处理率。顾客抱怨的满意处理,是指物流服务商及时、有效地解决顾客抱怨的情况。实际应用中,制造商可以对每次的抱怨做出标识,并对感到满意的抱怨解决方案做出标记,以考核服务水平。

$$顾客抱怨满意处理率 = \frac{得到满意解决的次数}{顾客向物流服务商发出的抱怨次数} \times 100\%$$

C. 安全率。该指标是按照"安全"要求设置的。

$$安全率 = \frac{安全完成物流量}{物流完成总量} \times 100\%$$

D. 损耗率。各种物品在流动过程中出于包装不良、装卸运输工具不配套、保管条件差等原因,造成损耗,这种损耗与物流完成总量的比就是损耗率。

$$损耗率 = \frac{损耗量}{物流完成总量} \times 100\%$$

E. 准确率。

$$准确率 = \frac{准确无误完成的物流量}{物流完成总量} \times 100\%$$

③经营效率指标。经营效率指标主要有以下 6 种。

A. 速动比率。即速动资产与流动负债的比率关系。

$$速动比率 = \frac{速动资产}{流动负债}$$

B. 现金比率。即现金类资产与流动负债之间的比率关系。现金比率是对速动比率的进一步分析。现金比率越高,说明偿债能力越强,反之则表明偿债能力越弱。

$$现金比率 = \frac{现金类资产}{流动负债}$$

C. 资产负债率。该指标用于衡量物流服务商的长期偿债能力,反映了企业是否具有可持续发展的能力。这对于长期合作显然是一个非常重要的评价指标。

$$资产负债率 = \frac{负债总额}{资产总额}$$

D. 固定资产周转率。即一定时期内的销售收入净额与固定资产平均净值之间的比例关系。该指标不仅体现了企业固定资产的运营效率,而且在一定程度上反映了企业的生产柔性。从这个意义上说,该指标值并不是越大越好,而是要适中,要有一定的弹性。

$$固定资产周转率 = \frac{销售收入净额}{固定资产平均净值}$$

E. 劳动生产率。该指标反映物流服务商的作业效率和人均产出水平。

$$劳动生产率 = \frac{一定时期内的物流总量}{该时期内的员工平均人数}$$

F. 市场占有率。即一定时段内物流服务商提供的某服务的销售额占行业内同类服务的百分比。

④成本指标。物流服务商的成本指标主要是从其物流技术、物流设施及物流人员的素质来考察。主要包括以下 5 个方面内容。

A. 物流设备拥有量。具体包括车辆拥有状况、自动化仓库状况以及现代化的物流设施的拥有量,由于对不同的物流服务商来说各类设备的拥有量不具有可比性,因此可以用各企业的资产净值来表示。

B. 物流设施投资增长率。即本期用于物流设施的投资额占期初物流设施原值的比例,它综合反映了企业物流设施规模的扩张程度。

$$物流设施投资增长率 = \frac{期末物流设施原值 - 期初物流设施原值}{期初物流设施原值}$$

C. 物流技术水平。主要包括物流网络建设,物流控制软件,物流信息管理系统,自动化、智能化技术等。具体可以用物流服务商的年平均技术投入值来表示。

$$物流技术水平 = \frac{物流技术总投入}{投入总年数}$$

D. 人均培训费用。即一定时期内培训费用总额与员工总人数之间的比值。这是一个粗线条的指标,但反映了企业对人力投资的重视程度,体现了企业是否致力于长远发展和改进企业的长期绩效。

$$人均培训费用 = \frac{某时段内物流服务商总培训费用}{期初员工人数 + 期末员工人数}$$

2

E. 人均培训时间。即一定时期内企业投入的总培训时间与平均员工数之间的比例关系。

$$人均培训时间 = \frac{某时段内物流服务商总培训天数}{\dfrac{期初员工人数 + 期末员工人数}{2}}$$

7.2.4 物流服务商的管理制度

1）合同关系管理

对物流企业服务商，可按行业、地区、资源类型等进行分类，而后确定合同关系管理制度。

物流企业服务商的合同关系管理包括合同与协议、合同模型、合同管理、合同关系、法律关系、违约责任、赔偿损失条款、担保条款、保密条款、资产保存和维修条款、价格变动条款及索赔条款等。

合约关系管理是指交易双方或多方以口头或书面形式，对将要发生的交易行为所做出的承诺和对各自的职责与权益的约束行为。合约条款具有法律效力。

2）网络化管理

网络化管理主要是指在管理组织架构配合方面，将不同的信息点连接成网的管理方法。作为资源的整合者，物流服务商的服务质量很大程度上取决于物流服务商的服务水平。如何管理和整合分散的小型供应商将是考验物流服务商物流管理能力的主要方面。网络化的管理也体现在业务的客观性和流程的执行监督方面。

3）双赢供应关系管理

双赢关系已经成为供应链企业之间合作的典范，对物流企业服务商的管理，就应集中在如何与物流服务商建立双赢关系以及维护和保持双赢关系上。

任务 3   物流服务质量管理

对于物流企业来说，物流活动的顾客包括具体的组织和个人。无论商品的递送出于何种动机或目的，接收服务的顾客始终是形成物流需求的核心和动力。物流系统的基本产出即为物流服务，物流系统产出的多少可以用服务水平的高低来衡量与评价。

7.3.1 物流服务的概念

物流服务是指将合适的产品或服务按照合适的状态与包装，以合适的数量和合适的成本费用，在合适的时间送到合适的地点交给合适的客户，使客户合适的需求得到满足，价值得到提高的活动过程。其中,为合适的顾客以合适的方式提供合适的产品和服务,使顾客实现合适的需求是物流服务的核心。

7.3.2　物流服务的分类

1)按物流服务业务分类

按照物流服务的业务分类,可以分为基本物流服务和增值物流服务。

(1)基本物流服务

①运输功能。运输功能是物流服务的基本服务内容之一。物流的主要目的就是要满足客户在时间和地点两个条件下对一定货物的要求,时间的变换和地点的转移是实现物流价值的基本因素。

②保管功能。它是物流服务的第二大职能,它实现了物流的时间价值。

③配送功能。这是物流服务的第三大职能。配送是将货物送交收货人的一种活动,目的是要做到收发货经济,运输过程更为完善,保持合理库存,为客户提供方便的同时降低缺货的危险,减少订、发货费用。

④装卸功能。这是为了加快商品的流通速度必须具备的功能,无论是传统的商务活动还是电子商务活动,都必须配备一定的装卸搬运能力,物流服务商应该提供更加专业化的装载、卸载、提升、运送、码垛等装卸搬运机械,以提高装卸搬运作业效率,降低订货周期,减少作业对商品造成的破损。

(2)增值物流服务

所谓增值物流服务是指在完成物流基本功能的基础上,根据客户需求提供的各种延伸业务活动。即针对特定客户或特定的物流活动,在基本服务基础上提供的定制化服务。

增值物流服务的内容主要包括以下4个方面。

①增加便利性的服务。

②加快反应速度的服务。

③降低成本的服务。

④延伸服务。

2)按物流服务对象分类

(1)以顾客为核心的物流服务

以顾客为核心的物流服务是指第三方物流提供各种可供选择的,以配送产品为目的的,满足买卖双方需求的物流服务。例如,美国 UPS 公司开发的独特服务系统,专门为批发商配送纳贝斯克食品公司的快餐食品,这种配送方式不同于传统的糖烟配送服务。这些增值活动的内容包括:处理顾客向制造商的订货,直接送货到商店或顾客家,以及按照零售商的需要及时地持续补充送货。这类专门化的增值服务可以被有效地用来支持新产品的引入,以及基于当地市场的季节性配送。

(2)以促销为核心的物流服务

以促销为核心的物流服务是指为刺激销售而独特配置的销售点、展销台及其他各种服务。销售点展销包含来自不同供应商的多种产品,组合成一个多结点的展销单元,以便于适合特定的零售商品。在许多情况下,以促销为核心的物流服务还包括对储备产品提供特别介绍、直接邮寄促销、销售点广告宣传和促销材料的物流支持等。

(3)以制造为核心的物流服务

通过独特的产品分类、递送等定制化服务来支持制造活动。每一个客户进行生产的实际设施和制造装备都是独特的,在理想状态下,配送和内向物流的材料和部件应进行顾客定制化。例如,有的厂商将外科手术的成套器具按需要进行装配,以满足特定医师的独特要求。此外,有家仓储公司切割和安装各种长度和尺寸的软管以适合个别顾客所使用的不同规格的水泵。这些活动在物流系统中都是由专业人员承担的。这些专业人员能够在客户的订单发生时对产品进行最后定型,利用的是物流的时间延迟。

(4)以时间为核心的物流服务

以时间为核心的物流服务涉及使用专业人员在递送以前对存货进行分类、组合和排序。以时间为核心的物流服务的一种流行形式就是准时化。在准时化概念下,供应商先把商品送进工厂附近的仓库,当需求产生时,仓库就会对由多家供应商提供的产品进行重新分类、排序,然后送到配送线上。以时间为基础的服务,其主要的一个特征就是排除不必要的仓库设施和重复劳动,以便能最大限度地提高服务速度。基于时间的物流战略是竞争优势的一种主要形式。

7.3.3　物流服务质量的内容

物流服务质量是指物流服务以固有的特性满足物流顾客和其他相关要求的能力。按照物流服务作业的构成主要包括运输服务质量、配送服务质量、保管服务质量及库存服务质量等。

物流服务质量主要分为物流技术质量和物流功能质量两个部分。物流技术质量是物流服务的结果,物流功能质量是物流服务的过程。

物流技术质量一般可以用某种形式度量。顾客对物流服务获得的结果非常关心,这对评价企业的物流服务质量具有相当重要的意义。但是,顾客对物流功能质量同样敏感,虽然物流服务的目的可能仅仅是获得该项服务的物流技术质量,但是如果服务过程中发生了不愉快的事,给顾客留下了不良的印象,即使物流服务的结果即物流技术质量是完全相同的,顾客对物流服务质量的总体评价也会存在较大的差异。

顾客对物流服务质量的评价还要受到自身知识、能力和素养的影响。顾客的知识面越广,越能够接受并操作先进的服务设施,从而可以获得由科技的进步而带来的物流服务便利,对物流服务质量的评价也就越高。

物流技术质量是客观存在的,而物流功能质量则是主观的,是顾客对过程的主观感觉和直觉。顾客评价物流服务质量的好坏,是其获得的物流服务效果和经历的服务感受的综合结果。

物流技术质量可以通过以下指标体现:配送及时率、配送准时率、货物损耗率、货物准确率、接单率、客户投诉率等。

7.3.4　物流服务质量管理的措施

物流服务质量管理的措施主要包括以下 5 个方面。

1）建立服务质量管理组织

服务质量管理工作是在物流的每一个过程中体现的。因此,服务质量管理工作应是整个物流组织的事情,建立一个统筹的服务质量管理组织,实行服务质量管理的规划、协调、组织、监督是十分必要的。

2）PDCA 循环

PDCA(Plan—Do—Check—Act)是计划、实施、检查、处理 4 个管理阶段的简称,又称为戴明循环或管理循环,是质量保证体系运转的基本方式。具体分为分析现状、分析原因、找出主要因素、制订解决措施、组织实施、检查、总结和将遗留问题作为下一阶段目标 8 个步骤,环环相扣,循环往复,循环每转动一周就提高一步。

【知识链接】

PDCA 循环

PDCA 是一个可以对管理过程和工作质量进行有效控制的工具,每一项活动都需要经过固定的 4 个阶段,即计划、实施、检查、处理。它促使管理向良性循环的方面发展,能不断提高工作效率。

PDCA 循环不是在同一水平上循环,而是每循环一次就解决一部分问题。每通过一次 PDCA 循环,都要总结,提出新目标,再进行下一次 PDCA 循环。

3）标准化

标准化是开展物流质量管理的依据之一。在标准化过程中,要具体制订各项工作的服务质量要求、服务工作规范、服务质量检查方法,各项工作的结果都要控制在产品质量的标准范围内。因此,开展物流服务质量管理时,必须下大力气制订管理标准。

4）制度化

将服务质量管理作为物流的一项永久性工作,必须有制度的保证。例如建立协作体制、服务质量管理小组都是制度化的一个部分。此外,还必须使制度程序化,以便于了解、执行和检查。

制度化的另一个重要方式是建立责任制,在岗位责任制基础上或在岗位责任制的内容中,订立或包含服务质量责任,使服务质量责任能在日常的细微工作中体现出来。

5）建立差错预防体系

物流过程中的差错问题是影响物流服务质量的主要因素。由于物流数量大,操作程序多,差错发生的可能性很大,因此建立差错预防体系也是服务质量管理的基础工作。主要包括对库存货物的有效调整、运用自动识别技术和建立仓库检测系统等内容。

任务4 能力训练

案例分析：海尔的企业物流与物流企业

中国著名的家电企业海尔集团从1999年年初开始进行物流改革，将物流重组定位在增强企业的竞争优势的战略高度上，希望通过物流重组有力地推动海尔的发展。因为零部件库的管理不太先进，库存资金占用比较大，甚至有些呆滞，所以海尔集团首先选择零部件作为突破点，建立了现代化的立体库，开发了库存管理软件，使其达到最先进水平。之后，发现车间、分货方和经销商的管理水平跟不上，于是又向他们推荐先进的作业方法。立体库带动了机械化搬运和标准化包装，采用标准的托盘和塑料周转箱，都符合国际标准。因海尔生产的零部件种类繁多，所以就用标准的容器将其规范化，便于机械化搬运，便于管理。这些搞好后，又发现检验是一个薄弱环节。检验时间长，造成大量库存积压。于是又把检验集中起来，尽量分散到分供方和第三方仓库去检验。这样企业中的物流就没有检验这一环节，减少了大量的库存。海尔从1999年年初开始实施物流发展计划，不到一年的时间，效果已非常明显。同时，海尔也利用第三方物流进行内部配送，企业物流把社会力量整合了起来。当然，在实施物流的过程中，海尔也遇到了一些困难，其中最主要的是人们头脑中的习惯思维问题，观念还不适应整合起来后总的效果，只从自身是否方便来考虑问题。为解决这个问题，海尔成立了物流推进本部，专业从事物流改革的推进工作，由集团见习总裁亲自负责。该事业本部下属采购、配送、运输3个事业部，专业从事海尔全集团的物流活动，使采购、生产支持、物资配送从战略上一体化。同时，国内研究物流的专业公司还不多，大部分从事的还只是物流中某个部分，可以借鉴的经验很少。因此，海尔计划在尽可能短的时间内，摸索出一套海尔独有的物流管理模式，创立海尔独特的物流体系，目前，海尔正努力建设企业内部的物流事业部门，并在为海尔集团服务的基础上最终社会化，使海尔的企业物流最终成为海尔的物流企业。

思考：如何理解"海尔的企业物流最终成为海尔的物流企业"？

任务5 教学反馈与测评

1. 教学反馈表

项目名称：_____ 姓名：_____ 学号：_____ 班级：_____

(1)通过本项目学到了哪些知识	
(2)通过本项目掌握了哪些技能	

(3)本项目有哪些内容没有学懂	
(4)本项目最有价值的内容	
(5)对本项目教学的建议	

2. 能力测评表

项目名称:_____ 姓名:_____ 学号:_____ 班级:_____

职业核心能力	评价指标	自评结果	备　注
自我学习能力	课前收集过与本项目内容相关的资料 能够管理自己的时间 课后查找过资料,深入学习对本项目感兴趣的内容	□ A　□ B　□ C □ A　□ B　□ C □ A　□ B　□ C	
与人合作能力	与人合作完成任务 知道如何尊重他人的观点 主动帮助别人	□ A　□ B　□ C □ A　□ B　□ C □ A　□ B　□ C	
与人交流能力	能与他人有效沟通 能及时反馈学习信息 能主动回答老师提问	□ A　□ B　□ C □ A　□ B　□ C □ A　□ B　□ C	
信息处理能力	能够有效使用信息资源 能归纳总结本项目的重难点 能够回答老师提出的问题	□ A　□ B　□ C □ A　□ B　□ C □ A　□ B　□ C	
解决问题能力	能提出有价值的观点 能发现并解决常规问题 能提出并实施解决问题的方案	□ A　□ B　□ C □ A　□ B　□ C □ A　□ B　□ C	
专业能力	评价指标	自评结果	备　注
物流外包 的认识	物流外包的概念 物流外包的动因 物流外包的风险 物流外包的注意事项	□ A　□ B　□ C □ A　□ B　□ C □ A　□ B　□ C □ A　□ B　□ C	
物流服务商 管理	物流服务商的识别 物流服务商的选择 物流服务商的评价指标 物流服务商的管理制度	□ A　□ B　□ C □ A　□ B　□ C □ A　□ B　□ C □ A　□ B　□ C	
物流服务 质量管理	物流服务的概念 物流服务的分类 物流服务质量的内容 物流服务质量管理的措施	□ A　□ B　□ C □ A　□ B　□ C □ A　□ B　□ C □ A　□ B　□ C	

续表

学生签名	
教师评语	

（在□中打"√"，A 为通过，B 为基本通过，C 为未通过）

项目 7　测试题

项目 8　企业物流 5S 管理

知识目标

1. 了解企业物流现场管理系统的构成。
2. 了解企业物流现场管理的要素。
3. 理解定置管理的理论和方法。
4. 理解 5S 管理的基本理念、内容、目标和作用。
5. 理解 5S 管理与企业其他管理之间的关系。

能力目标

1. 能拟订企业物流 5S 管理方案。
2. 掌握实施 5S 管理的基本步骤。
3. 掌握企业推行 5S 管理的要领。

素质目标

1. 树立现场 5S 管理的意识。
2. 树立现场就是市场的观念。
3. 培养良好的职业素养。

【案例导入】

A 公司的 5S 推行之路

1. A 公司背景

A 公司是专门从事电子设备生产的企业,有 40 多年历史,为了进一步夯实内部管理基础、提升人员素养、塑造卓越企业形象,希望通过推行现场 5S 管理,全面提升现场管理水平。公司领导审时度势,认识到要让企业走向卓越,必须从 5S 这种基础管理抓起。

2. A 公司现场诊断

通过现场诊断发现,A 公司现场管理基础较差,经常出现以下情况。

(1)急需的东西找不到,心里特别烦躁。

(2)桌面上摆得零零乱乱,以及办公室空间有一种压抑感。

(3)没有用的东西堆了很多,处理掉又舍不得,不处理又占空间。

（4）工作台面上有一大堆东西，理不清头绪。

（5）每次找一件东西，都要打开所有的抽屉箱柜翻找。

（6）环境脏乱，使上班人员情绪不佳。

（7）制订好的计划，事务一忙就"延误"了。

（8）材料、成品仓库堆放混乱，账、物不符，堆放长期不用的物品，占用大量空间。

（9）生产现场设备灰尘很厚，长时间未清扫，有用和无用的物品同时存放，活动场所变得很小。

（10）生产车间道路被堵塞，行人、搬运无法通过。

3. 解决方案

"现场5S管理提升方案"提出了以下整改思路。

（1）在全公司范围内推行5S管理活动，分4个阶段分步实施达标过级。

（2）推行全员的5S培训，提出"改变从心开始，行动从我做起"的推行口号，全员参与、全员培训，从根本上杜绝随手、随心、随意的不良习惯。

（3）成立跨部门的专案小组，对现存的跨部门问题进行专项解决。

（4）将5S与现场效率改善结合，着力开展提高生产效率、降低库存、消除浪费活动，彻底解决生产现场拥挤混乱和效率低的问题。

根据这四大思路，从人员意识着手，在全公司内大范围开展培训，结合各种宣传活动，营造了良好的5S氛围；然后从每一扇门、每一扇窗、每一个工具柜、每一个抽屉开始指导，逐步由里到外、由上到下、由易到难，经过一年多的全员努力，5S终于在A公司每个员工心里生根、发芽，结出了丰硕的成果。

4. 项目收益

（1）经过一年多的全员努力，现场的脏乱差现象得到了彻底的改观，营造了一个温馨、有序的生产环境，增强了全体员工的向心力和归属感。

（2）员工从不理解到理解，从要我做到我要做，逐步养成了事事讲究、事事做到最好的良好习惯。

（3）在一年多的推进工作中，从员工到管理人员都得到了严格的考验和锻炼，造就了一批能独立思考、能从全局着眼、具体着手的改善型人才，从而满足企业进一步发展的需求。

（4）配合A公司的企业愿景，夯实了基础，提高了现场管理水平，塑造了公司良好的社会形象，最终达到提升人员品质的目的。

任务1　认识企业物流现场管理系统

8.1.1　企业物流现场管理系统的构成

企业物流现场管理是由人、物、场所3个要素构成的，如图8.1所示。

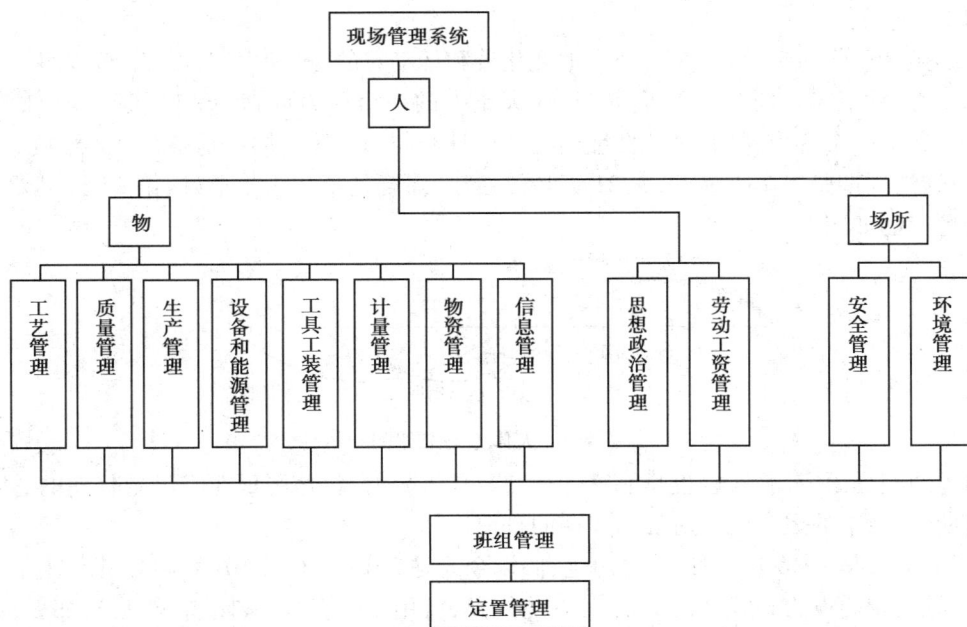

图 8.1　现场管理系统示意图

1）物料管理

物料管理有八大管理,即工艺管理、质量管理、生产管理、设备和能源管理、工具工装管理、计量管理、物资管理和信息管理。

2）人员管理

对人的管理包括两个方面,即思想政治管理和劳动工资管理。

3）场所管理

场所管理包括安全管理和环境管理。

这十二大管理的落脚点是班组。班组是企业的细胞,是企业的前沿哨所。只有把班组管理搞好,整个企业才能进步,才能有坚实的基础。而班组管理的基础又是建筑在定置管理上,定置管理是班组管理的基础。

8.1.2　企业物流现场管理要素

任何生产活动都离不开人、物和场所这 3 个必备的条件,人、物、场所也是企业物流现场管理的三大要素。通常情况下,人、物、场所各有 3 种状态。

1）人的状态

人的生理、心理、情绪会有一个周期性的变化,根据这种变化,人也有 3 种状态。

（1）生物节律

人的生命就像时钟一样，是有节奏地变化着和运动着的，这种周期，可以分为以下 3 类。

第一，月钟节律。如图 8.2 所示，每 23 天是人的一个体力周期，每 28 天是一个情绪周期，每 33 天是一个智力周期，另外女性还有一个月经周期。体力周期是第 5 天半最好，第 19 天最差；情绪周期是第 7 天最好，第 21 天最差；智力周期是第 9 天半最好，第 24 天最差。人体生物节律图如图 8.2 所示。

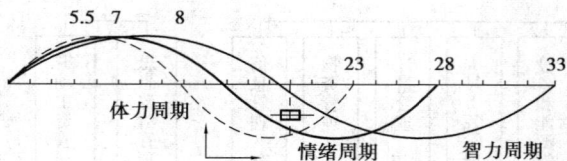

图 8.2　人体生物节律图

因为周期是固定的，所以也是能够计算的。具体来说，就是用现在距出生日期的总天数除以周期数，余下的数字就是所处的周期的日期。

例如，某人是 1946 年 1 月 27 日出生，假设今天是 2013 年 6 月 10 日，可以算出离他出生日期的天数，我们设为 x 天，要计算他的体力周期，就用 x 除以 23，如果余数为 5，那么，他就处于体力的巅峰期。再用 x 除以 28，如果余数为 7，那就说明他的情绪处于高峰期。计算其他周期也是以此类推。

第二，时钟节律。在一天 24 小时中，0—4 时，人的身体处于最低潮；8—10 时，人的智力最强；12—14 时，人的精力不济；15—16 时，人的工作效率最高；18—19 时，人的智力处于低谷。

第三，季钟节律。春秋人的脉搏慢，冬天人的脉搏快；夏秋人的活力强，冬天死亡的人较多。

（2）人的状态分类

由于 3 个周期的长短不一样，因此会产生不同的状况，据此可以把人的状态分为 3 类。

①A 状态。A 状态是指劳动者的生理、心理、情绪都处于高昂、充沛、旺盛的状态，也就是身体状态良好、精神昂扬、意气风发，好似运动员竞技状态良好、技术水平较高的状态。人处于这样的状态，就能够高质量、连续地作业。

②B 状态。B 状态是一种需要改善的状态，也就是人的生理、心理、情绪、技术 4 个要素出现了部分的波动，需要调整和改善。

③C 状态。C 状态是指人的生理、情绪、智力都处于低潮，技术也处于不熟练的状态。如果某人的状态是这样的，这时就应该让这个人停止工作，以免造成事故。

（3）人体生物节律的运用

①管理者主动掌握自己的体力、智力、情绪 3 种周期的状况，在高潮时期全面提高工作效率，取得最优成果；在低谷时期，克服不利条件，有充分的思想准备，以避免事故发生。

②管理者在给下属布置重大工作任务时，为确保万无一失，也可提前预测下属人员在完成重大任务时所处的体力、智力、情绪周期情况，从而挑选最有利的时机或最合适的人员。

③管理者可以利用体力、情绪、智力周期节律的理论来指导安全生产。对于处于安全生产一线的职工，如火车司机、飞机驾驶员、轮船驾驶员、汽车司机、锅炉工等，均应绘制其本人

在一个月内的生物节律曲线图,特别是在工作日和上夜班时,要提醒每一个人核对自己的体力、智力、情绪周期所处的状态。对于处于体力、情绪、智力低谷的职工,要加倍小心,必要时调整其值班时间,以确保安全。美国泛美航空公司早在1980年就开始计算每个飞机驾驶员的三节律,规定驾驶员在处于三节律低潮时不得起飞。这个规定的实施取得了良好的效果。

④对于参加体育运动(需要良好的体力)、喜庆活动(需要良好的情绪)、学习和科研攻关(需要良好的智力)的人来说,也可以运用生物节律来计算最佳活动时间。瑞士有不少医院,除急诊外,对病人进行手术的日期,是根据病人和医生的最佳生物节律来选定的,这是手术成功的一个重要因素。

⑤在宣布对犯错误的人的处理决定时,要寻找适当的时机,不要在被宣布对象处于情绪低潮时向他宣布。

2)物的状态

根据物的放置,可将物的状态分为3种。

①A状态。A状态是指物的放置处于和人能够立即结合的状态。换句话说,就是人需要的物随手可取,不需要的可以随时转换。

②B状态。B状态是指物的放置要想和人有效结合,需要经过寻找和转换。A,B两种状态是以人为界限来划分的,是以和人结合的紧密程度为衡量标准的。在现场,由于场地有限,不可能将所有的物品都变为A状态,需要有一些物品处于B状态,比如货架和仓库的物品就是B状态。

③C状态。C状态是指物处于不需要和人结合的状态。人既然不需要它,那么这个东西就应该被清除掉。这类物品包括废弃物、垃圾、边角余料和现场不需要的物品。

3)场所的状态

场所也有3种状态。

①A状态。场所的A状态是指有良好的作业环境。在现场工作中,具体指场所的面积、通道、加工方法、通风设施、温度、光照、噪声、粉尘、人的密度等,所有这些都能满足人的生理和心理需要。

②B状态。B状态是指需要改进的场所环境,比如某些环境能满足生产的要求,却不能满足人的要求,这样的场所就需要改进。

③C状态。C状态是指现场的环境既不能满足人的生理和心理的需要,又不能满足生产产品的需要,那就应该通过彻底改善来消除这种状态。

4)人、物、场所的最佳结合

(1)三态结合的组合状态

将人、物、场所3种状态组合起来以后,又出现3种状态。

①A状态。人、物、场所三要素和谐、紧密地结合在一起的状态。这种状态有利于连续作业,是最好的状态。

②B 状态。B 状态是指 3 个要素在搭配上,程度不同地都有一些需要改进的地方,还不能充分发挥各要素的潜力;或者部分要素处于不良的状态,也称为需改进的状态。

③C 状态。C 状态是一种严重妨碍作业、不利于现场生产和管理的状态,需要立即进行彻底的改造。

(2)良好的现场管理

良好的现场管理要求做到:

生产均衡、调度有方;

作业标准、质量保障;

隐患消除、设备正常;

物料定置、流动通畅;

节能降耗、安全预防;

原始记录、信息畅通;

作业环境、洁净明亮;

纪律严明、士气高昂。

能在这样的环境里生活和工作,是一件非常惬意的事情。

(3)4 个方面的满意

通过 5S 活动,企业能够健康快速地成长,逐渐发展成为对地区有贡献和有影响力的优秀企业,这样的企业可以让 4 个方面都感到满意。

①投资者满意(Investor Satisfaction,IS)。通过 5S 活动,企业能够提升管理境界,企业的投资者可以获得更大的利润和回报,从而感到满意。

②顾客满意(Customer Satisfaction,CS)。看到企业的生产秩序井然,物品摆放有序,环境安全文明,顾客对质量就不会有什么怀疑。当一个企业具备质量高、成本低、交期准时、技术水平高、生产弹性大等特点时,顾客就会很满意。

③雇员满意(Employee Satisfaction,ES)。员工生命的 1/3 都要在现场度过,在一个舒适文明的环境里,人性化的管理可以使每一个员工都获得安全感和成就感,企业的效益好,员工的收入高,员工就会感到满意。

④社会满意(Society Satisfaction,SS)。当投资者满意、顾客满意、员工满意的时候,企业就会获得良好的社会形象。良好的社会形象又会促使企业热心公益事业,支持环境保护。企业对社会做出了杰出的贡献,社会也会对企业非常满意。

8.1.3 现场定置管理

1)定置管理的内涵

所谓定置管理,就是定位管理,是指物品、场所、人必须严格地按科学的位置各得其所,即永远保持 A 状态,不断改善 B 状态,随时清理 C 状态,从而使生产能够在时间上、空间上、数量上加以计划、组织,按照定置管理平面图进行科学的、动态性的整理整顿,寻求现场管理功能的改善与提高,实现物和现场管理的科学化、规范化和标准化,如图 8.3 所示。

图 8.3　现场物品定置管理

定置管理的核心,就是人、物和场所三者的最佳结合。

2)定置管理的特点

定置管理是一项以人的主观能动性和始终如一的责任感为基础的群众性基础管理,涉及面广,影响因素多,必须克服传统观念、旧的作风、习惯势力、管理惰性等影响,培养一种良好的作风。要把定置管理的观念变为企业职工自觉、持久的行动,这是一项非常艰巨的任务。从企业管理的角度看,定置管理具有以下 4 个特点。

(1)目的性

定置管理是根据企业生产活动的实际需要,从优化物流系统出发,使生产过程中的人、物、场所三者在时间和空间上优化组合,达到优化现场管理的目的。这同那些单纯追求形式上的好看而对各类物品进行简单、临时的"归堆""划类"式摆放,以及为了应付检查而进行的突击性的整理整顿,有着本质上的区别。

(2)综合性

定置管理与其他各种专业管理有着密切的联系,但并不是代替其他专业管理的职能,而是对其他专业管理的必要补充,为保证和促进各项专业管理在生产活动中高效率地发挥职能奠定基础。

(3)针对性

工业企业的产品结构并不完全一样,工艺要求也不完全相同,因此,要根据企业各自的特点、条件,有针对性地建立符合本企业实际的定置管理体系,切忌生搬硬套。

(4)艰巨性

艰巨性首先表现在克服传统的偏见上,要求领导者、管理者和生产者必须转变思想观念,加深对定置管理这一科学管理方法的认识和理解,以保证其卓有成效地推行。其次表现在推行的过程中,要克服人在行动上的惰性,要求每个人都必须坚持按已建立的制度(标准),根据生产过程中的各种因素的变动,不断地去探索和努力,以巩固和发展定置管理成果。

要想推行好定置管理,需要有一年半到两年的时间才能初见成效。在推行中一般分为两个阶段,第一阶段着眼于生产(工作)现场面貌的改观和现场管理功能的改善,属于生根、发芽阶段;第二阶段着眼于企业管理整体优化,通过定置管理的巩固和深化,来改善和提高现场管理系统功能,创造出具有本企业特色的定置管理模式,属于开花、结果阶段。

3)定置管理的类型和原则

定置管理按其实施的范围与定置对象的不同,可分为全系统定置管理、区域定置管理、职能部门定置管理、仓库定置管理、特别定置管理5种类型。掌握这5种类型,有利于企业结合具体情况,进行选点与分步推行。

(1)定置管理类型

①全系统定置管理,就是在工业企业管理的各个系统内包括后勤服务系统在内,全面推行定置管理,这是全面提高企业素质的重要途径。

②区域定置管理,是按工艺流程把生产现场划分为各个定置区域,对每一区域中的人、机、料、法、环实行定置管理。它是现场管理中直接提高生产效率、效益的重要手段,是企业推行定置管理的精华部分,是决定全系统定置管理是否合适的关键。企业可以根据实际情况分批、分期推行。

③职能部门定置管理,要求企业的各级干部和管理人员,按照管理标准及时准确地处理好和管理好各种信息、文件和资料,达到标准化、规范化、系列化,提高办事效率和工作质量。

④仓库定置管理,是通过调整物的位置,清除杂乱、变质的物品,及时了解仓库库存物品供求情况,更好地发挥库存功能,使仓库管理科学化、规范化和标准化。

⑤特别定置管理,是对生产过程中影响质量、安全问题的薄弱环节,切实实行定人、定位、定时、定规的管理。被要求特别定置的主要有易燃、易爆、有毒物品管理点、节能管理点、质量管理点等。

(2)进行定置管理必须遵循的原则

①有图必有物,定置管理图内要标示出物类和区域。

②有物必有区,物有所归,划区管理,区域明确。

③有区必挂牌,标牌颜色、尺寸、文字、数字大小和字体等都要标准化,全公司统一纳入标准化管理。

④有牌必分类,每一类物品按所处的工艺状况标出专门的分类标志,将生产现场物品分成 A,B,C 3 类。

⑤定置图形化,实行定置管理必须认真分析研究,给出定置管理图,用定置图来表示区域。

⑥按类存放,各类物品在各类区域内定置,做到各就各位,不占用通道。

⑦账物一致,使物品的台账或定置图与实物相符。在工具室、模具库及各类仓库中,除了保持账、物、卡一致外,还应在账册中注明方位,为货架编号。账、卡是联系人和物的媒介,是两者结合的载体。

4)定置管理的五项活动和两套技术

为确保环境质量,就要做好定置管理的五项活动和两套技术,五项活动即5S,两套技术分别是红牌作战和定点摄影。

【知识链接】

什么是红牌作战

所谓红牌作战，是使用醒目的红色标签，把企业内部急需要加以整理的地方显示出来，并凝聚所有员工的共识，共同来加以改善。故红牌作战，是做好整理工作最主要的工具。

一般来说，尚未实施过 5S 活动的企业，必须从整理工作开始做起。但是材料、手工具、模具、治具、机器设备、文件资料等项目相当多，若要一下子全部进行，可能需要花费不少时间，再加上平日质量、交期的压力，或许很多班、组、课长会觉得吃不消，甚至两手一摊"没有办法"。为了使繁杂的整理工作能按部就班、循序渐进，必须在实施前加以规划，并利用一些管理工具来配合进行，使改善的重点显示出来，并透过会议、讨论的方式来加以改善，而这个管理工具就是"红牌作战"。

任务 2　认识 5S 管理

8.2.1　5S 管理的起源

1)5S 管理的沿革

5S 管理起源于日本，是指在生产现场中对人员、机器、材料、方法等生产要素进行有效的管理，这是日本企业一种独特的管理办法。

1955 年，日本的 5S 管理的宣传口号为"安全始于整理，终于整理整顿"。当时只推行了前两个 S，其目的仅是确保作业空间和安全。后因生产和品质控制的需要而又逐步提出了3S 管理，也就是清扫、清洁、修养，从而使应用空间及适用范围进一步拓展。到了 1986 年，日本 5S 管理的著作逐渐问世，从而对整个现场管理模式起到了推动作用，并由此掀起了 5S 管理热潮。

2)5S 管理的发展

日本式企业将 5S 管理作为管理工作的基础，推行各种品质的管理手法，第二次世界大战后，产品品质得以迅速地提升，奠定了经济大国的地位，而在丰田公司的倡导推行下，5S管理在塑造企业的形象、降低成本、准时交货、安全生产、高度的标准化、创造令人心旷神怡的工作场所、改善现场等方面发挥了巨大作用，逐渐被各国的管理界所认识。随着世界经济的发展，5S 管理已经成为工厂管理的一股新潮流。

根据企业进一步发展的需要，有的企业在原来 5S 管理的基础上又增加了安全(Safety)，即形成了"6S"；有的企业再增加了节约(Save)，形成了"7S"；也有的企业加上习惯化(Shiukanka)、服务(Service)及坚持(Shikoku)，形成了"10S"；有的企业甚至推行"12S"，但是万变不离其宗，都是从"5S"里衍生出来的。例如，在整理中要求清除无用的东西或物品，这在某种意义上就涉及节约和安全。例如,横在安全通道中无用的垃圾,就是安全应该关注的内容。

8.2.2 5S管理的基本理念

1)"5S"管理的含义

"5S"管理包括整理(Seiri)、整顿(Seiton)、清扫(Seiso)、清洁(Seiketsu)、素养(Shitsuke),因其日语的罗马拼音均以"S"开头,因此简称为"5S"。5S管理在日本企业中广泛推行,它相当于中国企业开展的文明生产活动。"5S"管理的对象是现场的"环境",它对生产现场环境全局进行综合考虑,并制订切实可行的计划与措施,从而达到规范化管理。"5S"管理的核心和精髓是修身,如果没有职工队伍修身的相应提高,"5S"管理就难以开展和坚持下去。

5S管理是环境与行为建设的国际性标准,它是以塑造清洁、明朗、安全、舒适的良好工作环境,创建科学的工作秩序,提高员工团队意识、行为能力与素质,提升产品质量,降低生产成本,提升企业形象与效益为目的的简单实用的现代管理方法,是现场一切管理工作的基础。自5S管理引入我国以来,已被众多大型企业采用并得到广泛赞誉。

2)"5S"管理的内容

(1)整理(1S)

①整理的含义与流程。

A.整理的含义。整理主要是区分要与不要的物品,将不要的东西及时地处理,以腾出空间,提高工作效率。

把要与不要的人、事、物分开,再将不需要的人、事、物加以处理,是开始改善生产现场的第一步。其要点首先是对生产现场的现实摆放和停滞的各种物品进行分类,区分什么是现场需要的,什么是现场不需要的;其次,对于现场不需要的物品,诸如用剩的材料、多余的半成品、切下的料头、切屑、垃圾、废品、多余的工具、报废的设备、工人的个人生活用品等,要坚决清理出生产现场,这项工作的重点在于坚决把现场不需要的东西清理掉。对于车间里各个工位或设备的前后、通道左右、厂房上下、工具箱内外,以及车间的各个死角,都要彻底搜寻和清理,达到现场无不用之物。坚决做好这一步,是树立良好作风的开始。

B.整理的流程。整理的流程大致可分为分类、归类、制订基准、判断要与不要、处理以及现场的改善6个步骤。对于5S管理来说,整理的流程中最为重要的步骤就是制订"要不要""留不留"的判断基准。如果判断基准没有可操作性,那么整理就无从下手。

②整理的要点。整理的实施要点就是对生产现场中摆放和停置的物品进行分类,然后按照判断基准区分出物品的使用等级。可见,整理的关键在于制订合理的判断基准。在整理中有3个非常重要的基准:第一,"要与不要"的基准;第二,"场所"的基准;第三,废弃处理的原则。

A."要与不要"的判断基准。"要与不要"的判断基准应当非常地明确。例如,办公桌的玻璃板下面不允许放置私人照片。表8.1列出了实施5S管理后办公桌上允许及不允许摆放的物品,通过目视管理,进行有效识别,就能找出差距,并有利于改正。

表8.1 办公桌上允许及不允许放置的物品

要(允许放置)	不要(不允许放置)
1.电话号码本1个	1.照片(如玻璃板下)
2.台历1个	2.图片(如玻璃板下)
3.三层文件架1个	3.文件夹(工作时间除外)
4.电话机	4.工作服
5.笔筒1个	5.工作帽

B.“场所”的基准。所谓场所的基准,指的是到底在什么地方要与不要的判断。可以根据物品的使用次数、使用频率来判定物品应该放在什么地方才合适。场所的标准,不应当按照个人的经验来判断,否则无法体现出5S管理的科学性。确定场所的基准见表8.2。

表8.2 场所的基准

使用次数	放置场所
一年不用一次的物品	废弃或特别处理
平均2个月到1年使用1次的物品	集中场所(如工具室、仓库)
平均1~2个月使用1次的物品	置于工作场所
1周使用1次的物品	置于使用地点附近
1周内多次使用的物品	置于工作区随手可得的地方

C.“废弃处理”的原则。工作失误、市场变化等因素,是企业或个人无法控制的。因此,不需物是永远存在的。对于不需物的处理方法,通常要按照两个原则来执行:第一,区分申请部门与判定部门;第二,由一个统一的部门来处理不需物。

例如,质检科负责不用物料的档案管理和判定;设备科负责不用设备、工具、仪表、计量器具的档案管理和判定;工厂办公室负责不用物品的审核、判定、申报;采运部、销售部负责不需物的处置;财务部负责不需物处置资金的管理。

“整理”强调使用价值,而不是原购买价值。在5S管理活动的整理过程中,需要强调的重要意识之一就是:我们看重的是物品的使用价值,而不是原来的购买价值。物品的原购买价格再高,如果企业在相当长的时间没有使用该物品的需要,那么这件物品的使用价值就不高,应该处理的就要及时处理掉。

很多企业认为有些物品几年以后可能还会用到,舍不得处理掉,结果导致无用品过多地堆积,既不利于现场的规范、整洁和高效率,又需要付出不菲的存储费用,最为重要的是妨碍了管理人员科学管理意识的树立。因此,现场管理者一定要认识到,规范的现场管理带来的效益远远大于物品的残值处理可能造成的损失。日本有的公司提出口号:效率和安全始于整理!

③整理的目的。

A.改善和增加作业面积。

B. 现场无杂物,行道通畅,提高工作效率。

C. 减少磕碰的机会,保障安全,提高质量。

D. 消除管理上的混放、混料等差错事故。

E. 有利于减少库存量,节约资金。

F. 改变作风,提高工作情绪。

(2)整顿(2S)

①整顿的含义。整顿是把需要的事和物加以定量、定位,以减少物品的浪费和节约寻找物品的时间。通过上一步整理后,对生产现场需要留下的物品进行科学合理的布置和摆放,以便最快速地取得所要之物,在最简捷、有效的规章、制度、流程下完成工作。

生产现场物品的合理摆放使工作场所一目了然,整齐的工作环境有利于提高工作效率,提高产品质量,保障生产安全。这项工作已发展成一种专门的现场管理方法——定置管理。

整顿活动的要点有以下3点。

A. 物品摆放要有固定的地点和区域,以便于寻找,消除因混放而造成的差错。

B. 物品摆放地点要科学合理。例如,根据物品使用的频率,经常使用的东西应放得近些(如放在作业区内),偶尔使用或不常使用的东西则应放得远些(如集中放在车间某处)。

C. 物品摆放目视化,使定量装载的物品做到过目知数,摆放不同物品的区域采用不同的色彩和标记加以区别。

②整顿的三要素。所谓整顿的三要素,指的是场所、方法和标识。判断整顿三要素是否合理的依据在于是否能够形成物品容易放回原地的状态。当寻找某一件物品时,能够通过定位、标识迅速找到,并且很方便将物品归位。

A. 场所。物品的放置场所原则上要100%设定,物品的保管要做到"定点、定容、定量"。场所的区分,通常是通过不同颜色的油漆和胶带来加以明确:黄色往往代表通道,白色代表半成品,绿色代表合格品,红色代表不合格品。

5S管理强调尽量细化,对物品的放置场所要求有明确的区分方法。使用胶带和隔板将物料架划分为若干区域,这样使每种零件的放置都有明确的区域,从而避免零件之间的混乱堆放。

B. 方法。整顿的第二个要素是方法。最佳方法必须符合容易拿取的原则。将锤子挂在墙上的方法如果要使钉子对准小孔后才能挂上,取的时候并不方便。因此,现场管理人员应在物品的放置方法上多下功夫,用最好的放置方法保证物品的拿取既快又方便。

C. 标识。整顿的第三个要素是标识。很多管理人员认为标识非常简单,但实施起来效果却不佳,其根本原因就在于没有掌握标识的要点。一般来说,要使标识清楚明了,就必须注意以下几点:要考虑标识位置及方向的合理性,公司应统一(定点、定量)标识,并在表示方法上多下功夫,如充分利用颜色来表示等。

③整顿的三定原则。整顿的三定原则分别是定点、定容和定量。

A. 定点。定点也称为定位,是根据物品的使用频率和使用便利性,决定物品所应放置的场所。一般来说,使用频率越低的物品,应该放置在距离工作场地越远的地方。通过对物品的定点,能够维持现场的整齐,提高工作效率。

B.定容。定容是为了解决用什么容器与颜色的问题。在生产现场中,容器的变化往往能使现场发生较大的变化。通过采用合适的容器,并在容器上加上相应的标识,不但能使杂乱的现场变得有条不紊,还有助于管理人员树立科学的管理意识。

C.定量。定量就是确定保留在工作场所或其附近的物品的数量。按照市场经营的观点,在必要的时候提供必要的数量,才是正确的。因此,物品数量的确定应该以不影响工作为前提,数量越少越好。通过定量控制,能够使生产有序,明显降低浪费。

为了对工具等物品进行管理,很多企业采用工具清单管理表来确认时间、序号、名称、规格、数量等信息。但是,使用工具清单管理表较为烦琐,而且无法做到一目了然,因此,有必要引入一种更为科学、直观的管理方法——形迹管理。

形迹管理是将物品的形状勾勒出来,将物品放置在对应的图案上,画出每件工具的轮廓图形以显示工具搁放的位置。这样有助于保持存放有序,某件工具丢失便立即能够显示出来。

（3）清扫（3S）

①清扫的含义。清扫主要是清除工作场所内的脏污及对机器设备的保养检查,防止污染发生及设备故障,可使工作场所保持清爽及设备的正常使用。

清扫过程是根据整理、整顿的结果,将不需要的部分清除出去,或者标示出来放在仓库之中。现场在生产过程中会产生灰尘、油污、铁屑、垃圾等,从而使现场变脏。脏的设备会使设备精度下降,故障多发,影响产品质量,使安全事故防不胜防;脏的现场更会影响人们的工作情绪。因此,必须通过清扫活动来清除那些杂物,创建一个明快、舒畅的工作环境,以保证安全、优质、高效率地工作。

清扫活动的要点有以下3点。

A.自己使用的物品,如设备、工具等,要自己清扫,而不要依赖他人,不增加专门的清扫工。

B.对设备的清扫,着眼于对设备的维护保养。清扫设备要同设备的点检结合起来,清扫即点检;清扫设备要同时做设备的润滑工作,清扫也是保养。

C扫也是为了改善。当清扫地面发现有飞屑和油水泄漏时,要查明原因,并采取措施加以改进。

②清扫的注意点。清扫的注意点包括责任化、标准化和污染源改善处理。

A.责任化。所谓责任化,就是要明确责任和要求。在5S管理中,经常采用表8.3所示的5S区域清扫责任表来确保责任化。在责任表中,对清扫区域、清扫部位、清扫周期、责任人、完成目标情况都应有明确的要求,提醒现场操作人员和责任人员需要做哪些事情,有些什么要求,明确用什么方法和工具去清扫。

表8.3　5S区域清扫责任表

项目	1日	2日	3日	4日	5日	6日
目标要求						
实际评估						
情况确认						

B. 标准化。当不小心把一杯鲜奶洒在桌子上时,有人会先用干毛巾擦后再用湿毛巾擦,而有人会先用湿毛巾擦后再用干毛巾擦。对于如此简单的一个问题,竟然有两种完全不同的答案。而现场管理遇到的问题则要复杂得多,如果不能够实现标准化,同样的错误可能不同的人会重复犯。因此,清扫一定要标准化,共同采用不容易造成安全隐患的、效率高的方法。

C. 污染发生源改善处理。推行5S管理一定不能让员工们觉得只是不停地擦洗设备、搞卫生,每天都在付出。需要清扫的根本原因是存在污染源。如果不对污染源进行改善处理,仅仅是不断地扫地,那员工一定会对5S管理产生抵触情绪。因此,必须引导员工对污染源采取一些有效的处理、改善措施,很多污染源只需要采取一些简单的措施和较少的投入,就能予以有效杜绝。

③清扫的主要对象。清扫主要是为了将工作场所彻底打扫,杜绝污染源,及时维修异常的设备,以最快的速度使其恢复到正常的工作状态。通过整理和整顿两个步骤,将物品区分开来,把没有使用价值的物品清除掉。

一般来说,清扫的对象主要集中在以下4个方面。

A. 清扫从地面到墙板再到天花板的所有物品。需要清扫的地方不仅仅是人们能看到的地方,在机器背后通常看不到的地方也需要进行认真彻底的清扫,从而使整个工作场所保持整洁。

B. 底修理机器工具。各类机器和工具在使用过程中难免会受到不同程度的损伤,因此,在清扫这一环节中还包括彻底修理有缺陷的机器和工具,尽可能地减少突发的故障。

C. 现脏污问题。发现脏污问题也是为了更好地完成清扫工作。机器设备上经常会污迹斑斑,因此需要工作人员定时清洗、上油、拧紧螺丝,这样在一定程度上可以稳定机器设备的品质,减少工业伤害。

D. 绝污染源。污染源是造成清扫无法彻底的主要原因。粉尘、刺激性气体、噪声、管道泄漏等都可能是污染源头,只有解决了污染源,才能够彻底解决污染问题。

（4）清洁（4S）

①清洁的含义。清洁是指在整理、整顿、清扫之后要认真维护,使现场保持完美和最佳状态。清洁并不只是单纯地从字面上来理解,它是对前三项管理活动的坚持和深入,从而消除发生安全事故的根源,创造一个良好的工作环境,使职工能愉快地工作,这对帮助企业提高生产效率、改善整体的绩效是很有帮助的。

清洁的目的是坚持前3个S管理环节的成果。"整理、整顿、清扫"一时做到并不难,但要长期维持就不容易了,若能经常保持3S的状态,也就达到了清洁管理的要求。

清洁活动的要点有以下4点。

A. 间环境不仅要整齐,而且要做到清洁卫生,保证工人的身体健康,提高工人的劳动热情。

B. 仅物品要清洁,而且工人本身也要做到清洁。如工作服要清洁,仪表要整洁,及时理发、刮须、修指甲、洗澡等。

C. 人不仅要做到形体上的清洁,而且要做到精神上的"清洁",待人要讲礼貌,要尊重别人。

D. 要使环境不受污染,进一步消除浑浊的空气、粉尘、噪声和污染源,避免职业病。

②清洁的注意点。在产品生产和日常工作过程中,总会伴随着没用物品的产生,这就需要不断对其进行整理、整顿、清扫等管理工作。需要注意的是,清洁还是对整理、整顿、清扫和安全的制度化,通过标准化来保持前面的3S。

此外,清洁还应注重定期检查和对新员工的教育。目前,推行5S管理的企业在清洁时常采用的运作方法主要包括红牌作战、3U MEMO(Unthrifty, Unreasonable, Unbalanced,不经济、不合理、不平衡)、目视管理以及查检表等,这些方法和工具能够有效推动5S管理的顺利开展。

(5)素养(5S)

①素养的含义。所谓素养,是希望每个人能依规定行事,在思想上养成好习惯,从而提高员工素质。素养重在员工的修身,养成严格遵守规章制度的习惯和作风,这是5S管理的核心。5S管理始于素养,也终于素养,没有人员素质的提高,各项活动就不能顺利开展或坚持。

抓5S管理,要始终着眼于提高人的素质。素养是在对前4个S的坚持下,通过好的习惯的养成而形成的,可以通过晨会等手段,提高全员文明礼貌水准,促使每位成员养成良好的习惯,并遵守规则。

②素养的注意点。抓职工素养有3项注意点。

A. 似且神似。所谓形似且神似,指的是做任何事情都必须做到位。国内很多企业以前也学习日本和欧美企业的管理体系,也推行过TQC等管理方法,但大多数以失败而告终,根本原因在于没有做到神似。

B. 领导表率。榜样的力量是无穷的,企业在推行任何政策的过程中都需要领导层的表率作用。例如,在5S管理的推行过程中,如果总经理主动捡起地上的垃圾,对周围下属的影响是"无声胜有声"的,从而促使其他员工效仿。

C. 长期坚持。5S管理需要长期坚持实施。5S管理通过整理、整顿、清扫、清洁等一系列活动来培养员工良好的工作习惯,最终内化为优良的素养。如果连5S管理都做不好、不能坚持下去的话,其他的先进管理都是空话。日本企业已经推行了几十年的5S管理,依旧在坚持,并为企业带来了巨大的利益。

8.2.3　5S管理的应用范围

最初5S管理是为制造业而提出的,随着对5S管理的深刻理解,其应用越来越广,主要应用于制造业、服务业等以改善现场环境的质量和员工的思维方法,使企业能有效地迈向全面质量管理,重点是针对制造业在生产现场,对材料、设备、人员等生产要素开展相应活动。目前,5S管理已被越来越多的企业所认可,除制造业以外,现代服务业、流通业、物流业在现场管理中也广泛推行5S管理。

5S管理在塑造企业的形象、降低成本、准时交货、安全生产、高度的标准化、创造令人心旷神怡的工作场所等方面发挥了巨大作用。

8.2.4　推行5S管理的作用

5S管理是企业各项管理的基础活动,它有助于消除企业在生产过程中可能面临的各类不良现象。5S管理在推行过程中,通过开展整理、整顿、清扫、安全等基本活动,使之成为制度性的清洁,最终提高员工的职业素养。因此,5S管理对企业的作用是基础性的,也是不可估量的。

5S管理具有以下8方面的作用。

①提升企业形象。实施5S管理,有助于企业形象的提升。整齐清洁的工作环境,不仅能使企业员工的士气得到激励,还能增强顾客的满意度,从而吸引更多的顾客与企业进行合作。因此,良好的现场管理是吸引顾客、增强客户信心的最佳广告。此外,良好的企业形象一经传播,就使5S管理企业成为其他企业学习的对象。

②提升员工归属感。5S管理的实施,还可以提升员工的归属感,使员工成为有较高素养的人。在干净、整洁的环境中工作,员工的尊严和成就感可以得到一定程度的满足。

③减少浪费。企业实施5S管理的目的之一是减少生产过程中的浪费。工厂中各种不良现象的存在,使得在人力、场所、时间、士气、效率等方面存在很大的浪费。5S管理可以明显减少人员、场所和时间的浪费,降低产品的生产成本,其直接结果就是为企业增加利润。

④保障安全。降低安全事故发生的可能性,这是很多企业特别是制造加工类企业的重要目标之一。5S管理的实施,可以使工作场所显得宽敞明亮。地面上不随意摆放不应该摆放的物品,通道比较通畅,各项安全措施落到实处。另外,5S管理的长期实施,可以培养工作人员认真负责的工作态度,这样也会减少安全事故的发生。

⑤提升效率。5S管理还可以帮助企业提升整体的工作效率。优雅的工作环境、良好的工作气氛以及有素养的工作伙伴,都可以让员工心情舒畅,更有利于发挥员工的工作潜力。另外,物品的有序摆放减少了物料的搬运时间,工作效率自然能得到提升。

⑥保障品质。产品品质保障的基础在于做任何事情都有认真的态度,杜绝马虎的工作态度。实施5S管理就是为了消除工厂中的不良现象,防止工作人员马虎行事,这样就可以使产品品质得到可靠的保障。例如,在一些生产数码相机的厂家中,对工作环境的要求非常苛刻,空气中若混入灰尘就会造成数码相机品质下降,因此在这些企业中实施5S管理尤为必要。

⑦缩短作业周期,保证交货期。5S管理使生产工艺更合理,物流更顺畅,操作人员不必要动作减少,提高了产品合格率,缩短了作业周期,保证了交货期。

⑧改善企业精神面貌,形成良好的企业文化。

8.2.5　5S管理的目标

实施5S管理,力图使企业物流现场达到以下目标。

①工作变换时,工具和物品能马上找到,寻找时间为0。

②整洁的现场,不良品为0。

③努力降低成本,减少消耗,浪费为0。

④工作顺畅进行,及时完成任务,延期为0。

⑤无泄漏、无危害、安全、整齐,事故为0。

⑥团结、友爱、处处为别人着想、积极干好本职工作,不良行为为0。

8.2.6　5S 管理的效用

5S 管理具有五大效用,可归纳为 5 个 S,即:Sales,Saving,Safety,Standardization,Satisfaction。

①5S 管理是最佳推销员(Sales)。被顾客称赞为干净整洁的工厂,使客户有信心,乐于下订单;会有很多人来厂参观学习;会使大家希望到这样的工厂工作。

②5S 管理是节约家(Saving)。降低不必要的材料、工具的浪费,减少寻找工具、材料等的时间,提高工作效率。

③5S 管理对安全有保障(Safety)。宽广明亮、视野开阔的职场,遵守堆积限制,危险处一目了然;走道明确,不会造成杂乱情形而影响工作的顺畅。

④5S 管理是标准化的推动者(Standardization)。"3 定""3 要素"原则规范作业现场,大家都按照规定执行任务,程序稳定,品质稳定。

⑤5S 管理形成令人满意的职场(Satisfaction)。创造明亮、清洁的工作场所,使员工有成就感,能造就现场全体人员进行改善的气氛。

【拓展知识链接】

现场5S 管理口诀

整理:要与不要,弃留分明;
整顿:科学布局,取用快捷;
清扫:清除脏污,安全舒适;
清洁:形成制度,保持成果;
素养:贯彻到底,养成习惯。

任务 3　5S 现场管理的实施要领及推行技巧

【知识链接】

某公司5S 管理办公室检查点

①是否已将不要的东西清理掉(文件、档案、图表、文具用品、墙上标语、海报)。

②垃圾桶是否及时清理。

③办公设备有无灰尘。

④桌子、文件架是否按规定(平面布置图)摆放。

⑤有无文件归档规则及按规则分类、归档。

⑥文件等有无实施定位化(颜色、标记)。

⑦需要的文件是否容易取出、归位。

⑧办公室墙角有没有蜘蛛网。

⑨桌面、柜子有没有灰尘。

⑩公告栏有没有过期的公告张贴物。

⑪管路配线是否杂乱,电话线、电源线是否固定得当。

⑫抽屉内是否杂乱,东西是否整齐摆放。

⑬是否遵照规定着装。

⑭下班后设备电源有没有关好。

⑮是否有人员动态去向表。

⑯会议室物品是否定位摆设。

⑰有没有接待宾客的礼仪。

8.3.1　整　理

1)整理的目的

①腾出空间,活用空间。

②防止误用、误送。

③塑造清爽的工作场所。

生产过程中经常有一些残余物料、待修品、待返品、报废品等滞留在现场,既占据了地方又阻碍生产,包括一些已无法使用的工夹具、量具、机器设备,如果不及时清除,会使现场变得凌乱。

生产现场摆放不要的物品是一种浪费。

①即使是宽敞的工作场所,也会越来越拥挤。

②棚架、橱柜等被杂物占据而减少使用价值。

③增加了寻找工具、零件等物品的困难,浪费时间。

④物品杂乱无章地摆放,增加了盘点的困难,成本核算失准。

2)整理的实施要领

①自己的工作场所(范围)全面检查,包括看得到和看不到的。

②制订"要"和"不要"的判别标准。

③将不要的物品清除出工作场所。

④对需要的物品调查使用频度,决定日常用量及放置位置。

⑤制订废弃物处理方法。

⑥每日自我检查。

3)整理的执行技巧

工作现场,区别要与不要的东西,只保留有用的东西,撤除不需要的东西,整理主要是清理现场被占有而无效用的"空间",其目的是清除零乱根源,腾出"空间",防止材料的误用、误送,创造一个清晰的工作场所。

零乱的根源主要有以下 7 个方面。

①未及时舍弃无用的物品。

②未将物品分类。

③未规定物品分类标准。

④未规定放置区域、方法。

⑤未对各类物品进行正确标识。

⑥不好的工作习惯。

⑦未定期整顿、清扫。

整理地方和对象主要表现在以下 8 个方面。

①存物间、框、架。

②文件资料及桌、箱、柜。

③零组部件、产品。

④工具设备。

⑤仓库、车间、办公场所、公共场所。

⑥室外。

⑦室内外通道。

⑧门面、墙面、广告栏等。

4)整理的实施方法

深刻领会开展的目的,建立共同认识。

①确认不需要的东西,多余的库存会造成浪费。

②向全体员工宣讲,取得共识。

③下发整理的措施。

④规定整理要求。

对工作现场进行全面检查,确认哪些东西是不需要和多余的,具体检查要求如下。

(1)办公场地(包括现场办公桌区域)

检查内容:办公室抽屉、文件柜里的文件、书籍、档案、图表,办公桌上的物品、测试品、样品,公告栏、看板、墙上的标语、月历等。

(2)地面(特别注意内部、死角)

检查内容:机器设备、大型模具、材料、良品、不良品、半成品、油桶、油漆、溶剂、黏合剂、垃圾桶、纸屑、竹签等。

(3)室外

检查内容:堆在场外的生锈材料、料架、垫板上的未处理品、废品、杂草、扫把、拖把、纸箱等。

(4)工具架上

检查内容:不用的工具、损坏的工具、其他非工具物品,破布、手套、喷漆等消耗品等。

(5)仓库

检查内容:原材料、呆料、废料、储存架、柜、箱子、标识牌、标签、垫板等。

（6）天花板

检查内容：导线及配件、蜘蛛网、尘网、单位部门指示牌、照明器具等。

5）制订"需要"与"不需要"的标准

工作现场全面盘点，就盘点的现场物品逐一确认，判明哪些是"要"哪些是"不要的"。根据上面的确认，制订整理"需要"与"不需要"的标准表，员工根据标准表实施"大扫除"，对不需品实施分类处理，该报废丢弃的一定要丢掉，该集中保存的由专人保管。

8.3.2 整 顿

1）整顿的目的

整理之后留在现场的必要的物品分门别类放置，排列整齐，明确数量，并进行有效的标识，这是提高现场工作效率的基础。其目的包含以下 4 个方面的内容。

①使工作场所一目了然。

②得到整整齐齐的工作环境。

③减少找寻物品的时间。

④消除过多的积压物品。

2）整顿的实施要领

①落实整理工作。

②布置流程，确定放置场所。

③规定放置方法，明确数量。

④画线定位。

⑤标识场所、物品。

3）整顿的"3 要素"：场所、方法、标识

（1）放置场所

物品的放置场所原则上要 100% 设定。

①物品的保管要定点、定容、定量。

②生产线附近只能放置真正需要的物品。

（2）放置方法

①易取。

②不超出所规定的范围。

③在放置方法上多下功夫。

（3）标识方法

①放置场所和物品原则上一对一标识。

②现物的标识和放置场所的标识要一致。

③某些标识方法全公司要统一。

④在标识方法上多下功夫。

4）整顿的"3 定"原则：定点、定容、定量

①定点。放在哪里合适。
②定容。用什么容器、颜色。
③定量。规定合适的数量。

5）整顿的执行技巧

把要用的东西，按规定位置摆放整齐，并做好标识进行管理；主要减少在工作场所中任意浪费时间的情形，目的是定置存放，实现随时方便取用。

【知识链接】
你知道6S 管理的由来吗？

简单讲，6S 就是整理、整顿、清扫、清洁、素养、安全 6 个方面内容的总结。其中整理、整顿、清扫、清洁、素养这 5 个方面(5S)由日本发明，后来发现在工厂管理中安全也是非常重要的项目，因安全的英语发音也是以 S 开头，所以被加入 5S，统称为 6S。至今，日本企业还将 6S 作为企业管理的支柱，在美国的波音公司等知名企业中也得到了广泛的应用和发展。

6S 管理主要强调两个方面的内容，首先是地、物的明朗化，也就是以客人的眼光或新进员工的眼光来看我们的职场，是否能看得清清楚楚、明明白白；其次是强调人的规范化，也就是每个员工做事都非常用心，非常严谨，各项工作都能做得很到位。

6S 管理看似简单，实际内涵却非常丰富。深刻认识和把握 6S 管理的内涵、各要素之间的关系、6S 管理活动和其他活动之间的关系、6S 管理的推行周期和策略，以及如何有效解决 6S 管理实施过程中存在的问题，对于有效和深入推行 6S 管理培训工作具有重要意义。

推行 6S 管理具有非常重要的实际意义，主要表现为以下 8 个方面。

1.提升企业形象和综合素质，优化工作环境，吸引客户，增强信心。

2.减少浪费。定置管理，合理利用场地，实现人、物、场所合理状态。

3.提高效率。保持良好的环境、心情，摆放有序，减少搬运作业。

4.质量保证。做事认真严谨，重点工序品质控制。

5.安全保障。通道畅通，宽广明亮，人员认真负责，减少事故。

6.提高设备寿命。对设备进行清扫、清点、保养、维护。

7.降低成本。减少跑冒滴漏，减少来回搬运。

8.交期准。交期一目了然，异常现象明显化，能及时调整作业。

6S 管理是一项持续的工作，只有起点，没有终点。我们和日本、德国等国家在执行 6S 管理上还有很大的差距。

首先，在对 6S 管理的认识上，国内很多的企业并没有真正认识到 6S 管理的含义，甚至在一些高层管理人员的眼里，也只把 6S 管理简单地等同于打扫卫生，企业内就有很多人有这样的想法："现在生产这么紧张，还搞什么 6S，真是瞎耽误工夫！"认为 6S 管理和生产是两回事，而没有认识到它是促进生产的一种先进的管理方法。其次，在执行上，由于认识上的

差距,因此执行上也不可能落到实处,很多的基层管理人员或者岗位职工更是把6S管理当作一种负担,不愿去执行。执行起来也是说的多,做的少,只是在检查前应付差事地打扫一下卫生,使6S管理流于形式,起不到真正的作用。

基于以上因素,个人认为在企业内推行6S管理,最关键的是要提高认识,消除分歧,必须让每个人都达成共识,认识到它的好处,从内心真正去接受它。

6S管理是提高工作效率的一种管理方法,而不是一种负担。在推行前,首先应进行全员培训,每一名职工都要对6S管理有所认识,理解推行6S管理的真正意义;其次,企业主要领导要高度重视,经常到现场督促检查6S管理的推行情况;最后,就是要从细节开始,常抓不懈,因为6S管理重在细节,也难在细节。

6S管理没有结束的时候,只要决定去执行了,就要不断地去推进,一步一个台阶,促进全员素质的不断提升。

总的来说,6S管理具有显著改善生产环境、提升企业形象、重塑企业文化、提高产品质量、提高安全水平、提高工作效率的功能和作用,是打造具有竞争力的企业、建设一流素质员工队伍的先进的基础管理手段。

6个"S"要素间有着内在的逻辑关系,并构成相对完备的体系。其中,提升人的素养,形成追求卓越、精益的企业文化和形成企业人力的合力是6S管理的中心和内核,是其他管理活动的基础和有效推行的保障。

因此,我们一旦决定要在企业内部推进6S管理,就一定要把它做好,真正实现提升员工素质、打造一流企业的目的。

6) 整顿的实施方法

整顿的主要对象为"场所",而工作场所最大的时间浪费是"准备工作时间",同时"选择"和"寻找"也要花费一定的时间。所以,要想消除"选择"和"寻找"带来的时间浪费必须做到以下10点。

(1) 决定放置场所

① 经整理所留下的需要的东西,要定位存放。

② 依使用频率,来决定放置场所和位置。

③ 用标志漆颜色(建议黄色)划分通道与作业区域。

④ 不许堵塞通道。

⑤ 限定堆高高度。

⑥ 不合格品隔离工作现场。

⑦ 不明物撤离工作现场。

⑧ 看板要置于醒目的地方,且不妨碍现场的视线。

⑨ 危险物、有机物、溶剂应放在特定的地方。

⑩ 无法将物品放于定置区域时,可悬挂"暂放"牌,并注明取走时间。

(2) 决定放置方法

① 放置的方法有框架、箱柜、塑料篮、袋子等。

② 在放置时,尽可能安排物品先进先出。

③尽量利用框架,立体发展,提高收容率。

④同类物品集中放置。

⑤框架、箱柜内部要明显易见。

⑥必要时设定标识注明物品"管理者"及"每日点检表"。

⑦清扫器具以悬挂方式放置。

（3）定位的方法

①一般定位材料。标志漆(宽7～10厘米)或者定位胶带(宽7～10厘米)。

②一般定位工具。长条形木板、封箱胶带、粉笔、美工刀等。

（4）定位颜色区分

不同物品的放置,可用不同颜色定位,以示区分,但全公司范围必须统一。

①黄色。工作区域,置放待加工料件。

②绿色。工作区域,置放加工完成品件。

③红色。不合格品区域。

④蓝色。待判定、回收、暂放区。

（5）定位形状

①全格法。依物体形状,用线条框起来。

②直角法。只定出物体关键角落。

③影绘法。依物体外形,绘图定位。

8.3.3　清　扫

1）清扫的目的

清扫就是将工作场所清扫干净,保持工作场所环境整洁明亮,其目的包括以下3个方面内容。

①消除脏污,保持职场内干干净净、明明亮亮。

②稳定品质。

③减少工业伤害。

2）清扫的实施要领

①建立清扫责任区(室内外)。

②执行例行清扫,清理脏污。

③调查污染源,予以杜绝或隔离。

④建立标准作为规范。

8.3.4　清　洁

1）清洁的目的

清洁就是将前3S管理的做法制度化、规范化,贯彻执行并维持前3S管理的成果。

2）清洁的实施要领

①落实前 3S 管理的工作。
②推行科学的考评方法。
③制订奖惩制度并加强执行。
④主管经常带头巡查,以表重视。

8.3.5　素　养

1）素养的目的

素养就是通过晨会等手段,提高全员文明礼貌水准。培养每位成员养成良好的习惯,并遵守规则做事。开展 5S 管理容易,但长时间地维持必须靠素养的提升。其目的包括以下 3 个方面的内容。

①培养具有好习惯、遵守规则的员工。
②提高员工文明礼貌水准。
③营造团体精神。

2）素养的实施要领

①服装、仪容、识别证标准。
②共同遵守有关规则和规定。
③制订礼仪守则。
④训练(新进人员强化 5S 管理教育并付诸实践)。
⑤各种精神提升活动(晨会、礼貌运动等)。

8.3.6　5S 之间的关系

整理、整顿、清扫、清洁、素养,这 5 个 S 并不是各自独立、互不相关的,它们之间是一种相辅相成、缺一不可的关系。

整理是整顿的基础,整顿又是整理的巩固,清扫是显现整理、整顿的效果,而通过清洁和素养,则使企业形成一个整体的良好气氛。5 个 S 之间的关系可以用几句口诀和关系图来表达,如图 8.4 和图 8.5 所示。

只有整理没有整顿, 物品真难找得到;

只有整顿没有整理, 无法取舍乱糟糟;

只有整理、整顿没清扫, 物品使用不可靠;

3S 之效果怎保证, 清洁出来献一招;

标准作业练修养, 公司管理水平高。

图 8.4　5 个 S 之间的关系

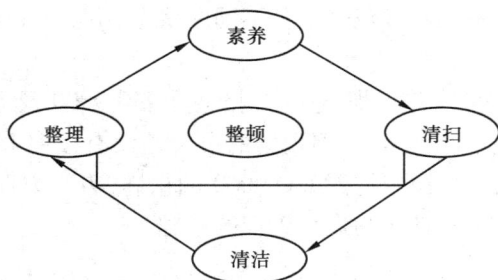

图 8.5 5S 关系图

任务 4 5S 管理与企业其他管理之间的关系

8.4.1 5S 管理与 ISO 9000

1) ISO 9000 概述

ISO 9000 系列标准总结了工业发达国家先进企业的质量管理实践经验,对推动组织的质量管理,实现组织的质量目标,提高产品质量和顾客满意程度等产生了积极的影响,得到了世界各国的普遍关注和采用。

2) 5S 管理与 ISO 9000 的关系

ISO 9000 是一个品质管理体系,强调品质管理的全面性与文字化,拥有三级文字化的资料:质量手册、标准程序、记录。企业只有获得了 ISO 9000 认证,顾客才能相信企业产品质量有保证。因此,ISO 9000 标准是基于客户的立场制定的,从客户的角度来衡量企业对产品质量和服务质量的管理水平。

5S 管理是一种培育追求卓越品质文化的基础活动,它强调现场的作业规范化与细节,因此对产品的质量存在很大的影响。5S 管理理论认为,在各项活动中,提高员工队伍素养这项活动是全部活动的核心和精髓,推行 5S 管理的最终目的是提升人的品质,从而形成良好的工作习惯和工作氛围。可见,5S 管理与 ISO 9000 都对产品质量存在影响。两者对产品质量的影响在于:仅仅推行 5S 管理有助于提升质量水平,但不一定能符合质量要求;仅仅推行 ISO 9000 又不一定能够满足质量水平的要求。只有 ISO 9000 与 5S 管理相互结合,才能更好地实现组织的目标。

5S 管理与 ISO 9000 是相辅相成的,但在企业实际管理活动中,究竟是先推行 5S 管理,还是先推行 ISO 9000 呢? 答案是必须首先推行 5S 管理,主要原因有以下两点。

（1）5S 管理是 ISO 9000 有效推行和日常维持的基础

企业通过 5S 管理的推行,注重现场细节的管理,将对 ISO 9000 的有效实施产生巨大作用。例如,ISO 9000 规定要把良品和不良品区别开来,但却没有提供如何区分的方法,而 5S

管理的目视管理可以运用不同的颜色来区分不同的状态。

（2）5S 管理能提升人的品质

5S 管理使人养成良好的工作习惯，这对严格遵守 ISO 9000 及进一步提高管理水平作用巨大。很多企业虽然实施了 ISO 9000，但现场的员工并没有按照 ISO 9000 的要求去做。出现这种情况一方面是因为企业没有把握 ISO 9000 的精髓，另一方面是因为员工没有良好的工作习惯。因此，必须将 5S 管理作为现场管理的基础。

8.4.2　5S 管理与 TQC

1）TQC 概述

TQC 是英文 Total Quality Control（全面质量管理）的简写。全面质量管理并不等同于质量管理，它是质量管理的更高境界。全面质量管理是将组织的所有管理职能纳入质量管理的范畴，强调一个组织以质量为中心、以全员参与为基础，强调全员的教育和培训。

全面质量管理从过去的就事论事、分散管理转变为以系统观念为指导的全面的综合治理，它不仅仅强调各方面工作各自的重要性，而且更加强调各方面工作共同发挥作用时的协同效应。

2）5S 管理与 TQC 的关系

全面质量管理与其说是一种管理体系，不如说是一种管理文化。没有量化的思想、没有追求卓越的 TQC 小组文化，是无法实现 TQC 的。"三全"（全面、全过程、全员）是 TQC 的核心。由于在"全面、全过程、全员"三方面做得好的国内企业并不多，因此大部分企业的 TQC 实际上流于形式。

5S 管理可以说是"全面、全过程、全员"的基础工程。首先，5S 管理强调全面实施、没有死角，就是一个水杯都要标识和定位；其次，5S 管理强调定点、定容和定量，而定点、定容和定量就是一个完整的过程；最后，5S 管理强调全员参与，谁的职责谁承担。因此，5S 管理的有效实施，能够为 TQC 的推行带来巨大的帮助和支持。

8.4.3　5S 管理与 TPM

1）TPM 概述

TPM 是全面生产性管理（Total Productive Maintenance）的英文缩写，1971 年产生于日本。它的狭义定义是：包括企业领导、生产现场工人以及办公室人员在内的全体人员参与的生产维修与保养体制。TPM 的目的是达到设备的最高效益，它以小组活动为基础，涉及设备全系统。

广义 TPM 是以建立健全追求生产系统效率化极限的企业体制为目标，从生产系统的整体出发，构筑能避免所有损耗（灾害、不良、故障等）发生的机制。包括生产、开发、设计、销售及管理部门在内的所有部门，通过公司上层到第一线员工的全员参与和重复的小集团活动，最终达成零损耗的目的。

2)5S 管理与 TPM 的关系

真正意义的 TPM 起源于日本丰田公司下属的电装公司。TPM 的第零个步骤就是 5S 管理。也就是说,企业要想推行 TPM 就必须首先有效地推行 5S 管理。TPM 专家一致认为,如果 5S 管理中要求的细化都不能接受,那就不用考虑推行 TPM 了。5S 管理中的细化、定点、定容、定量是推行 TPM 的前提条件。因此,企业必须将 5S 管理作为 TPM 的第零个步骤加以明确。

8.4.4　5S 管理与 JIT

1)JIT 简述

JIT 生产方式,又称及时生产,是在丰田汽车公司逐步扩大其生产规模、确立规模生产体制的过程中产生和发展起来的。以丰田的大野耐一等人为代表的 JIT 生产方式的创造者一开始就意识到需要采取一种更能灵活适应市场需求、尽快提高竞争力的生产方式。

JIT 生产方式作为一种在多品种小批量混合生产条件下高质量、低消耗进行生产的方式,是在实践中摸索、创造出来的。由于采用 JIT 的丰田公司的经营绩效与其他汽车制造企业的经营绩效逐渐拉开距离,JIT 的优越性开始引起人们的关注和研究。

2)5S 管理与 JIT 的关系

及时生产体系的两个基础分别是意识变革和 5S 管理,两者缺一不可。所谓意识变革,是指对认为理所当然的事物质疑,寻找更加合理的途径,从而最大限度地降低浪费的发生。

及时生产有自己独特的意识、方法与技巧。例如,及时生产强调生产过程"一个流",强调柔性生产,还强调一人操作多个岗位等。但是,实现及时生产过程依靠的仍然是现场的全面改善,而现场的全面改善则是从 5S 管理开始的。及时生产中追求的"七个零"的目标都与 5S 有关。确切地说,没有 5S 管理,及时生产根本无法推行。

【知识链接】
广东某企业 JIT 与 5S 管理的结合

广东某企业主要从事涂料和油漆的生产,共有员工 800 多人。这家公司采用从德国进口的先进的反应釜方式进行生产,由于它不是流水线生产,订单不准确。为此,该公司参照 JIT 的精神和 5S 管理的要求,在生产部门范围内重点开展 5S 管理活动,收到了良好的效果。

在推行 5S 管理之前,这家工厂的生产现场中堆积了很多中间产品,占用了大量的生产空间。实际上,下一道工序一下子并不能完全加工这么多的中间产品。为此,这家工厂通过设置周转箱,下一道工序需要多少中间产品就生产多少。这样,整个生产现场就空旷了很多,避免了由于存储时间过长而产生的质量问题。

同时,工厂的采购依照 JIT 的精神,对每一种原料设定最低库存和最高库存,并运用 5S 的目视管理方法对库存进行管理:当库存低于最低库存时(红色标记),马上补充原料;当库存高于最高库存时(黄色标记),立刻停止进货。这样使整个库存量下降了 1/4,节省了大量的生产资金。

工厂的销售部门不断与客户进行联络,尽量与客户确定订单。这样生产计划系统也能够局部实行 JIT,使订单的精确性比以前提高了 20%,中间产品库存减少了 20%。该公司通过推行 JIT 和 5S 管理,倡导员工的敬业精神,企业的凝聚力和团队精神都有所提高。目前,这家企业的 JIT 与 5S 管理仍在不断进步和完善中。

8.4.5 5S 管理与 ERP

1)ERP 概述

所谓 ERP,是指用信息技术对流程的改造,提高组织内部对各种资源的配置水平,达到最佳配置状态。采用 ERP 是为了提高企业的运作效率和更好地满足客户的要求。

2)5S 管理与 ERP 的关系

据不完全统计,国内企业推行 ERP 的失败率高达 70%。原因在于许多企业希望能够直接跨越 5S、跨越精益生产而通过一套软件一步到位提高企业管理水平。事实上 IT 软件是物化的状态,只是固化现有管理水平,真正提高管理水平还是要基础扎实。相反,大量数据输入费时费力,快速运算提高效率的好处往往被错误的数据带来的麻烦所抵消。

发达国家的优秀企业几乎都通过 5S 管理、精益生产等来提高管理水平,或者至少用了其中的许多思想与技法,使生产管理和现场管理水平都达到了一定的水准,从而大大提高了 ERP 的效率与准确性。而国内许多企业连 5S 管理的分区、标识都没有进行,ERP 的效果自然大打折扣。因此,推进现场 5S 管理是 ERP 有效实施的前提。

8.4.6 5S 管理的发展

5S 管理作为现场管理的基础,已经包含了安全、节约和环境(即 6S 管理、7S 管理、8S 管理),但有的公司为了能够分步骤、详尽地推进 5S 管理工作,将安全、环境、节约分离出来,提出独立的推进口号。但万变不离其宗,不管是 5S 管理、6S 管理、7S 管理还是 8S 管理,其基本理念都是指在生产现场中对人员、机器、材料、方法等生产要素进行有效的管理。

任务 5 5S 管理在企业物流活动中的应用

8.5.1 企业物流活动的 5S 管理目标

企业物流 5S 管理是指企业向客户提供及时而准确的产品输送服务,是一个广泛满足客户的时间和空间效用需求的过程。

企业物流 5S 管理的目标主要表现在以下 5 个方面。

①优质服务。无缺货、无损伤和丢失现象,且费用便宜。

②迅速及时。按用户指定的时间和地点迅速送达。

③节约空间。发展立体设施和有关的物流机械,以充分利用空间和面积,缓解城市土地紧缺的问题。

④规模适当。物流网点的优化布局,合理的物流设施规模、自动化和机械化程度。

⑤合理库存。合理的库存策略,合理控制库存量。

8.5.2　5S管理在企业物流中的应用

1)5S管理在供应物流管理中的应用

(1)供应物流5S管理的目的

供应物流是从物料需求计划的编制到供应物料经过检验入库的过程,供应物流的5S管理就是应用5S的基本原理和方法,保证物料的供应能满足精益生产的需要。

(2)供应物流5S管理的重点

①采购。采购工作是供应物流与社会物流的衔接点,是依据生产企业生产—供应—采购计划来进行原材料外购的作业层,负责市场资源、供货厂家、市场变化等信息的采集和反馈。采购5S管理就是为了提高工作效率,减少失误,确保正常的工作秩序和良好的工作环境。其内容包括采购人员应从电话礼仪、拜访和接待礼仪、信函礼仪上约束自己;对采购过程、付款状态、报销情况、质量问题做详细记录,为日后供应商、财务人员查账提供追溯的可能性;采购文件摆放整齐有序;保持极强的时间观念,除保证及时供货的同时,还应及时办理入库手续和报销手续等。

②生产资料供应。供应工作是供应物流与生产物流的衔接点,生产资料供应5S管理就是依据供应计划—消耗定额进行生产资料供给的作业层,负责原材料消耗的控制。

③仓储、库存管理。仓储管理工作是供应物流的转换点,负责生产资料的接货和发货,以及物料保管工作;库存管理工作是供应物流的重要部分,依据企业生产计划制订供应和采购计划,并负责制订库存控制策略及计划的执行与反馈修改。仓库作为企业的核心部门,担负着原料与成品的运转和流通,然而,仓库不是单纯寄放物品的场所,因为仓库业务的管理涉及对物资产品的入库、存放、保管、发放、核查等多种复杂的管理工作程序,所以仓库管理工作既是技术性的管理,同时又是经济政策性的管理。仓库5S管理的重点包括物资产品进库、存放、发货等环节的控制,以便能够按照入库有数、储备有序、发料规范的流程运作。

A.物资入库。物资入库,仓库管理员要亲自同交货人办理交接手续,核对清点物资名称、数量是否一致;原材料验收合格,仓库管理员凭发票所开列的名称、型号、数量验收就位,并随同托收单交财务科记账;不合格品应隔离堆放,严禁投产使用。验收中发现问题要及时通知上级或经办人处理。

B.物资出库。物资出库由开具出货清单开始。出货清单内容包括承运车辆的相关信息、目的地、商品清单,必要时还需注明商品的单价、质量与体积等,出货完毕后应马上上报订单负责人并同时做好相关账目;原材料按"推陈储新,先进先出,按规定供应,节约用料"的原则发材料。发料坚持一盘底,二核对,三发料,四减数的原则。领料单应填明材料名称、规格、型号、领料数量或材料用途,由仓库管理员和领料人签字。发料必须与领料人和接料单位办理交接,当面点交清楚,防止差错。所有发料凭证,保管员应妥善保管,不可丢失。

C.账务管理。传统的仓管系统内部,一般依赖于一个非自动化的、以纸张文件为基础的系统来人为记录、追踪进出货物的管理。对于整个仓储区而言,人为因素的不确定性,导致劳动效率低下,人力资源严重浪费。随着库存品种及数量的增加以及出入库频率的剧增,传统的仓库作业模式严重影响正常的运行工作效率,也难以满足仓库管理快速、准确、适时的要求。建立相应的电子表格,以实现不同的管理目标,这样不仅简化了日后的查询步骤,工作人员又不用再手工翻阅查找各种登记册和单据本,只需输入查询条件,计算机在很短的时间内就会查到所需记录,大大加快了查询速度,提高生产数据统计的速度和准确性,降低汇总统计人员的工作难度。各种物品都应设置明细电子账,收入、发出、结存都须实时入账。同时要进行定期检查,核实来往账目,并定期清仓查库,做到账目和实物互相吻合。

通过5S管理,可使仓储管理实现以下目标。

①防止断档。缩短从接受订单到物料送达生产线的时间,以保证按时交货,同时又要防止物料库存为零的风险。

②保证适当的库存量,节约库存费用。

③降低生产成本。用适当的时间间隔补充与需求量相适应的合理的物料以降低生产成本,消除或避免订单波动的影响。

④保证生产的计划性、平稳性以消除或避免订单波动的影响。

2)5S 管理在生产物流管理中的应用

(1)生产物流5S管理的目的

生产物流是物料从物料中心进入生产现场,经过生产加工形成用户需要的产品,经产品验收入库的过程。生产物流的5S管理就是保证物料在生产过程中的转运、加工、待储、包装得到有效的控制,并合理转化为满足用户需要的合格品,防止成品与废品、在制品与废品、合格品与不合格品的混装、混放,降低成本,保证质量。

(2)生产物流5S管理的重点

生产物流是指生产过程中,原材料、在制品、半成品、产成品等在企业内部的实体流动。在生产过程中,生产所用原材料、燃料、外购件投入生产后,经过下料、发料,运送到各个加工点或储存点,以在制品的形态,从一个生产工位流向另一个生产工位,按照规定的工艺过程进行加工、储存,借助一定的方法和手段,在工位内、工位间流转,一直到成品,始终体现物料实物形态的流转过程,这样就构成了企业内部生产物流活动的全过程。

生产物流一般都具有结构复杂、物流节奏快、物流路线复杂、信息量大、实时性要求高等特点。生产物流5S管理的重点包括仓储管理、搬运管理、配送计划与实施管理、物流信息管理、物流控制管理和逆向物流管理等内容。生产物流5S管理的对象包括生产场地的规划与布置、生产场地区域划分、生产现场设备管理、生产现场工具管理、生产现场在制品管理等与现场有关的"物"的管理,从而达到减少生产过程迂回、缩短搬运距离、减少等待、减少积压、减少质量损失等目的。

3)5S 管理在销售物流管理中的应用

(1)销售物流5S管理的目的

销售物流5S管理的目的在于在销售物流活动中,将合格的产品经过运输从生产地到用户的时间和空间的转移,是包装、运输、储存等诸环节的统一。在现代社会中,市场环境是一个完全的买方市场,因此,销售物流活动便带有极强的服务性,以满足买方的要求,最终实现销售。在这种销售物流营运模式下,销售往往以送达用户并经过售后服务才算终止,因此,销售物流的空间范围便很大,这便是销售物流的难点所在。在这种前提下,企业销售物流的特点,便是通过包装、送货、配送等一系列物流实现销售,这就需要研究送货方式、包装水平、运输路线等,并采取各种诸如少批量、多批次、定时、定量配送等特殊的物流方式达到目的。

(2)销售物流5S管理的重点

①产品包装。销售包装的目的是向消费者展示、吸引顾客、方便零售。运输包装的目的是保护商品,便于运输、装卸搬运和储存。

②产品储存。储存是满足客户对商品可得性的前提。通过仓储规划、库存管理与控制、仓储机械化等,提高仓储物流工作效率、降低库存水平、提高客户服务水平,帮助客户管理库存,有利于稳定客源,便于与客户的长期合作。

③货物运输与配送。运输是解决货物在空间位置上的位移。配送是在局部范围内对多个用户实行单一品种或多品种的按时按量送货。通过配送,客户得到更高水平的服务,企业可以降低物流成本,减少城市的环境污染。要考虑制订配送方案,提高客户服务水平的方法和措施。

④装卸搬运。装卸是物品在局部范围内以人或机械装入运输设备或卸下。搬运是对物品进行以水平移动为主的物流作业。

⑤流通加工。根据需要进行分割、计量、分拣、刷标志、拴标签、组装等作业的过程。主要考虑流通加工方式、成本和效益、与配送的结合运用、废物再生利用等。

⑥订单及信息处理。客户在考虑批量折扣、订货费用和存货成本的基础上,合理地频繁订货,企业若能为客户提供方便、经济的订货方式,就能引来更多的客户。

⑦销售物流网络规划与设计。销售物流网络,是以配送中心为核心,连接从生产厂出发,经批发中心、配送中心、中转仓库等,一直到客户的各个物流网点的网络系统。主要考虑市场结构、需求分布、市场环境等因素。

【知识链接】
日本工厂的5S管理

日本的工厂一向以整齐、清洁闻名于世,这都得感谢5S管理的技巧,可以用来培养现场工人的良好工作习惯。5S运动背后所蕴含的理念是:整齐、清洁与纪律化的工作现场乃是制造高品质产品、杜绝浪费,以及维持高生产能力的必要条件。

5S代表5个日本单字:Seiri(整理)、Seiton(整顿)、Seiso(清扫)、Seiketsu(标准)以及Shitsuke(素养),以下就是按步骤推行5S运动的简介。

1.推行中的5S

在推行5S运动前,第一件事情就是先到工厂现场周围环境拍照存证,将来推行5S运动后,再拍照比较,可以立即看出推行的成效。

整理环境。在任何工厂里都有废弃或不需要的物品,这些物品目前生产用不着,应以红色标签区别,任何人见到都知道应予搬移或抛弃。不过,厂区应先确定不需要的标准以避免争端,然后指派第三者(通常为管理部门)着手上标签。

整理储藏所。环境清洁后,应再整理储藏所,并以文字或数字、颜色等明显标识各项物品存放位置。整理储藏所时,应牢记3个关键因素:何地、何物以及多少数量,标志应清楚明白并易于识别,应采用开放式储藏系统,否则各项工具不易保持整齐。

全面清扫。厂区清扫涵盖三大范围:仓储区、设备与环境。应先划分责任区域,并将清扫的责任分派给现场工作人员。在共同责任区内,可以采用轮班制度。最好将个人责任归属与清扫项目制表公布于现场(每一个人都看得见的地方),让每一位员工都养成每天清扫5分钟的习惯。5分钟听起来很短,但如果持之以恒,效果是十分惊人的。

把整洁的工作现场当作一项标准来追求。只要每人付出一点小小的努力,现场就永远保持整洁,秘诀在于牢记3个没有的原则:没有不需要的物品,没有杂乱,没有肮脏。在达成这一标准前,应派人定期检查评分。

执行视觉管制。有批评才有进步,5S运动也是一样。理想的工作现场应该是一望即知问题所在,解决问题也就容易得多,经过一段时间后,现场的外貌也许有了很大的改变,请你再照一些照片,然后跟5S运动实施前的照片比较。最好办一次照片展,这是对现场员工最好的教育,此外,也不要忘了对执行5S具有成效的现场单位或员工给予适当的奖励。

2.5S的成效

现在你的工厂看起来整洁多了,但这只是5S运动的开始而已,千万不要松懈,下一个目标是潜移默化,把5S变成工厂的习惯。

管制存货水平。在不影响生产的前提下,应设法逐步降低存货水平,做法很简单:利用红色(红线或标签)表示存货的最高水平,黄色表示最低水平,慢慢降低红色标签的位置,如此即可加强存货管制,减少存货积压。

容易取用,容易归位。各种工具与备品放置的位置,应标示名称和编号,最好画出工具的形状,精确标示位置所在。理想的工具位置,应该临近相关的机器,才能随取随用,用后立即归位,还可以利用不同颜色区别不同的工具或原料备品,令使用者更易于识别。

随时清理与清点。在现场随时清理清点,目的是要做到零故障、零错误以及零中断,每一个与生产流程相关的环节都应该随时清理清点,划分责任区域,指派清理清点工作给现场人员。设定清点项目与清理的顺序,并列入日常工作环节。工厂的维护应该由现场人员自己来做。

维持整洁的工作现场。前面提到的3个整理重点(何地、何物以及多少数量)是否都已做到? 是否已经设定标准,清理现场及仓储中不需要的物品? 假如现场有不需要的物品,由谁来负责搬运? 所有的工具是否已经归还原位? 如有脏污是否立即清扫? 员工每天清扫是否已经形成习惯? 应该派人定期及不定期检查。

全公司维持相同的水平。素养应该着手于严格的要求,各级主管应该放宽胸怀,可以批评别人,也要接受批评,所谓"预防胜于治疗",现场的事故防患于未然。工人缺乏素养,主管应该责备的是领班、组长,而不是工人。领班、组长应负责教导工人,并创造活泼明朗的工作环境。

3. 预防性的5S

当5S经过潜移默化,逐渐根植于你的工厂,你的下一个目标就是加入世界一流公司的行列,为了达成这个目标,还要加倍努力才行。

去除不需要的物品。如果不需要的物品在你清理时一再出现,请赶快找出一再出现的原因。与其事后处理,不如事先防范。而防范的最佳手段就是维持并降低库存水平。

避免杂乱。关于工具的使用,可能你的工人已经知道用毕归位,并加以整理,但现场还是相当杂乱,为了能解决问题,不能只知道杂乱的现象,却不知道杂乱的原因。可能原因如下:储藏所并非固定,或未明显地标示放置位置;工人素养或训练不足;堆放的物品超过正常需要量。

清扫后不再肮脏。肮脏在被注意到以前,往往已经在工厂散布开来,散布的媒介包括风、水、油、工人制服、鞋底、轮胎(如堆高机)等。除非消除脏乱之源,否则清不胜清,扫不胜扫,脏乱永远存在。想要清扫后不再肮脏,就必须找出原因,对症下药,更应该避免工作本身制造肮脏(例如加油时油洒落地面,或是运货卡车经过,轮胎将大量污泥带进工厂)。

预防环境退化。整齐与清洁是效率的表征,一个脏乱的工厂要谈品质和效率,无异于缘木求鱼。为了防止环境的退化,我们不但要推行5S,还要推行预防性的5S,亦即预防性的清理、整顿与清扫。你应该十分清楚自己工厂的缺失,掌握5S的要点,致力改进,提高标准,这样你已经向5S模范工厂迈进中。

有计划地训练。应让现场工人自动自发、承担责任、解决问题。建设性批评虽然有效,不过一旦灾害发生,仍然于事无补。只要不断加强员工教育训练,人为的意外或灾害必可减少。

一家公司在一年中,至少应该抽出几个月来推行5S运动,活动内容包括5S研讨会、5S竞赛等。公司高级主管每月至少巡视工厂一次检视5S成效。

另一有效的办法是辑印5S简讯,供员工阅读,这是教育现场工人的有效方法。此外,也可以在晨间上班前,或在晚间下班后安排5分钟的简短会议,检讨5S的成效。

一旦5S在你的工厂里已经根深蒂固、潜移默化,你的工厂就已经登列世界一流工厂的行列。

任务6 能力训练

表8.4 实训要求

训练内容	答案设计	认识体会
训练1:拟订一份企业物流5S管理方案		
训练2:选定一个实训或活动场所进行区域规划		
训练3:对选定场所的现场物品进行分类并标识		

任务 7　教学反馈与测评

1. 教学反馈表

项目名称：_____　姓名：_____　学号：_____　班级：_____

(1)通过本项目学到了哪些知识	
(2)通过本项目掌握了哪些技能	
(3)本项目有哪些内容没有学懂	
(4)本项目最有价值的内容	
(5)对本项目教学的建议	

2. 能力测评表

项目名称：_____　姓名：_____　学号：_____　班级：_____

职业核心能力	评价指标	自评结果	备注
自我学习能力	课前收集过与本项目内容相关的资料 能够管理自己的时间 课后查找过资料，深入学习对本项目感兴趣的内容	□ A　□ B　□ C □ A　□ B　□ C □ A　□ B　□ C	
与人合作能力	与人合作完成任务 知道如何尊重他人的观点 主动帮助别人	□ A　□ B　□ C □ A　□ B　□ C □ A　□ B　□ C	
与人交流能力	能与他人有效沟通 能及时反馈学习信息 能主动回答老师提问	□ A　□ B　□ C □ A　□ B　□ C □ A　□ B　□ C	
信息处理能力	能够有效使用信息资源 能归纳总结本项目的重难点 能够回答老师提出的问题	□ A　□ B　□ C □ A　□ B　□ C □ A　□ B　□ C	
解决问题能力	能提出有价值的观点 能发现并解决常规问题 能提出并实施解决问题的方案	□ A　□ B　□ C □ A　□ B　□ C □ A　□ B　□ C	
专业能力	评价指标	自评结果	备注
认识 5S 管理	5S 管理的概念 5S 管理的内容 5S 管理的基本要领 5S 管理的实施步骤	□ A　□ B　□ C □ A　□ B　□ C □ A　□ B　□ C □ A　□ B　□ C	

职业核心能力	评价指标	自评结果	备　注
企业物流 5S 管理	企业物流 5S 管理的目标 供应物流 5S 管理的重点 生产物流 5S 管理的重点 销售物流 5S 管理的重点	□ A　□ B　□ C □ A　□ B　□ C □ A　□ B　□ C □ A　□ B　□ C	
学生签名			
教师评语			

（在□中打"√",A 为通过,B 为基本通过,C 为未通过）

项目 8　测试题

参考文献

[1] BALLOU R H. 企业物流管理:供应链的规划、组织和控制[M]. 王晓东,胡瑞娟,等译. 2版. 北京:机械工业出版社,2006.

[2] 安迪·格鲁夫. 格鲁夫给经理人的第一课[M]. 巫宗融,译. 4版. 北京:中信出版社,2017.

[3] 包忠明. 企业物流管理实务[M]. 北京:中国纺织出版社,2015.

[4] 采峰. 现代企业物流[M]. 大连:东北财经大学出版社,2005.

[5] 陈荣秋,马士华. 生产与运作管理[M]. 4版. 北京:高等教育出版社,2016.

[6] 陈荣秋,周水银. 生产运作管理的理论与实践[M]. 北京:中国人民大学出版社,2002.

[7] 戴晨. 打造流程型组织:标杆企业的流程管理实践[M]. 北京:知识产权出版社,2018.

[8] 邓春姊,卢改红. 仓储管理[M]. 南京:南京大学出版社,2016.

[9] 丁俊发. 中国物流[M]. 2版. 北京:中国物资出版社,2007.

[10] 杜春光. 企业销售物流中的成本控制手段研究[J]. 中国市场,2015(45):30-31.

[11] 杜学森. 企业物流管理实务[M]. 2版. 北京:首都经济贸易大学出版社,2013.

[12] 冯耕中. 现代物流规划理论与实践[M]. 北京:清华大学出版社,2004.

[13] 傅莉萍,黄文. 企业物流管理[M]. 2版. 北京:北京大学出版社,2017.

[14] 谷汉文,黄福华. 企业物流管理创新[M]. 北京:中国物资出版社,2009.

[15] 黄丽霞. 现代企业物流[M]. 广州:暨南大学出版社,2004.

[16] 蒋长兵,王灵峰. 企业物流外包文献综述[J]. 物流科技,2009(11):5-8.

[17] 李陶然. 采购作业与管理实务[M]. 北京:北京大学出版社,2013.

[18] 李骁腾,赵媛媛. 公司销售物流的内涵及运作模式探索[J]. 中国商贸,2015(8):72-74.

[19] 李严锋,罗霞. 物流采购管理[M]. 北京:科学出版社,2011.

[20] 刘常宝. 现代物流概论[M]. 北京:科学出版社,2009.

[21] 刘同利. 销售物流管理[M]. 北京:中国物资出版社,2011.

[22] 刘晓欢. 企业管理概论[M]. 2版. 北京:高等教育出版社,2013.

[23] 鲁楠,张继肖. 企业物流管理[M]. 大连:大连理工大学出版社,2008.

[24] 潘华贤. 逆向物流网络决策模型研究[J]. 信息与电脑(理论版),2018(21):166-167.

[25] 潘家轺,曹德弼. 现代生产管理学[M]. 2版. 北京:清华大学出版社,2003.

[26] 孙秋菊. 现代物流概论[M]. 3版. 北京:高等教育出版社,2020.

[27] 孙少雄,邱杰. 6S精益管理[M]. 北京:中国经济出版社,2020.

[28] 孙欣欣,孙亚西,李文龙. 基于逆向物流回收问题的模型分析与研究[J]. 商场现代化,

2018（11）：22-23.

［29］滕宝红.6S 精益推行图解手册［M］.北京：人民邮电出版社，2014.

［30］王承辉，刘洪.6S 管理教程［M］.北京：化学工业出版社，2015.

［31］王洪亮.试分析电商环境下中大型企业销售物流模式［J］.时代金融，2020（5）：70-71.

［32］王淑云，孟祥茹.物流外包与管理［M］.大连：东北财经大学出版社，2005.

［33］伍蓓，胡军.采购与供应战略［M］.北京：中国物资出版社，2009.

［34］肖美丹，李从东.零售企业顾客满意的风险评价与预警［J］.工业工程，2007（4）：74-77.

［35］徐明达.生产主管高效手册［M］.北京：北京大学出版社，2010.

［36］杨鹏波，杨伶俐.跨境电商企业逆向物流浅析［J］.合作经济与科技，2019（8）：76-78.

［37］于贤保.企业物流外包的决策分析及风险防范［J］.中国管理信息化，2019（19）：75-76.

［38］詹姆斯·P.沃麦克，丹尼尔·T.琼斯.精益思想：白金版［M］.沈希瑾，张文杰，李京生，译.北京：机械工业出版社，2015.

［39］张峰.企业物流外包的管理策略［J］.中国市场，2011（2）：16，20.

［40］张彤，陈玉庚.采购与供应实务［M］.北京：中国物资出版社，2010.

［41］张小华.电商环境下中小企业销售物流模式［J］.中外企业家，2017（6）：23-24.

［42］张扬，国云星.仓储与配送管理实务［M］.北京：中国人民大学出版社，2018.

［43］郑承志.电子商务与现代物流［M］.3 版.大连：东北财经大学出版社，2014.

［44］郑久昌.物流仓储作业管理［M］.北京：中国轻工业出版社，2017.

［45］周海英.企业物流管理［M］.北京：科学出版社，2007.